國家出版基金項目

唐仲英基金會資助項目

國家社會科學基金重大項目

日本京都大學藏珍稀漢籍十一種　册二　楊海峥　主編

附釋音春秋左傳註疏

2

〔西晉〕杜預　註
〔唐〕孔穎達　疏

北京大學出版社
PEKING UNIVERSITY PRESS

日本京都大學藏珍稀漢籍十一種　册二

目録

附釋音春秋左傳註疏卷一九下—卷二六

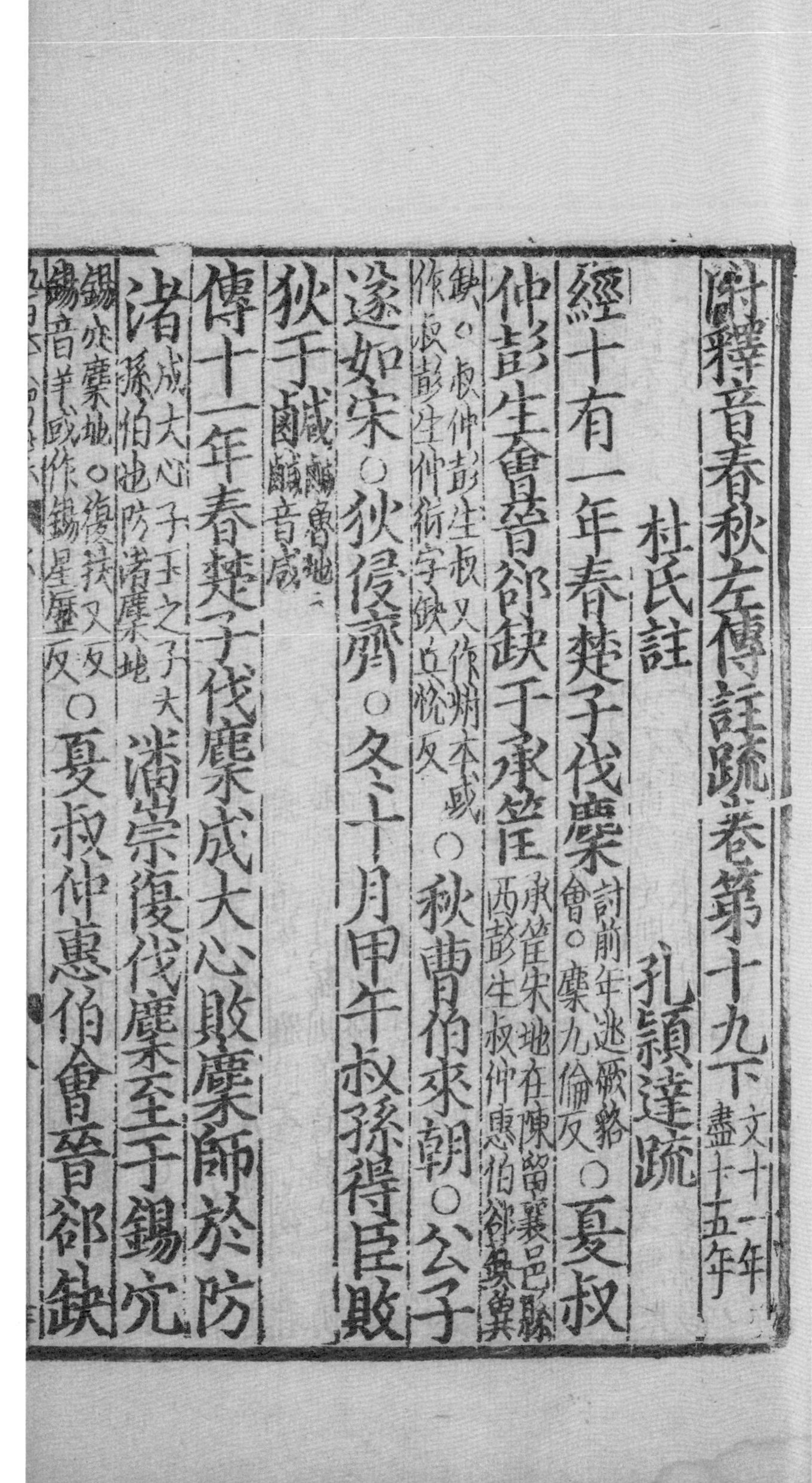

附釋音春秋左傳註疏卷第十九下　文十一年盡十五年

杜氏註　孔穎達疏

經十有一年春楚子伐麇討前年逃厥貉會○麇九倫反○夏叔仲彭生會晉郤缺于承筐承筐宋地在陳留襄邑縣西彭生叔仲惠伯郤缺冀缺○叔仲彭生叔又作淑本或作叔彭生仲術字缺丘悅反○秋曹伯來朝○公子遂如宋○狄侵齊○冬十月甲午叔孫得臣敗狄于鹹鹹魯地○鹹音咸

傳十一年春楚子伐麇成大心敗麇師於防渚成大心子玉之子大孫伯也防渚麇地潘崇復伐麇至于錫穴錫穴麇地○復扶又反錫音羊或作錫星歷反○夏叔仲惠伯會晉郤缺

于承筐謀諸侯之從於楚者九年陳鄭及楚平十年宋聽楚命○

秋曹文公來朝即位而來見也○見賢遍反○襄仲聘于宋且言司城蕩意諸而復之八年意諸來奔歸不書史失之【疏】注八年至失之○正義曰諸侯之卿出奔而復歸者宋華元衞孫林父之徒皆書其歸則蕩意諸之歸亦當書之服虔云反不書者施而不德衞與其隆亦同服義而難杜云襄二十九年樂氏施而不德春秋所善不書意諸之歸則是施而不德且經所不書傳則發文史失之即不書曰史失之之類是也此既無傳何知史失杜必以爲史失者案衞侯鄭之歸于衞也僖公納賂而請之衞侯朔之入于衞也莊公與師而納之歸邾子益于邾自我而歸之皆受魯施並書然經何獨意諸施而不德若意諸施而不德彼何故施而德之春秋公侯大夫失位出奔得人力而反者多矣若皆施而不德不煩赴告諸侯魯以不書爲是則書者爲非何以無貶責之文定人之謂礼存亡之謂義未有礼義在可譏之竟故杜以爲史官失之故不書其策

因賀楚師之不害也往年楚次厥貉將以伐宋○

鄋瞞侵齊鄋瞞狄國名防風之後漆姓○鄋所求反說文作郯云北方長狄國也在夏為防風氏殷為汪芒氏字林鄋一音先牢反瞞莫干反漆音七

【疏】注鄋瞞至漆姓○正義曰狄是北夷大號鄋瞞是其國名魯語云吳伐越墮會稽獲骨節專車吳子使來聘問之仲尼仲尼賓之客執骨而問曰敢問骨何為大仲尼曰吾聞之昔禹致羣臣於會稽之山防風氏後至禹殺而戮之其骨節專車此為大矣客曰防風氏何守仲尼曰汪芒氏之君守封嵎之山者也為漆姓在虞夏商為汪芒氏於周為長狄氏今曰大人客曰人長之極幾何仲尼曰僬僥氏長三尺短之至也長者不過十之數之極也此言長狄狄之長者從言於周為長狄今鄋瞞即是防風氏之後致以國語為說服云伐我不書諱之

遂伐我公卜使叔孫得臣追之吉侯叔夏御莊叔莊叔得臣○綿房甥為右富父終甥駟乘駟乘四人共車○乘繩證反注及下皆同冬十月甲午敗狄于鹹獲長狄僑如僑如鄋瞞國之君蓋長三丈又獲僑如人言戕長狄也○僑本作喬其驕反長如字又直亮

反〔疏〕注僑如至狄也○正義曰經書敗狄于鹹即是敗一国也敗其国而獲此人傳不言是其將帥知是其国之君也穀梁傳曰長狄瓦石不能害叔孫得臣最善射者射其目身橫九畝斷其首而載之眉見於軾何休云蓋長百尺魯語仲尼所云此十倍僬僥氏之長者故云蓋長三丈魯語言不過十之是疑之言故云蓋也宣十五年晉師滅赤狄潞氏以潞子嬰兒歸後獲嬰兒歸書之此獲僑如不書者潞国大其君貴故書之此国小僑如賤不書賤夷狄也富父終甥摏其喉以戈殺之摏猶衝也○摏舒容反喉音侯戈古禾反〔疏〕摏其喉以戈殺之○正義曰考工記戈之長六尺六寸耳得及長狄之喉者兵車之法皆三人共乘魯宋與長狄之戰車皆四乘故其乘必長其兵謂之戈蓋形如戈也埋其首於子駒之門子駒魯郭門名節非常恐後世怪之故詳其處○處昌呂反以命宣伯得臣待事而名其三子因名宣伯曰僑如以旌其功○名如字或亡政反〔疏〕注得臣至其功○正義曰襄三十年傳說此事云叔孫莊叔敗狄于鹹獲長狄僑如及虺也豹也皆以名其子定八年傳稱魯昔越生子將待事而名之陽州之役獲焉故名之曰陽州知得臣亦待事

以名其三子以旌章其功也此三子未必同年而生或生訖待事或事後始生欲以章已功取彼名而名之也　初宋武公之世鄋瞞伐宋在春秋前【疏】注在春秋前。正義曰史記十二諸侯年表宋武公即位十八年以魯惠公二十一年卒卒在春秋前二十六年不知鄋瞞以何年伐宋也　司徒皇父帥師禦之耏班御皇父充石皇父戴公子充石皇父名。禦本亦作御魚呂反耏音而【疏】注皇父至父名。正義曰皇父戴公子世本文古人連言名字者皆先字後名且此人子孫以皇爲氏知皇父字充石名　公子穀甥爲右司寇牛父乘駟以敗狄于長丘長丘宋地獲長狄緣斯緣斯僑如之先【疏】獲長狄緣斯。正義曰服虔云不言所埋埋其身首同處於戰地可知　皇父之二子死焉皇父與穀甥及牛父皆死故耏班獨受賞【疏】注皇父至受賞。正義曰賈逵云皇父與穀生牛父三子皆死鄭衆以爲穀生牛父二人死耳皇父不死馬融以爲皇父之二子從父在軍爲敵所殺名不見者方道二子死故得勝之如今皆死誰殺縁斯服虔云殺縁斯者未必三子之手士卒獲之耳下言宋公以門賞耏班班爲皇父御而有賞三子不見賞疑皆死賈君爲近之如馬之言於傳文爲順但班獨受賞知三子皆死故杜亦同之宋公於是以門賞耏班使食其征○門關門征稅也稅舒銳反疏注門關門征稅也○正義曰禮雖關門有征知門是關門也周禮司關掌其治禁與其征廛國凶札則無關門之征鄭玄云征廛者貨賄之稅孟子曰關譏而不征則天下行旅皆說而願出於其塗矣如彼文知出入關者必有征稅但不知幾而稅一也然據禮文城門亦有征必知關門者以關門征稅其數既多故昭二十年偪介之關暴征其私是關禁之重異於城門此云食其征稅故知關稅也謂之耏門晉之滅潞也在宣十五年○潞音路獲僑如之弟焚如齊襄公之二年魯桓之十六年鄋瞞伐齊齊王子成父獲其弟榮如榮如焚如之弟焚如後死而先說者欲其兄弟伯季相次榮如以魯桓十六年死至宣十五年一百三歲其兄猶在傳言既長且壽有異於人王子成父齊大夫○

且壽如字一音授埋其首於周首之北門周首齊邑濟北穀城縣東北有周首亭衛人獲其季弟簡如伐齊退走至衛見獲鄋瞞由是遂亡○長狄之種絶○種章勇反疏注長狄之種絶○正義曰此時長狄種絶仲尼猶云今日大人者言當時呼往前長狄爲大人未必其時有之若當時猶有其種是人不應怪其骨也但如此傳文長狄有種種類相生當有支胤唯獲數人云其種遂絶深可疑之命守封隅之山賜之以漆爲姓則是世爲國主緜歷四代安得更無支屬唯有四人且君爲民必方以類聚不應獨立三丈之君使牧八尺之民又三丈之人誰爲匹配豈有三丈之妻爲之生産乎人情度之深可惑也國語仲尼之談左傳丘明所説通賢大聖立此格言不可論其是非實疑之久矣蘇氏云國語稱今日大人但逆居夷狄不在中國故云遂亡公羊穀梁並云長狄兄弟三人一之齊一之魯一之晉何以書記異猶如史記所云秦時大人見於臨洮○郕大子宋儒自安於夫鍾安處也夫鍾郕邑○郕音成儒如朱反夫音扶國人弗徇徇順也爲明年郕伯來奔傳○徇似俊反

經十有二年春王正月郕伯來奔（稱爵見公以諸侯禮迎之○見賢遍反）【疏】注稱爵至迎之○正義曰此實大子公以諸侯禮迎之公既尊之爲君史遂從公之意成十年晉侯有疾立大子州蒲爲君會諸侯伐鄭經即書爲晉侯史官不可反公之心追言世子從君所稱更是其實故也

杞伯來朝（復稱伯舍夷禮○復扶又反一音服舍音捨）○二月庚子子叔姬卒（既嫁成人雖見出弃猶以恩錄其卒）【疏】既嫁至其卒○正義曰天子諸侯絕期嫁女於諸侯則尊同恩成於敵體其禮不爲降卒則服大功九月叔姬既爲杞之夫人雖見出弃猶以恩錄其卒喪服女子既嫁而反在父母之室從本服爲之齊衰期此既書其卒當服其本服杜譜不知此叔姬是何公之女要姑與姊妹皆服期也釋例曰出棄之女反在父母之室則與既笄成人者同故亦書卒也杞叔姬卒穀梁以爲公母姊妹謂同母姊妹○夏

楚人圍巢（巢吳楚閒小國廬江六縣東有居巢城）○秋滕子來朝秦

伯使術來聘（術不稱氏史畧文）○冬十有二月戊午晉

人秦人戰于河曲不書敗績交綏而退不大崩也稱人秦晉無功以微者告也皆陳曰戰例在莊十一年河曲在河東蒲坂縣南○陳直覲反坂音反○季孫行父帥師城諸及鄆鄆莒魯所爭者城陽姑幕縣南有員亭員即鄆也以其遠偪外国故帥師城之○鄆音軍幕音莫員音云一音運本又作鄆音同

傳十二年春郕伯卒郕人立君太子自安於外邑故大子以夫鍾與郕邽來奔郕邽亦邑○邽音圭公以諸侯逆之非禮也非公寵叛人故書曰郕伯來奔不書地尊諸侯也既尊以爲諸侯故不復見其竊邑之罪○復扶又反見賢遍反○杞桓公來朝始朝公也公即位始來朝【疏】傳始朝公也○正義曰劉炫云魯公新立鄰国及特來朝則曰公即位而來朝晚則云始朝公也諸侯自新立咏及特者則云即位而來見晚則云始見霸王即位

魯公徃朝則曰朝嗣君魯君新立徃朝大国則曰即位而徃見也且請絕叔姬而無絕昏公許之不絕昏立其娣以爲夫人不書大歸未笄而卒○笄古兮反疏注不絕至而卒○正義曰傳言請無絕昏成五年有杞叔姬來歸故知其娣爲夫人也其娣亦字叔者周之法積叔也釋例曰杞桓公以僖二十三年即位襄六年卒凡在位七十一年文成之世經書叔姬二人一人卒一人出皆杞桓公夫人也傳例出曰來歸不書來歸未歸而卒也既歸而卒亦當書之成五年杞叔姬來歸八年書卒是也宣十六年郯伯姬來歸後不書卒者或更嫁於大夫故不書卒耳二月叔姬卒不言杞絕也既許其絕故不言杞書叔姬言非女也女未嫁而卒不書○楚令尹大孫伯卒成嘉爲令尹若敖曾孫子孔羣舒叛楚羣舒偃姓舒庸舒鳩之屬今廬江南有舒城舒城西南有龍舒疏注羣舒至龍舒○正義曰世本偃姓舒庸舒蓼舒鳩舒龍舒鮑舒龔以其非一故言屬以包之夏子孔執舒子平及宗子遂圍巢平舒君名

宗巢二國羣舒之屬○秋滕昭公來朝亦始朝公也○秦伯使西乞術來聘且言將伐晉襄仲辭玉曰君不忘先君之好照臨魯國鎮撫其社稷重之以大器寡君敢辭玉大器圭璋也不欲與秦爲好故辭玉○好呼報反注及下同重直用反璋音章

疏 大器至辭玉○正義曰聘若用圭享用璧聘夫人用璋享用琮聘禮記曰凡四器者唯其所寶以聘可也故知所言大器是圭璋也考工記玉人云瑑圭璋八寸璧琮八寸以覜聘聘禮記云所以朝天子圭與繅皆九寸問諸侯朱緑繅八寸鄭玄云於天子曰朝於諸侯曰問記之於聘文互相備言互相備者朝諸侯與天子同聘天子與諸侯同也所言朝圭九寸聘圭八寸謂上公礼也使臣出聘降君一等故八寸則侯伯之使當瑑圭六寸子男之使當瑑璧四寸也聘義曰以圭璋聘重礼也已聘而還圭璋此輕財而重礼之義也然則玉必還其來使而下云致諸執事以爲瑞節及襄仲辞之者礼聘終雖復得還玉初聘之時其意欲致與主国但主之且襄仲辞之者爲不欲與秦爲好国謙退礼終還

對

曰不腆敝器不足辭也[腆厚也○腆他典反]主人三辭賓客曰寡君願徼福于周公魯公以事君[徼要也魯公伯禽也言願事君以并蒙先君之福○徼古堯反要於堯反下同]不腆先君之敝器使下臣致諸執事以爲瑞節[節信也出聘必告廟故稱先君之器○瑞垂僞反]要結好命所以籍寡君之命結二國之好[籍薦也○籍在夜反注同]

（疏）注籍薦也 正義曰聘礼執圭所以致君命君命致藉玉而後通若坐之有薦席然故以藉爲薦也

是以敢致之襄仲曰不有君子其能國乎國無陋矣厚賄之[賄贈送也○賄呼罪反]○秦爲令狐之役故[○爲于僞反]冬秦伯伐晉取羈馬[令狐役在七年羈馬晉邑○令力丁反]晉人禦之趙盾將中軍荀林父佐之[林父代先克○將子匠反下皆同]郤

缺將上軍，代箕鄭。臾駢佐之，代林父。○駢，步邊反。欒盾將下軍，欒枝子，代先蔑。○欒，力官反。盾，徒本反。胥甲佐之，胥臣子，代先都。范無恤御戎，代步昭。○昭，上遥反。以從秦師于河曲。臾駢曰：秦不能久，請深壘固軍以待之。從之。秦人欲戰。秦伯謂士會曰：若何而戰？晉士會七年奔秦。○壘，力軌反。

疏 注深壘固軍○正義曰：壘，壁也。軍營所處，築土自衛，謂之爲壘。深者，高也。高其壘，以爲軍之阻固。案覲禮説爲壇深四尺，鄭注云"深，高也"，是其義也。

對曰：趙氏新出其屬曰臾駢，必實爲此謀，將以老我師也。臾駢，趙盾屬大夫，新出佐上軍。趙有側室曰穿，晉君之壻也。側室，支子。穿，趙夙庶孫。○穿音川。

疏 注側室至庶孫○正義曰：文王世子云："公若有出疆之政，庶子守；公宮，正室守大廟。"鄭玄云："正室，適子也。"正室是適子，知側室是支子。言在適子之側也出族謂穿趙夙之孫則是趙盾從父昆弟之子也盾爲正室故謂穿爲側室穿别爲邯鄲氏趙施趙勝邯鄲午是其後也有寵而弱不在軍事弱年少也又未嘗涉知軍事。少詩照反好勇而狂且惡史駢之佐上軍也若使輕者肆焉其可肆暫往而退也。惡烏路反輕遣政反肆音四秦伯以璧祈戰于河禱求勝。禱丁老反一音丁報反十二月戊午秦軍掩晉上軍趙穿追之不及上軍不動趙穿獨追之反怒曰裹糧坐甲固敵是求敵至不擊將何俟焉軍吏曰將有待也待可擊。裹音果。【疏】裹糧坐甲。○正義曰甲者所以備禦非常臨敵則被之於身未戰且舍之於地穿曰我不知謀將獨出乃以其屬出宣子曰秦獲穿也獲一卿矣僖三十三年晉侯以一命命郤缺爲卿不有

師之數然則晉自有散在從卿者○帥所類反散悉但反秦以勝歸我何以報乃皆出戰交綏司馬法曰逐奔不遠從綏不及逐奔不遠則難誘從綏不及則難陷然則古名退軍為綏秦晉志未能堅戰短兵未至爭而兩退故曰交綏○爭爭鬭之爭（疏）注司馬至兩退○正義曰魏武云引司馬法云將軍死綏舊說綏卻也言軍卻將當死綏必是退軍之名綏訓為安蓋兵書務在進取恥言其退以安行即為大罪故以綏為名焉秦行人夜戒晉師曰兩君之士皆未憖也明日請相見也憖缺也○憖魚覲反又魚轄反方言云傷也字林云閒也牛吝反（疏）注憖缺也○正義曰憖者缺之貌今人猶謂缺為憖沈氏云方言云憖傷傷即缺也下云死傷未收則是已有死者但未至大敗未甚喪敗故為皆未缺耳史駢曰使者目動而言肆懼我也目動心不安言肆聲放失常節○使所吏反將遁矣薄諸河必敗之薄迫也○遁徒困反薄蒲莫反下同敗甲賣反胥甲趙穿當軍

門呼曰死傷未收而弃之不惠也不待期而薄人於險無勇也乃止晉師止爲宣二年敗胥甲傳秦師夜遁復侵晉入瑕○復扶又反○城諸及鄆書時也

經十有三年春王正月○夏五月壬午陳侯朔卒無傳再同盟（疏）注再同盟○正義曰朔以僖二十九年即位其年盟于翟泉文二年于垂隴七年于扈二云再同盟者據文公言之○邾子蘧蒢卒未同盟而赴以名○蘧其居反蒢丈居反（疏）注未同盟而赴以名○正義曰蘧蒢邾子瑣之子也莊二十九年即位僖元年與魯盟于犖而云未同盟蓋文公爲言故云未同盟○劉炫以犖盟規之非也○自正月不雨至于秋七月無傳義與二年同○大室屋壞大廟之室○大音泰注及傳同（疏）注大廟之室○正義曰傳稱書不共則於此室當共知大廟之室也明堂位曰祀周公於大廟此周公之廟壞也不直言大廟壞而

云大室屋壞者大廟之制其簷四阿而下[illegible]中又接出爲重屋明堂位云大廟天子明堂復廟重檐天子之廟飾鄭云復廟重屋也是大子之廟上爲重屋此是大廟當中之室其上之屋壞非大廟全壞也公羊作世室傳曰世室者何魯公之廟也周公稱大廟魯公稱世室羣公稱宮此魯公之廟也曷爲謂之世室世室猶世世不毀也左傳不辨此是何公之廟而經謂之大室言此室是室之最大者故知是周公之廟非魯公也明堂位曰魯公之廟文世室也武公之廟武世室也不毀則稱世室世室非一若廟名若是伯禽之廟則宜舉其號謚案左氏經爲大室不作世室故左氏先師賈服等皆以爲大廟之室也壞必更作書其壞而不書作者隨即脩之故不書也定二年五月雉門及兩觀災十月新作雉門及兩觀啓塞從時譏其緩作故別書之耳

○冬，公如晉。衛侯會公于沓。沓地闕○沓徒答反

○狄侵衛。傳無

○十有二月己丑，公及晉侯盟。十二月無己丑己丑十一月十一日

○公還自晉。鄭伯會公于棐。棐鄭地○棐芳味反又非尾反

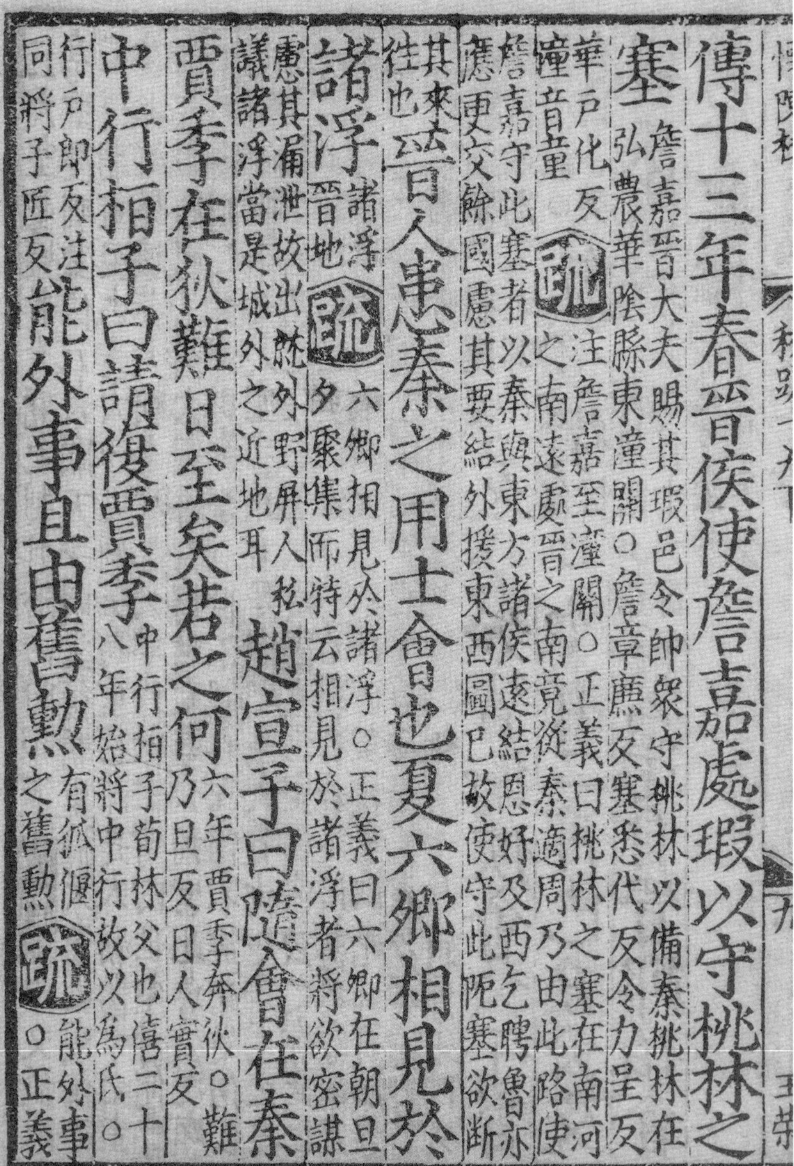

傳十三年春晉侯使詹嘉處瑕以守桃林之塞詹嘉晉大夫賜其瑕邑令帥衆守桃林以備秦桃林在弘農華陰縣東潼關○詹章廉反塞悉代反令力呈反華戸化反潼音童【疏】注詹嘉至潼關○正義曰桃林之塞在南河之南遠處晉之南竟從秦適周乃由此路使詹嘉守此塞者以秦與東方諸侯遠結恩好及西乞聘魯亦慮更交餘國慮其要結外援東西圖已故使守此阨塞欲斷其來往也晉人患秦之用士會也夏六卿相見於諸浮諸浮晉地【疏】六卿相見於諸浮○正義曰六卿在朝旦夕聚集而特云相見於諸浮者將欲密謀慮其漏泄故出就外野屏人私議諸浮當是城外之近地耳趙宣子曰隨會在秦賈季在狄難日至矣若之何六年賈季奔狄○難乃旦反日人實反中行桓子曰請復賈季中行桓子荀林父也僖二十八年始將中行故以爲氏○行戸郎反注同將子匠反能外事且由舊勳有狐偃之舊勳【疏】能外事○正義

曰賈季是狐突之孫狐偃之子本是狄人能知外竟之事謂知狄之情得豫為之備郤成子曰賈
季亂且罪大殺陽處父故不如隨會能賤而有恥
柔而不犯不可犯以不義【疏】能賤而有恥○正義曰張虔二六謂能處賤且又知恥言不可汙
辱其知足使也且無罪乃使魏壽餘偽以魏
叛者以誘士會執其帑於晉使夜逸魏壽餘畢萬之後帑
壽餘ノノ○知音智帑音奴【疏】注魏壽至之後○正義曰閔元年晉侯賜畢萬魏犨犨者萬之孫為魏之世適壽餘
為魏邑之主當是犨之近親故以為萬之後請自歸于秦秦伯許之許受
其邑履士會之足於朝躡士會足欲使行○躡女涉反秦伯師于
河西將取魏魏人在東今河北縣於秦為在河之東壽餘曰請
東人之能與夫二三有司言者吾與之先欲與

晉人在秦者共先告諭魏有司。夫音扶（疏）請東至之先。正義曰請舊是東方之人並有才能恐其從魏邑二

三有司詭歸秦之言者吾與先行使士會士會辭曰晉人虎狼也

若背其言臣死妻子為戮無益於君不可悔

也辭行示已照夫心○背音佩下同（疏）臣死至悔也○正義曰言身拘死於晉妻為戮於秦於無益於

君不可改悔秦伯曰若背其言所不歸爾帑者有如

河言必歸其妻子明白如河乃行繞朝贈之以策策馬檛臨別授之馬檛進

示已所策以展情繞朝秦大夫○朝如字又張遙反策本又作筴初革反檛張瓜反馬杖也王鄰華反字林作桼二云箠也

竹瓜反（疏）注策馬檛○正義曰服虔云繞朝以策書贈士會杜不然者言繞朝誘士會即行不暇書策為辭且

事既密不宜以簡贈人傳稱以書相與皆云與書此獨不言云贈之以策知是馬檛檛杖也曰子無謂

秦無人吾謀適不用也示已覺其情既濟魏人譟而

還喜得士會。○譟，素報反。還，音旋。秦人歸其帑，其處者爲劉氏。士會堯後，劉累之胤，別族復累之姓。○累，劣彼反。

【疏】其處者爲劉氏。○正義曰：伍員屬其子於齊，使爲王孫氏者，知己將死，豫令族其傳，又爲之。士會之帑在秦不顯，於會之身復無所辟，傳說處秦爲劉氏，未知何意言此。討尋上下，其文不類，深疑此句或非本旨，蓋以爲漢室初興，損棄古學，左氏不顯於世，先儒無以自申，劉氏從秦從魏，其源本出劉累，插注此辭，將以媚於世。明帝時，賈逵上疏云：五經皆無證圖讖明劉氏爲堯後者，而左氏獨有明文。竊謂前世藉此以求道通，故後引之以爲證耳。○注「士會」至「之姓」。○正義曰：昭二十九年傳稱陶唐氏既衰，其後有劉累，能飲食龍，夏王孔甲賜氏曰御龍。襄二十四年傳范宣子云：匄之祖，自虞以上爲陶唐氏，在夏爲御龍氏，在商爲豕韋氏，在周爲唐杜氏，晉主夏盟爲范氏。晉語云：昔隰叔子違周難於晉，生子輿爲司空，世及武子，佐文襄以輔成景，是以受隨范。賈逵云：隰叔，杜伯之子。周宣王殺杜伯，其子逃奔晉。子輿，士蔿也。武子，蔿之孫，即士會也。又世本：士蔿生士伯缺，缺生士會，會生士燮。會是蔿之孫，是爲堯後也。會子在秦，不被賜族，故自復累之姓爲劉氏。秦滅魏，劉氏徙大梁。漢高祖之祖爲豐公，又徙沛故高祖爲沛人○邾文公卜遷于繹繹邾邑魯国鄒縣北有繹山○繹音亦鄒側留反疏注繹邾至繹山○正義曰邾都本在鄒縣鄒縣北有繹山徙都於彼山旁山旁當有舊邑故曰繹邾邑也邾既遷都於此竟内别有繹邑宣十年公孫歸父帥師伐邾取繹取彼之別邑不取邾之国都也但邾是卜国彼繹邑亦取繹山爲名應近邾之都耳史曰利於民而不利於君邾子曰苟利於民孤之利也天生民而樹之君以利之也民既利矣孤必與焉左右曰命可長也君何弗爲邾子曰命在養民死之短長時也民苟利矣遷也吉莫如之左右以一人之命爲言文公以百姓之命爲主一人之命各有短長不可如何百姓之命乃傳世無窮故徙之○断音短傳直專反疏注左右至徙之○正義曰史明卜筮布国遷君必死不知君命自當卒也左右之意謂不遷命可長左右勸君勿遷以一人之命爲言也文公

之意人君之命在於養民遷則民利志在必遷以百姓之命爲存也一人之命各有短長短長先定不遷亦死是不可延何百姓之命利在水土土遷就善善則民安樂乃傳世無窮此也晉遷新田十世之後而衛遷帝丘卜曰三百年是傳世也遂遷于繹五月邾文公卒君子曰知命【疏】君子曰知命○正義曰俗人見其早卒謂其由遷而死死之短長有命不遷卒期亦卒傳言君子曰知命所以譏俗人之惑邾文公以僖二十九年即位至今五十一年享國久矣命非不延新也○秋七月大室之屋壞書不共也簡慢宗廟使至傾頹故書以見臣子不共○頹大回反見賢遍反【疏】書不共○正義曰釋例曰大室之屋國之所尊朽而不繼久旱遇雨乃遂傾頹不共之甚故特書之○冬公如晉朝且尋盟衛侯會公于沓請平于晉公還鄭伯會公于棐亦請平于晉公皆成之鄭衛貳於楚畏晉故因公請平鄭伯與公宴于棐子家賦鴻鴈子家鄭大夫公子歸

生也鴻鴈詩小雅義取侯伯哀恤鰥寡有征行之
勞言鄭國寡弱欲使魯侯還晉恤之○鰥古頑反
疏
注子
家至
恤之○正義曰鴻鴈美宣王勞來諸侯之詩也首章云之子
于征劬勞于野爰及矜人哀此鰥寡之子侯伯卿士也存猶
諸侯劬勞於外野爰曰也矜憐也王命之曰當及此可憐之人
謂貧窮者又當哀此鰥夫寡婦當收歛之使有依附子家言
鄭寡弱欲使魯侯遠
行還晉存恤之也
季文子曰寡君未免於此
言
亦
同有微
弱之憂
文子賦四月
四月詩小雅義取行役踰時思歸
祭祀不欲為還晉○為于偽反下
皆
同
疏
注四月至還晉○正義曰四月大夫行役之怨詩也
首章云四月維夏六月徂暑先祖匪人胡寧忍予大
夫言已四月初夏而行至六月往暑矣寒暑易節尚不得歸
我之先祖非人乎王者何當褊忍於我不使得祭祀也文子
言已思歸祭祀
不欲更復還晉
子家賦載馳之四章
載馳詩鄘風四章
以下義取小國有
急欲引大國以
救助○鄘音容
疏
注載馳至救助○正義曰載馳許穆夫
人閔衛之滅思歸唁兄之詩也其四章
曰陟彼阿丘言采其蝱女子善懷亦各有行許人尤之衆穉
且狂其五章曰我行其野芃芃其麥控于大邦誰因誰極大

大君子無我有尤百爾所思不如我所之此義取小國有急欲告大國文公在五章而傳言四章故云四章以下言其并賦五章

文子賦采薇之四章采薇詩小雅取其豈敢定居一月三捷許爲鄭還不敢安居○三息暫反又如字捷在接反疏注一月三捷○正義曰捷勝也三者謂侵也伐也戰也

鄭伯拜謝公爲行公荅拜

經十有四年春王正月公至自晉無傳告於廟○邾人伐我南鄙叔彭生帥師伐邾○夏五月乙亥齊侯潘卒七年盟于扈乙亥四月二十九日書五月從赴○潘判干反疏注七年至從赴○正義曰齊世家孝公卒弟潘殺孝公子而立是爲昭公昭公則以僖二十八年即位其年盟于踐土據文公言之皆同盟之盟耳杜以長歷校之知乙亥是四月二十九日書五月從赴者蓋赴以五月到注言卒日不言其月即書其所至之月○六月公會宋公陳侯衛侯鄭伯許男曹

伯晉趙盾癸酉同盟于新城新城宋地在梁國穀熟縣西秋七月有星孛入于北斗孛彗也旣見而移入北斗非常所有故書之○孛音佩徐無慣反嵇康音渤海字彗税似歲反一音雖遂反見賢遍反【疏】注孛彗至書之○正義曰公羊傳曰孛者何彗星也其言入于北斗何北斗有中也何以書記異也穀梁傳曰孛之為言猶茀也其曰入北斗斗有環域也釋天云彗星為欃槍郭璞曰妖星也亦謂之孛言其形孛孛似埽彗也經言入于北斗則從他處而入是旣見而移入北斗也彗星長有尾入于北斗杓中妖星非常所有故書○公至自會無傳○晉人納捷菑于邾弗克納邾有成君晉趙盾不度於義而大興諸侯之師汰邾之竟見辭而退雖有服義之善所興者廣所害者衆故貶稱人○菑側其反竟音境【疏】納捷菑于邾○正義曰捷菑不言邾者下有于邾之文莊公伐齊納子糾不言齊者上有伐齊之文與此同也僖二十五年楚人圍陳納頓子于頓昭十二年齊高偃納北燕伯于陽彼舊是國君故稱其國哀二年晉趙鞅納衛世子蒯聵于戚世子之尊以名體國上下又無衛文故亦稱國

與此異也齊小白齊陽生許叔蔡季之屬經無納文又復得
國與此不同也劉炫云已去邾國又非邾君故不稱邾捷菑
也得國爲君皆舉國言之齊小白入于齊是也○九月甲申公孫敖卒于
齊既許復之故從大夫例書卒（疏）注既許至書卒　正義曰傳稱請葬不許明年傳云葬視共仲則是
不得從大夫礼葬而得從大夫例書卒者卒葬異礼事不相
連隱公書薨不書葬不成喪不以君礼成其葬也不以君礼
猶得書公薨敖雖不以卿礼葬既許其復得從例書卒齊公子商人弒其君
舍舍未踰年而稱君者先君既葬舍已即位弒君例在宣四年（疏）注舍未至四年　正義曰公羊之例
既葬稱子踰年稱公左氏則不然僖九年九月晉侯詭諸卒
冬晉里克殺其君之子奚齊傳曰書曰殺其君之子未葬也
荀息立公子卓以葬十一月里克殺公子卓于朝經書里克
弒其君卓是未葬稱子既葬稱君不待踰年始稱君也此稱
弒其君舍舍已成君故云未踰年而稱君者先君既葬舍已
即位也傳云五月昭公卒舍即位後七月爲商人所弒經傳
無葬昭公之文又齊侯以五月而卒傳稱七月弒舍時未合
葬而知已葬者正以舍已稱君故知既葬春秋之世多不如礼

葬之早晚時有違速雖復違禮而葬後君葬說亦成成君非謂礼之葬日始成君也宣十年夏四月齊侯元卒六月葬齊惠公冬齊侯使國佐來聘是葬速成君之文也杜以成君在於既葬不以踰年爲限此言未踰年者意在排舊說也○

宋子哀來奔 大夫奔例書名氏貴之故書字 疏 注大夫至書字○正義曰崔杼無罪書崔氏出奔此貴子哀書其字云於例字貴於名故嘉之以女叔之徒皆書其字則書字是貴之常例也崔氏傳曰且告以族故因舊史崔氏以不名爲義○冬單伯如齊 單伯周卿士爲魯如齊故書○單音善爲于僞反○

○齊人執單伯 諸侯無執王使之義故不依行人例 使所吏反 疏 注諸侯至人例○正義曰諸侯執諸侯之大夫無罪則稱行人以見無罪之義王者之使不問有罪無罪諸侯皆不得執之執之則爲不臣以諸侯無執王使之義故單伯不依行人例言單伯身雖無罪不依使例故不稱行人也諸侯不得執王使而諸侯之止得貶王使者史之所書周公定法已君有過猶尚書之王使有適亦得貶也 ○齊人執子叔姬 叔姬魯女齊侯舍之母不稱夫人自魯錄之父母辭 疏 注叔姬至母辭○正義曰傳稱子叔姬妃齊昭公生舍之

文十四

毋也不稱夫人自魯錄之父母辭亦不知是何公之女魯是■以毋家不言文公是其父稱子叔姬者服云子殺身執閔之故言子爲在室許十二年子叔姬卒巳被出絶是並在室也

傳十四年春頃王崩周公閲與王孫蘇爭政故不赴凡崩薨不赴則不書禍福不告亦不書奔亡禍也歸復福也○頃音傾閲音悦

疏注奔亡至福也○正義曰因崩薨而言禍福則禍亦崩薨家類禍是反禍者也福莫大於享國有家禍莫甚於亡家喪國禍亦崩薨之類相次之物且奔亡歸復其事皆有出入之閲未見不告之義此傳於崩薨之未言之故知奔亡是禍歸復是福也

懲不敬也欲使怠慢者戒○懲直升反○邾文公之卒也在前年公使弔焉不敬邾人來討伐我南鄙故惠伯伐邾○子叔姬齊昭公生舍叔姬無寵舍無威公子商人驟

施於國驟數也商人桓公子○妃音配本亦作配驟仕救反施式豉反數音朔而多聚士盡其家貸於公有司以繼之家財盡從公及國之有司富者貸○盡津忍反貸音特又音忒注同夏五月昭公卒舍即位○邾文公元妃齊姜生定公二妃晉姬生捷菑文公卒邾人立定公捷菑奔晉○六月同盟于新城從於楚者服從楚者陳鄭宋且謀邾也謀納捷菑○秋七月乙卯夜齊商人弒舍而讓元元商人兄齊惠公也書九月從告七月無乙卯日誤○弒音試本又作殺元曰爾求之久矣我能事爾爾不可使多蓄憾不為君則恨多○蓄勑六反本又作畜憾本又作感户暗反恨也將免我乎爾為之○言將復殺我將免我乎○正義曰言復扶又反【疏】爾已殺君矣我若為君

爾將肯放免我乎言將復殺我劉炫云爾將免我爲君之事乎○有星孛入于北斗。周内史叔服曰：不出七年，宋、齊、晉之君皆將死亂。後三年宋弑昭公，五年齊弑懿公，七年晉弑靈公。史服但言事徵而不論其占，固非末學所得詳言。○弑音試，下同。

【疏】注後三年至詳言○正義曰：昭十七年傳申須云「彗所以除舊布新也，天事恒象」，又二十六年傳晏子曰「天之有彗也，以除穢也」。宋、齊、晉三國之君並爲無道，皆有穢德，今彗出而彼死，是除穢之事。但未測何以知此三君當之，史服但言事徵，不言其占，非末學所得詳言，故言其驗而不推其義。

○晉趙盾以諸侯之師八百乘納捷菑于邾。八百乘，六萬人，言力有餘。○乘，繩證反，注同。邾人辭曰：「齊出貜且長。」貜且，定公。○貜，俱縛反，徐居碧反。且，子餘反。長，丁丈反，下注同。宣子曰：「辭順而弗從，不祥。」乃還。立適以長，故曰辭順。○適，丁歷反。○周公將與王孫蘇訟于晉，王叛王孫蘇，王臣

王叛不與而使尹氏與聃啓訟周公于晉訟理之尹氏周卿士聃啓
周大夫○聃乃甘反趙宣子平王室而復之復使和親○楚莊
王立穆王子也子孔潘崇將襲羣舒使公子燮與
子儀守而伐舒蓼即羣舒○燮昔協反守手又反蓼音了二子作亂
城郢而使賊殺子孔不克而還八月二子以
楚子出將如商密國語曰楚莊王幼弱子儀爲師王子燮爲傅○還音旋【疏】
注國語至爲傅○正義曰楚語蔡聲子云楚莊王方弱申公子儀父爲師王子燮爲傅使潘崇子孔帥師以伐舒燮及儀
父施二帥而分其室師還至則以王如廬廬戢黎殺二子而復王廬戢黎及叔麇誘
之遂殺鬬克及公子燮廬今襄陽中廬縣戢黎廬大夫叔麇其佐鬬克子儀也○
廬力於反又音盧注同戢側立反麇九倫反初鬬克囚于秦在僖二十五年秦

有殽之敗在僖三十三年而使歸求成成而不得志無賞負郗也公子燮求令尹而不得故二子作亂傳言楚莊幼弱國內亂所以不能與晉競穆伯之從己氏也在八年○己音紀又音祀魯人立文伯穆伯之子穀也穆伯生二子於莒而求復文伯以爲請襄仲使無朝聽命復而不出不得使與聽政事終竟於家故出入不書○爲請如字又于僞反下以爲請同十五年亦放此與音預三年而盡室以復適莒文伯疾而請曰穀之子弱子孟獻子年尚少○盡津忍反復扶又反少詩照反請立難也難穀弟○難乃多反又如字許之文伯卒立惠叔穆伯請重賂以求復惠叔以爲請許之將來九月卒于齊告喪請葬弗許請以

卿禮葬。○宋高哀為蕭封人以為卿蕭宋附庸仕附庸還升為卿。

【疏】注蕭宋至為卿。○正義曰蕭本宋邑莊十二年宋萬弒閔公蕭叔大心者宋蕭邑之大夫也平宋亂立桓公宋人賞其勞以蕭邑封叔為附庸莊二十三年蕭叔朝公是為附庸故稱朝附屬宋國故云宋附庸也宣十二年楚子滅蕭此時蕭國仍在高哀仕於蕭國滅被擢升為宋卿

不義宋公而出遂來奔出而待放從放所來故曰遂書曰宋子哀來奔貴之也貴其不食汙君之祿辟禍速也○汙汙日辱之也○齊人定懿公使來告難故書以九月齊人不服故三月而後定書以九月明經日月皆從赴。○難乃旦反

【疏】注齊人至從赴。○正義曰商人實以七月弒舍取其位而齊人未服三月而後定定訖始來告不告舍死之月唯言商人弒舍魯史以其九月來告即書之於九月如此傳文告以九月即書九月明經之日月皆從赴而書非襃貶詳略也杜言此者排先儒言日月有襃貶之義

齊公子元不順懿公之為政也終不曰公

曰夫已氏猶言某甲○夫音扶已音紀【疏】注猶言某甲○正義曰心惡其政不以爲公凡與人言欲稱君者終不謂之爲公曰夫已斥懿公之名也劉云甲已俱是名故云猶言某甲○襄仲使告于王請以王寵求昭姬于齊昭姬子叔姬曰殺其子焉用母請受而罪之○焉於虔反冬單伯如齊請子叔姬齊人執之恨魯恃王勢以求女故又執子叔姬欲以恥辱魯

經十有五年春季孫行父如晉○三月宋司馬華孫來盟華孫奉使鄰國能臨事制宜至魯而後定盟故不稱使其官皆從故書司馬○華戶化反使所吏反從才用反【疏】注華孫至司馬○正義曰成三年晉侯使荀庚來聘衛侯使孫良夫來聘丙午及荀庚盟丁未及孫良夫盟彼先以君命行聘禮既而別與之盟故書曰聘又書曰盟此雖使來聘魯不令結盟故書盟未稱使也

僖四年楚屈完來盟于師即其比也諸侯之卿例書名氏以華偶能率其屬官備禮盡儀故貴其人書其官也八年宋人殺其大夫司馬宋司城來奔唯言其官不言氏族此既書司馬復曰華孫者劉炫云或以爲華耦貴之既深故特書族案傳華耦魯人以爲敏則君子不許是魯貴之不深蓋史有文質故辭有詳略○夏曹伯來朝

○齊人歸公孫敖之喪大夫喪還不書善魯感子以赦父敦公族之恩崇仁孝之教故特録敖喪歸以示義

疏 注大夫至示義○正義曰桓十八年公之喪至自齊僖元年夫人氏之喪至自齊二注皆云告於廟也是公與夫人薨于外竟皆啓朝告至例書於策宣八年仲遂卒于垂成十七年公孫嬰齊卒于貍脤皆不書喪至是大夫喪還例不書此獨書齊人歸公孫敖之喪者釋例曰公孫敖縱情棄命既已絕位非大夫也而備書於經者惠叔毀請於朝感子以赦父敦公族之恩崇仁孝之教故曰爲孟氏且國故是也不言來者魯人取之齊人送之非齊專使特來故不言來哀八年齊人歸讙及闡注云不言來命歸之無指使此亦彼之類也○六月辛丑朔日有食之鼓用牲于社傳例曰非禮也○單伯至

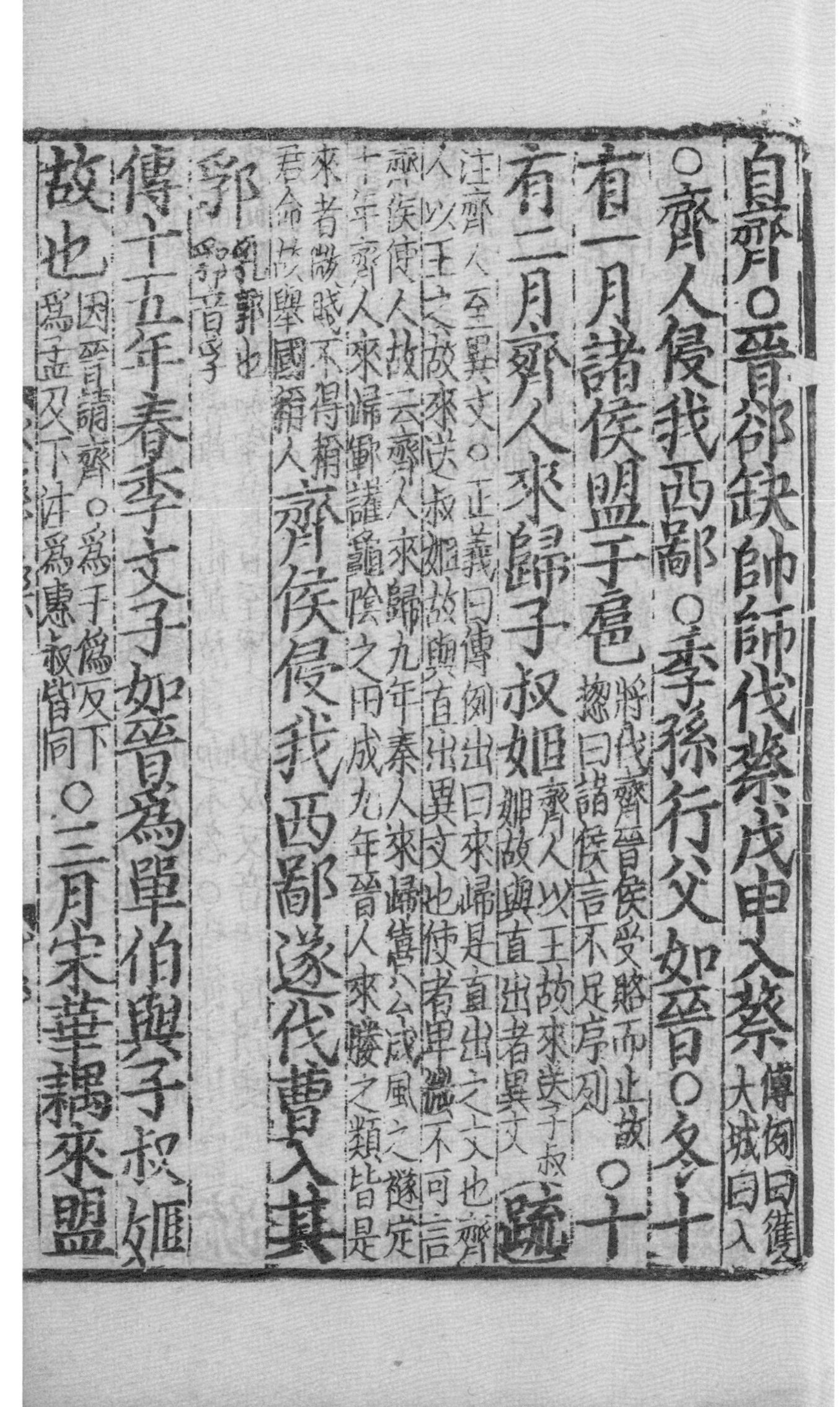

自齊○晉郤缺帥師伐蔡戊申入蔡傳例曰獲大城曰入○齊人侵我西鄙○季孫行父如晉○冬十有一月諸侯盟于扈將伐齊晉侯受賂而止故揔曰諸侯言不足序列○十有二月齊人來歸子叔姬齊人以王故來送子叔姬故與直出者異文

疏注齊人至異文○正義曰傳例出曰來歸是直出之文也齊人以王故來送叔姬故與直出異文也使者卑微不可言齊侯使人故云齊人來歸九年秦人來歸僖公成風之襚定十年齊人來歸鄆讙龜陰之田成九年晉人來媵之類皆是來者微賤不得稱君命故舉國稱人

齊侯侵我西鄙遂伐曹入其郛郛郭也郛音孚

傳十五年春季文子如晉爲單伯與子叔姬故也因晉請齊○爲于僞反下爲子叔及下注爲惠叔皆同○三月宋華耦來盟

甚皆從之書曰宋司馬華孫貴之也古之盟會必備

威儀崇贄幣賓主以成礼爲敬故傳曰卿行旅從春秋時率多不能備儀華孫能率其屬以從古典所以敬事而自重使重而事敬則魯尊而礼篤故貴而不名○皆從才用反注旅從同又音如字贄音至率所類反又音律使所吏反

【疏】注古之至不名○正義曰杜檢傳文諸言書曰者皆是仲尼新意此云其官皆從即云書曰司馬貴之明是貴其官從故書其官也聘礼之文有上介衆介至所聘之國誓于其竟則史讀書司馬執策賈又拭王有司展幣其從羣官多矣詩綿蠻之篇言大臣出行微臣隨從傳稱卿行旅從昭六年楚公子棄疾聘晉至於鄭竟而誓約其從人多矣盟會礼重於聘知古人盟會必備威儀崇贄幣賓之與主以成禮爲敬故傳云其官皆從貴之也春秋之時率多不能備威儀故傳每言一个行李是也華孫今獨能率其官屬以從古典所以敬其君事而自鎮重也使人既重而承事恭敬則魯被尊而賓礼篤也奉使鄰國能尊主厚礼是可貴之事故仲尼貴而不名至宴無敬揚其先祖之罪爲己謙辭是不敏之極魯人以爲敏明君子所不與言仲尼貴其官從君子尚其失辭有善有惡傳兩舉之也釋例曰古之盟會必備礼儀示等威明貴賤

名以成禮爲節節制兼備則名位不愆華孫居擾攘之世而能率由古典所以敬事而自重使重而事敬則魯尊而禮焉故貴之也至於宴會追稱先人之罪爲己謙辭謙以失辭故傳云魯人以爲敏明君子所不與也是言善惡兩舉之事也襄五年傳曰楚殺其大夫公子壬夫貪也君子謂楚共王於是不刑言貪也罪壬夫不刑責共王亦是兩舉之文其事類於此也服虔云華耦爲卿後而不受以君命脩好結盟舉其官屬從之空官廢職魯人不知其非反尊貴之其意以爲貴之者魯人貴之非君子貴之案經儀父與魯結好子哀不義宋公司城蕩來奔單伯自齊致命傳皆言書曰貴之實善而貴之也此亦云書曰司馬華孫貴之何故惡而貴之也劉炫云此爲不知其非儀父豈亦魯不知其非而貴之乎孔子脩春秋裁其得失定其褒貶善惡章於其簡藏否示於來世若魯人所善亦善之所惡亦惡之已無心於抑揚遂魯人之善惡削筆之勞何所施用約之以理豈其然哉其官皆從謂其聘之官無關當有留治政者豈舉朝盡行而責其空官也若以官從即責空官聘亂官屬不必皆周公安制禮乎

公與之宴辭曰君之先臣督得罪於宋殤公名在諸侯之策臣承

其祀其敢辱君耦華督曾孫也督弑殤公在桓二年耦自以罪人子孫故不敢屈辱魯君對共宴會請承命於亞旅亞旅上大夫也○亞於嫁反【疏】注亞旅上大夫也○正義曰尚書牧誓武王呼羣官而誓曰司徒司馬司空亞旅孔安國云亞次也旅衆也衆大夫其位次卿成二年傳魯賜晉三帥三命之服候正亞旅受一命之服皆御後即次亞旅而是上大夫也華孫不敢當君請受上大夫之宴魯人以爲敏無故揚其先祖之罪是不敏魯人以爲敏明君子所不與也【疏】魯人○正義曰魯人魯鈍之人

○夏曹伯來朝禮也諸侯五年再相朝以脩王命古之制也十一年曹伯來朝蓋至此乃來亦五年傳爲冬齊侯伐曹張本【疏】諸侯至制也○正義曰周礼大行人云凡諸侯之邦交歲相問也殷相聘也世相朝也鄭玄云父死子立曰世凡諸侯相朝告小國朝於大國或敵國相爲賓或彼君新立此往朝焉或此君新即位自往朝彼皆是世相朝也襄元年邾子來朝傳曰凡諸侯即位小國朝之是此新立而彼朝之也文九年曹伯襄卒十一年曹伯來朝傳曰即位而來見也是彼新立而朝

此世則知春秋之時猶有相朝朝法與周禮合也周禮諸侯邦交唯有此法無五年再朝之制此云古之制也必是古有此法但禮文殘缺未知古是何時鄭玄云古者據今而道前代之言夏殷之時天子蓋六年一巡狩諸侯間而朝天子其不朝者朝罷朝五年再相朝者以如此然則古者據今時而道前世自不必皆道前代傳稱古者越國而謀非謂前代之人有此謀也古人有言非謂前代之人有此言也詩云我思古人非思夏殷之人也此云古者亦非必夏殷鄭言夏殷禮非也僖十五年公如齊杜云諸侯五年再相朝禮也引此證彼則是當時正法非謂前代禮也或人見僖公朝齊杜引此爲證遂言五年再相朝是事霸主之法然則魯非霸主曹伯何以朝之曹豈捨魯爲霸主而屈已以朝之也且云古之制也即是古之聖王制爲此法天子不衰諸侯無霸明德天子豈慮世衰霸主威權不行而爲之制此法故諸侯以朝之此不達理之言耳然則諸侯之邦交者將以協近鄰結恩好安社稷息民人土宇相望竟界連接一世一朝疏闊大甚其於間暇之年必有相朝之法周禮言世相朝者以其一舊一新須此未御於此之際必須往朝舉其禮之大者不言唯有此事五年再相朝正是周禮之制周禮文不具耳文襄之霸其務不煩諸侯以五年再朝往來大數更制三年一聘五年一

朝所以說諸侯也五年一朝者亦謂朝大國耳且彼因說朝
葬非獨霸主之喪明使諸侯相共行此礼也霸主遭時制宜
非能創制改物諸侯或從時令或率舊章此在文襄之後仍
守舊制故五年再相朝也傳言古之制以文襄已改故也昭
十三年歲聘間朝是周之諸侯朝天子之法故釋例引之云
明王之制歲聘以志業以解朝聘之數尚書周官六年五服
一朝孔傳云一朝會京師是再朝而會周之正礼也若然大
行人云侯服一歲一見甸服二歲一見男服三歲一見采服
四歲一見衛服五歲一見要服六歲一見何於服數朝者大
行人所云謂貢物而見或君自至或遣臣來除此貢物之外
別有朝會之礼沈氏以爲諸侯五年再相朝及昭十三年皆
爲朝牧伯之法以間朝以講礼與再朝而會是三歲之朝與
六年之朝大率言之是五年之内再相朝也但魯非曹之伯
國而沈云朝牧伯之礼又昭十三年朝盟主之法亦無明證
沈氏之言未可從也○齊人或爲子孟氏謀孟氏公孫敖家慶父爲長庶故或稱孟氏
○長丁丈反【疏】注孟氏至孟氏○正義曰公孫敖慶父之子杜以慶父與莊公異母庶長稱孟雖強同於適自
稱爲仲以其實是長明人或稱孟氏曰魯爾親也飾棺寘諸堂阜

堂阜齊魯竟上地飾棺不殯示無所歸○寘之豉反竟音境殯必刃反〔疏〕注堂阜至所歸　正義曰喪大記云飾棺君龍帷黼荒火三列黻三列素錦褚加帷荒纁紐六大夫畫帷畫荒火三列黻三列素錦褚纁紐二玄紐二鄭玄云飾棺者以華道路及壙中不欲使衆惡其親也荒蒙也在旁曰帷在上曰荒皆所以衣柳也士布帷布荒君大夫加文章焉黼荒緣邊爲黼文畫荒緣邊爲雲氣火黻爲列於其中耳褚以襯覆棺乃加帷荒於其上紐所以連結帷荒者也禮之飾棺唯有此耳齊人教之飾棺蓋依此大夫之制而爲之飾置諸堂阜故爲下殯示無所歸冀魯人哀之也沈氏云飾棺即雜記云諸侯死於道其輤有裧緇布裳帷素錦以爲屋而行大夫死於道以布爲輤而行義或當然

魯必取之從之卞人以告卞人魯卞邑大夫○卞皮彥反〔疏〕注卞人魯卞邑大夫　正義曰治邑大夫例呼爲人孔子父爲鄹邑大夫謂之鄹人知此卞人是卞邑大夫其邑近堂阜故見之而告魯君

惠叔猶毀以爲請穀卒則惠叔請之至今朞年猶未已毀過喪禮○朞居其反〔疏〕注穀卒至喪禮○正義曰穀卒已向周年猶尚毀以爲請知穀卒即請至今未已此傳言猶毀是不復應毀故知毀過喪

孔也劉炫云敖去年九月卒至今年夏據月未而不得稱期年今知非者杜以傳云惠叔猶毀據日月之久欲盛言其遠故云朞年但首尾二年亦得爲朞年之義劉以未周十二月而規杜氏非也立於朝以待命許之取而殯之殯於孟氏之寢終喪服之言齊人送之書曰齊人歸公孫敖之喪爲孟氏且國故也爲惠叔毀請且國之公族故聽其歸殯而書之○爲于僞反葬視共仲制如慶父皆以罪降○共音恭聲己不視帷堂而哭聲己惠叔母怨敖從莒女故帷堂○己音紀【疏】帷堂正義曰檀弓云尸未設飾故帷堂小斂而徹帷至大斂之節又帷堂以至於殯但帷堂雜記云朝夕哭則不帷今聲己恨穆伯故朝夕哭乃帷堂檀弓又云帷殯非古自敬姜之哭穆伯始也與此相類也敬姜者穆伯之妻文伯歜之母也穆伯季悼子之子公甫靖與敖非一人襄仲欲勿哭怨敖取其妻惠伯曰喪親之終也惠伯叔彭生雖不能始善終可也史佚有

言曰兄弟致美各盡其美義乃終○佚音逸救乏賀善弔災祭敬喪哀情雖不同毋絶其愛親之道也子無失道何怨於人襄仲説帥兄弟以哭之他年其二子來穀在莒所生○毋音無説音悅（疏）祭敬至道也○正義曰祭敬者謂助祭於兄弟之家盡其敬也喪哀者謂兄弟死喪之事竭其哀也情雖不同謂内相怨恨情雖不能和同當無絶其愛是相親之道也孟獻子愛之聞於國獻子穀之子仲叔蔑○聞音問或如字下同蔑亡結反○或譖之曰將殺子獻子以告季文子二子曰夫子以愛我聞我以將殺子聞不亦遠於禮乎遠禮不如死一人門于句鼆一人門于戾丘皆死句鼆戾丘魯邑有寇攻門二子禦之而死○遠于萬反下同句古侯反鼆又作黽莫幸反戾力計反

【疏】注旬饑至而死○正義曰旬饑宊立有寇攻門不言者服虔云魯國中小寇非異國侵伐故不書也○六月辛丑朔日有食之鼓用牲于社非禮也得常鼓之月而於社用牲爲非禮【疏】注得常至非禮○正義曰此與莊二十五年經文正同彼傳云非常此傳云非禮者彼失常鼓之月言鼓之爲非常此得常鼓之月而用牲爲非禮彼云六月實是七月傳因日月之變以起時歷之誤故釋例曰文十五年與莊二十五年經文皆同而更復發傳曰非例者明前傳欲以審正陽之月後傳發例欲以明諸侯之禮而用牲爲非禮也此乃聖賢之微旨而先儒所未喻也是解二傳不同之意日有食之天子不舉去盛饌○去起呂反饌仕眷反【疏】注去盛饌○正義曰周禮膳夫掌王之食飲膳羞以養王及后世子王日一舉鼎十有二物皆有俎天地有災則不舉鄭玄云殺牲盛饌曰舉今云天子不舉是去盛饌貶膳食也伐鼓于社責羣陰伐猶擊也【疏】注責羣陰伐猶擊也○正義曰郊特牲云社祭土而主陰氣也君南鄉於北墉下答陰之義也論語云鳴鼓而攻之伐鼓者是以責之事故云責羣陰也日食者陰侵陽故責陰以

救日孔安國尚書傳云凡日食天子伐鼓于社責上公然則社以上公配食天子伐鼓責羣陰亦以責上公也諸侯用幣于社請上公亦以請羣陰也互相備也

諸侯用幣于社社尊於諸侯故請救而不敢責之○

疏注社尊至責之○正義曰昭二十九年傳曰封爲上公祀爲貴神社稷五祀是尊是奉是社爲上公之神尊於諸侯禮用幣者告白之辭明神明之事以社尊故用幣請救而不敢攻責也陰侵陽而請陰者請止而勿侵陽也

伐鼓于朝責退自以昭事神訓民事君天子不舉諸侯用幣所以事神尊卑異制所以訓民

疏注天子至訓民○正義曰天子不舉自貶食耳而以爲事神者貴敬神明乃自貶損徹膳不舉亦是事神之義故遍以不舉爲事神也

亦有等威古之道也等威威儀之等差○差初佳反又初宜反○齊人許單伯請而赦之使來致命以單伯執節不撓且畏晉故許之書曰單伯至自齊貴之也單伯爲魯拘執既免而不廢禮終來致命故既而告廟○爲于僞反下似爲同拘音俱○新城之盟

在前年蔡人不與不會盟○與音預下同晉郤缺以上軍下
軍伐蔡兼帥二軍曰君弱不可以怠怠解也○解佳賣反戊申入
蔡以城下之盟而還凡勝國曰滅之勝國絕其社稷有其
土地○還音旋獲大城焉曰入之得大都而不有疏凡勝至入之○正義曰此傳已
發凡例襄十三年復發傳云用大師曰滅弗地曰入再發例者兵之所加不可繼興故舉舊典之與以例而言用太師起
大衆重力以陷敵因而有之故曰勝國通以滅爲文也以成師重力雖獲大城得而弗有故直以出入爲辭曰入之而已
滅不包地國不通邑滅邑必主大師暴敵再發例也○秋齊人侵我西鄙故季
文子告于晉○冬十一月晉侯宋公衛侯蔡
侯鄭伯許男曹伯盟于扈尋新城之盟且謀
伐齊也齊數王使且數伐魯○使所吏反下王使同數音朔齊人賂晉侯故

文十五

不克而還於是有齊難是以公不會明公不序諸侯不以公不會故。難乃旦反下注同書曰諸侯盟于扈無能爲故也惡受其賂不能討齊。惡烏路反凡諸侯會公不與不書諱君惡也謂國無難不會議事故爲惡不書謂不國別序諸侯與而不書後也謂後期也今貶諸侯以爲公諱故傳發例以明之。爲于僞反

疏凡諸侯至後也○正義曰七年公會諸侯晉大夫盟于扈傳曰公後至故不書所會因發例凡會諸侯不書所會後也後至不書其國辟不敏也彼乃議事而公後期諱君之惡故總稱諸侯此亦總稱諸侯不會非公之罪而經文相似傳辭諸嫌故更復發例而以善形惡凡諸侯爲議事聚會而公不與則不應書諸国諱君惡也若公實與會而亦不書諸国爲公後期也即七年扈之盟是也今於此會受賂舍罪致使魯有齊患公雖不與非公之罪經與後期文同似爲公諱故傳發例以明之此魯公雖不與非公惡也。

齊人來歸子叔姬王故也單伯雖見執能守節不移終達王命使叔姬得歸○齊

侯侵我西鄙謂諸侯不能也不能討也遂伐曹入其郛討其來朝也此年夏朝季文子曰齊侯其不免乎已則無禮執王使而伐無罪。已音紀使所吏反。而討於有禮者曰女何故行禮禮以順天天之道也已則反天而又以討人難以免矣詩曰胡不相畏不畏于天詩小雅。女音汝相息亮反又如字【疏】曰女至道也。正義曰言曰者原齊侯之意而爲之辭也責曹曰女何故行礼謂責於朝魯也天道以卑承尊人道以小事大礼者自卑而尊人朝者謙順以行礼行礼以順天是天之道也。詩曰至于天。正義曰此詩小雅雨無正之篇胡何也詩人責朝廷之臣女羣臣上下何以不相畏乎女上下不相畏乃是不畏于天也君子之不虐幼賤畏于天也在周頌曰畏天之威于時保之詩周頌言畏天威于是保福祿

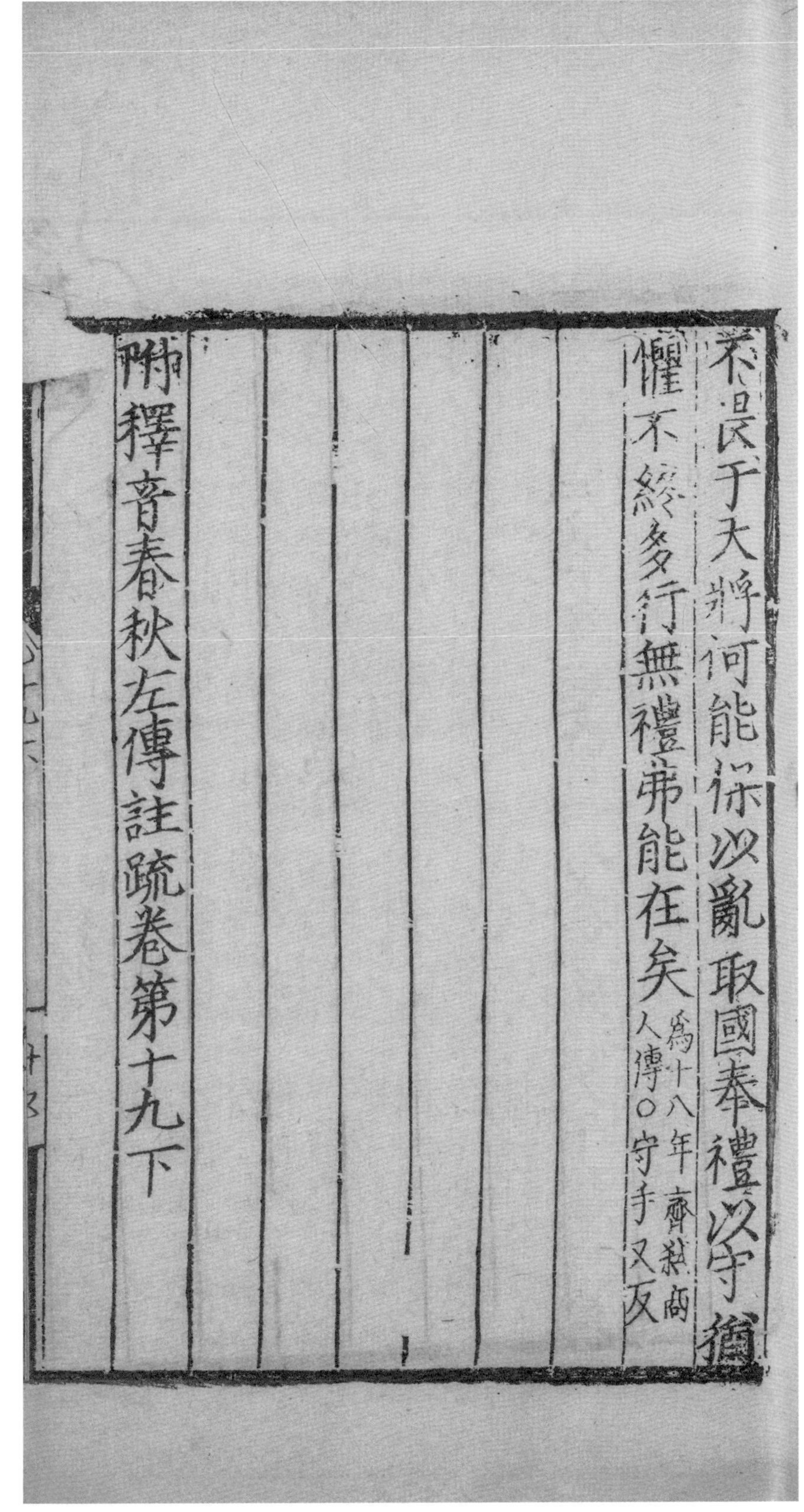

不畏于天將何能保以亂取國奉禮以守猶懼不終多行無禮弗能在矣爲十八年齊人弒商人傳○守手又反

附釋音春秋左傳註疏卷第十九下

附釋音春秋左傳註疏卷第二十 文十六年盡十八年

杜氏註 孔穎達疏

經十有六年春季孫行父會齊侯于陽穀齊侯弗及盟及與也○夏五月公四不視朔諸侯每月必告朔聽政因朝於廟今公以疾闕不得視二月三月四月五月朔也春秋十二公以疾不視朔非一也義無所取故特舉此以表行事因明公之實有疾非詐齊

疏注諸侯至詐齊○正義曰天子頒朔於諸侯諸侯受而藏之於祖廟每月之朔以特羊告廟受而施行之遂聽治此月之政謂之視朔因以其日又以朔享之禮祭皇考以下謂之朝廟此年公疾自二月至於五月凡經四月不得視朔故書公四不視朔傳稱正月及齊平公有疾使季文子會齊侯則正月公初疾不得視二月朔至五月而四故知不得視二月三月四月五月朔也春秋十二公二百四十二年計有三千餘月公以疾不視朔當非一而餘皆不書而此獨書者公身有疾不得視朔國事不廢義無所取因此齊侯疑公故特舉此以表行事餘

皆從可知也釋例曰魯之羣公以疾不視朔多矣因有事而
見一既猶釋不朝正之義是其事也又於時齊侯不信公實
有疾書此者且明公實有疾非詐齊也史之所書當書其始
不於二月書之而以五月書者二月公於有疾未知來月瘳
否不得豫書其數至六月公瘳乃積前數之闕故以五月書
四也昭二十三年公如晉至河有疾乃復彼書有疾此不言
有疾者在道而還容有他故昭十二年十三年公如晉至河
乃復皆爲晉人辭公而還非爲疾也故須言有疾以辯之公
不視朔唯有候耳無所分辯故不書疾也告朔謂告於祖廟
視朔謂聽治月政視朔由公疾而廢其告朔或有司告之不
必廢也論語云子貢欲去告朔之餼羊以是廢其禮而羊在
蓋從是以後更有不告朔者故欲去其羊耳六年閏月不告
月書經以譏之在後若不告朔不復書之者蓋以閏月不告
其譏已明故於後不復譏之閔二年吉禘于莊公已譏其速
文二年大事于大廟不復譏之當齊歸鄭祓之類不重譏也○六月戊辰公子遂及
齊侯盟于郪丘信公疾且以賂故郪丘齊地○郪音西又七西反○秋八
月辛未夫人姜氏薨僖公夫人文公母也○毀泉臺泉臺臺名

六

毁壞之也○壞音怪○楚人秦人巴人滅庸○巴必麻反○冬十

有一月宋人弑其君杵臼稱君君無道也例在宣四年○杵昌呂反臼強柳反

傳十六年春王正月及齊平齊前年再伐魯魯爲受弱故平○爲于僞反公有疾使季文子會齊侯于陽穀請盟齊

侯不肯曰請俟君間間疾瘳○間如字瘳勑留反差也○夏五月

公四不視朔疾也公使襄仲納賂于齊侯故

盟于郪丘○有蛇自泉宮出入于國如先君

之數伯禽至僖公十七君○伯禽至僖公十七君史記魯世家魯公伯禽子考公酋弟煬公熙子幽公宰弟魏公費子厲公擢子獻公具子順公濞弟武公敖子懿公戲弟孝公稱子惠公弗皇子隱公息姑弟桓公允子莊公同子閔公開兄僖公申十七也魏公世本作微公順公一作愼公【疏】注伯禽至七君○正義曰魯世家魯公伯禽子考公

酋弟煬公熙子幽公圉弟魏公濆子厲公擢弟獻公具子順公濞弟武公敖子懿公戲弟孝公稱子惠公弗皇子隱公息姑弟桓公允子莊公同子閔公開兄僖公申周公不之魯從魯公數之爲十七君也　秋八月辛未聲姜薨毀泉臺　魯僖公以爲蛇妖所出而聲姜薨故壞之○壞音怪　疏　毀泉臺○正義曰蛇自宮出而毀其臺則臺在宮內人見從宮而出毀臺幷毀其宮也○注魯公至壞之○正義曰人見蛇出而姜薨以爲臺是妖之穴仍謂此處有妖更將爲害毀之所以絕其源安民意也故釋例曰衆蛇自泉臺出如先君之數入於國聲姜之薨適與妖會而國以爲災遂毀泉臺書毀而不變文以示義者君人之心一國之俗須此爲安故不譏也以不變文知不譏也不書蛇入國者鸜鵒非魯國之有故書其所無蛇是魯地所有姜薨不由此蛇凡物不爲災則不書也○

楚大饑戎伐其西南至于阜山師于大林又伐其東南至于陽丘以侵訾枝　戎山夷也大林陽丘訾枝皆楚邑○饑音飢訾機此訾子斯反　疏　注戎山夷也○正義曰四夷之名隨方定稱則曰東夷西戎南蠻北狄其當處

立名則各從方號故北戎病燕諸侯伐山戎北方得有戎故楚西亦有戎戎是山間之民夷爲四方揔號故云戎山夷也

庸人帥羣蠻以叛楚庸今上庸縣屬楚之小國麇人率百濮聚於選將伐楚選楚地百濮夷也○麇九倫反濮音卜選息戀反又息轉反

疏注選楚地百濮夷也○正義曰將欲伐楚聚於此地故知是楚地也牧誓云武王伐紂有庸濮從之孔安國云庸濮在江漢之南是濮爲西南夷也釋例曰建寧郡南有濮夷濮夷無君長總統各以邑落自聚故稱百濮也下云各走其邑是無君長統也

於是申息之北門不啓備中國疏申息之北門不啓○正義曰申息北接中國言寇北從北來敵七邑北門不敢開也楚人謀徙於阪高楚險地○阪音反音扶板反蔿賈曰不可我能往寇亦能往不如伐庸夫麇與百濮謂我饑不能師故伐我也若我出師必懼而歸百濮離居將各走其邑

誰暇謀人乃出師旬有五日百濮乃罷濮夷無屯聚見難則散歸○罷于委反屯徒門反聚才住反又如字難乃旦反又如字自廬以往振廩同食往往伐庸也振發也廩倉也同食上下無異饌也○廬力於反又音盧廩力甚反次于句澨句澨楚西界也○句古侯反澨市世反使廬戢黎侵庸戢黎廬大夫及庸方城方城庸地上庸縣東有方城亭庸人逐之囚子揚窗窗戢黎官屬○窗初江反三宿而逸曰庸師衆羣蠻聚焉不如復大師還復句澨師且起王卒合而後進師叔曰不可師叔楚大夫潘尫也○卒子忽反尫烏黃反姑又與之遇以驕之彼驕我怒而後可克先君蚡冒所以服陘隰也蚡冒楚武王父陘隰地名○可克或作可擊蚡扶粉反冒莫報反史記楚世家云蚡冒卒弟熊達殺

蚡冒子而代立是爲楚武王與杜異陘音刑隰音習【疏】注蚡冒至地名○正義曰劉炫云案楚世家蚡冒卒弟熊達殺蚡冒子而代立是爲楚武王則蚡冒是兄不得爲父今知不然者以世家之文多有紕繆與經傳異者非是一條杜氏非不見其文但見而不用耳劉以世家而規杜非也言服陘隰則陘隰本是他國蚡冒始服之地釋例陘隰與僖四年次于陘爲一地潁川召陵縣南有陘亭楚自武王始居江漢之間則蚡冒之時未至中土不應已能越申息服潁川之邑縣非也

又與之遇七遇皆北軍走曰北○北如字一音佩○唯裨鯈魚人實逐之裨鯈魚庸三邑魚魚復縣今巴東永安縣輕楚故但使三邑人逐之○裨婢支反鯈直留反

庸人曰楚不足與戰矣遂不設備楚子乘馹會師于臨品馹傳車也臨品地名○馹人實反傳丁戀反【疏】注馹傳車也○正義曰釋言云馹傳也舍人曰馹尊者之傳也郭璞曰傳車驛馬之名也

分爲二隊隊部也兩道攻之○隊徒對反注同子越自石溪子貝自仞以代庸子越

闕檄也石溪仞入庸道○溪苦兮反本又作谿貝庸盡反今俗本多作貝音一云仞人慎反秦人巴人從楚師羣蠻從楚子盟蠻見楚強故遂滅庸傳言楚有謀臣所以興○宋公子鮑禮於國人鮑昭公庶弟文公也○鮑步卯反宋饑竭其粟而貸之年自七十以上無不饋詒也時加羞珍異羞進也○上時掌反饋其媿反詒以支反又以志反遺也無日不數於六卿之門數不疏○數音朔注同國之材人無不事也有賢材者親自桓以下無不恤也桓公鮑之曾祖〔疏〕宋公至恤也○正義曰禮於國人總言接待之也竭其粟而貸與國之飢民也禮與人物曰饋詒遺也饋詒皆是與人物之名也民年七十以上無有不饋遺以飲食也珍異謂非常美食羞進也時加進珍異者謂四時初出珍異之物也無有一日不數數於六卿之門言參請不絕也國之賢材之人無不事公子皆事之也其族親自桓公以下子孫無不恤公子皆賑恤之

也公子鮑美而豔襄夫人欲通之鮑適祖母○豔以驗反適丁歷反而不可以禮防閑夫人助之施昭公無道國人奉公子鮑以因夫人於是華元爲右師華元華督曾孫代公子成○施式豉反【疏】注元華督曾孫○正義曰世本云華督生世子家家生華孫御事事生華元右師是也公孫友爲左師華耦爲司馬代公子卬鱗鱹爲司徒蕩意諸爲司城公子朝爲司寇代華御事○鱹古亂反朝如字初司城蕩卒公孫壽辭司城壽蕩之子請使意諸爲之意諸壽之子既而告人曰君無道吾官近懼及焉禍及己棄官則族無所庇子身之貳也姑紓死焉姑且也紓緩也○庇必利反又悲位反紓音舒雖亡子猶不亡族

已石故也既夫人將使公田孟諸而殺之公知之盡以寶行蕩意諸曰盍適諸侯公曰不能其大夫至于君祖母以及國人君祖母諸侯祖母之稱謂襄夫人○盍戶臘反稱尺證反（疏）注君祖至夫人○正義曰哀十六年傳蒯聵告周云蒯聵得罪于君父君母謂母爲君母則祖母爲君祖母矣故云君祖母者諸侯祖母之稱也昭公成公之子襄公之孫故襄夫人是其祖母也諸侯誰納我且既爲人君而又爲人臣不如死盡以其寶賜左右以使行行夫也夫人使謂司城去公對曰臣之而逃其難若後君何言無以事後君○難乃旦反○冬十一月甲寅宋昭公將田孟諸未至夫人王姬使帥甸攻而殺之襄夫人周襄王姊故稱王姬帥甸郊甸之帥○

甸旋近反【疏】注襄夫至之師。正義曰周禮載師云以宅田士田賈田任近郊之地以官田牛田賞田牧田任遠郊之地以公邑之田任甸地以家邑之田任稍地以小都之田任縣地以大都之田任畺地凡任地近郊十一遠郊二十而三甸稍縣都皆無過十二彼從國都而出計遠近節級而別爲之名鄭玄引司馬法王國百里爲郊二百里爲州三百里爲野四百里爲縣五百里爲都諸侯之與天子竟雖不同亦當近國爲郊郊外爲甸天子之甸爲公邑之田則諸侯之甸亦公邑也帥甸者甸地之帥當是公邑之大夫也獨言帥甸無以相明故舉類言之云郊甸之帥其實正是甸地之帥非郊地之帥也

蕩意諸死之不書不告書曰宋人弒其君杵臼君無道也始例發於臣之罪今稱國人故重明君罪。重直用反【疏】注始例至臣君罪。正義曰宣四年傳例曰凡弒君稱君君無道也稱臣臣之罪也彼是弒君大例經下注云例在宣四年皆彼例也彼雖在此之後乃是例之初始故謂彼爲始例彼因歸生弒君而發傳例是始例發於臣之罪此稱宋人弒其君文異於彼故重明君罪謂與彼例爲重也釋例曰鄭靈宋昭文異而例同重發以同之

文公即位使

毋弟須爲司城代意諸華耦卒而使蕩虺爲司馬虺意諸之弟○虺況鬼反

經十有七年春晉人衛人陳人鄭人伐宋自閔僖已下終於春秋陳侯常在衛侯上今大夫會在衛下傳不言陳公孫寧後至則寧位非上卿故也【疏】注自閔至故也○正義曰釋例班序譜自隱至莊十四年四十三歲衛與陳凡四會衛在陳上莊十五年盡僖十七年三十五歲凡八會陳在衛上莊十六年幽盟之下注云齊桓始霸楚亦始彊陳侯介於二大國之間而爲三恪之宫故齊桓因而進之遂班在衛上終於春秋但齊桓升陳於衛上乃在莊之中年不得以此爲始故云自閔僖以下終於春秋陳侯常在衛上也今此大夫會伐宋敗之稱人而陳在衛下襄二十六年澶淵之會傳稱宋向戌後至退在鄭良霄之下此傳具歷序大夫之名不言公孫寧以後至被退成三年傳曰次國之上卿當大國之中中當其下下當其上大夫位言大夫位有尊卑次序以之升降則公孫寧位非上卿故降在衛下也撿春秋上下亦有後至無傳而杜云後至者則秦小子憖是也案彼

則公孫寧未必非後至僖扗 ○夏四月癸亥葬我小
弘通兩解故云非上卿耳

君聲姜 ○齊侯伐我西鄙 西當爲北蓋經誤 ○西當作北字之誤 【疏】

注西當爲北蓋經誤 ○正義曰經言西鄙傳言北鄙服虔以爲再來伐魯西鄙書北鄙不書諱仍見伐案經十五年秋齊人侵我西鄙冬齊侯侵我西鄙僖二十六年春齊人侵我西鄙夏齊人伐我北鄙皆仍見侵伐書而不諱此何獨諱而不書凡言諱者諱國惡也齊侯無道伐我我非有惡而可諱何以諱其仍伐故知此是一事經文誤耳知非傳誤者書案與平即盟于穀穀是濟北穀城縣也穀在魯北知北鄙是也

六月癸未公及齊侯盟于穀 ○諸侯會于扈 昭公雖以無道見弒而文公猶宜以弒君受討林父 【疏】

父伐宋以失所稱人晉侯平宋以無功不序明君雖不君臣不可不存所以督大教 ○弒本或作殺音試下同

注昭公至大教 ○正義曰弒君稱君君之罪者欲以懲創君使爲鑒戒不書弒者之名以見君亦合死其君雖則合死要非臣所得弒故文公宜以弒君受討林父稱人諸侯不序責死者罪弒者所以督大教大教謂尊君卑臣之教也 ○

秋公至自穀[無傳]○冬公子遂如齊

傳十七年春晉荀林父衛孔達陳公孫寧鄭石楚伐宋討曰何故弑君猶立文公而還卿不書失其所也[卿不書謂稱人]○夏四月癸亥葬聲姜有齊難是以緩[緩過五月之例○難乃旦反下及注皆同]○齊侯伐我北鄙襄仲請盟六月盟于穀[晉不能救魯故請服]○晉侯蒐于黃父[一名黑壤晉地○父音甫壤如丈反]遂復合諸侯平宋也[傳不列諸國而言復合則如上十五年會扈之諸侯可知也○復扶又反注同]公不與會齊難故也書曰諸侯無功也[刺欲平宋而復不能○與音預]於是晉侯不見鄭伯以為貳於楚也鄭子家使

執訊而與之書以告趙宣子執訊通訊問之官爲書與宣子○訊音信

疏使執訊而與之書○正義曰使執訊使之行適晉也與之書與此執訊書令持以告宣子曰寡君

即位三年魯文二年召蔡侯而與之事君九月蔡侯

入于敝邑以行行朝晉也敝邑以侯宣多之難寡

君是以不得與蔡侯偕宣多既立穆公恃寵專權○偕音皆十一月

克減侯宣多而隨蔡侯以朝于執事減損也難未盡而行

言汲汲于晉○汲音急十二年六月歸生佐寡君之嫡夷

歸生子家名夷太子名○嫡丁歷反以請陳侯于楚而朝諸君請陳于楚

與俱朝晉十四年七月寡君又朝以蕆陳事蕆勑也勑成前好○

蕆勑展反前好呼報反一本作事

疏注蕆勑也○正義曰蕆之爲勑無正訓也先儒相傳爲然賈服皆云蕆

也十五年五月陳侯自敝邑往朝于君往年正月燭之武往朝夷也將夷往晉朝。八月寡君又往朝以陳蔡之密邇於楚而不敢貳焉則敝邑之故也密邇比近也。比毗志反雖敝邑之事君何以不免免免罪也在位之中一朝于襄襄公。朝直遥反而再見于君君靈公也。見賢遍反【疏】一朝至于君。正義曰鄭穆公以僖三十三年即位晉襄公以文公六年卒一朝于襄三年十一月也再見於君十四年七月往年八月也或者十四年七月寡君又朝以蕆陳事再見于君謂往年正月燭之武往朝夷八月寡君又朝是也夷與孤之二三臣相及於絳孤之二三臣謂燭之武歸生自謂也絳晉國都【疏】孤之二三臣。正義曰礼諸侯與臣民言自稱寡人小國之君自稱曰孤臣與他國之人言稱已君為寡君此歸生對晉稱已君當云寡君之二三臣昭十九年子產對晉人云寡君之

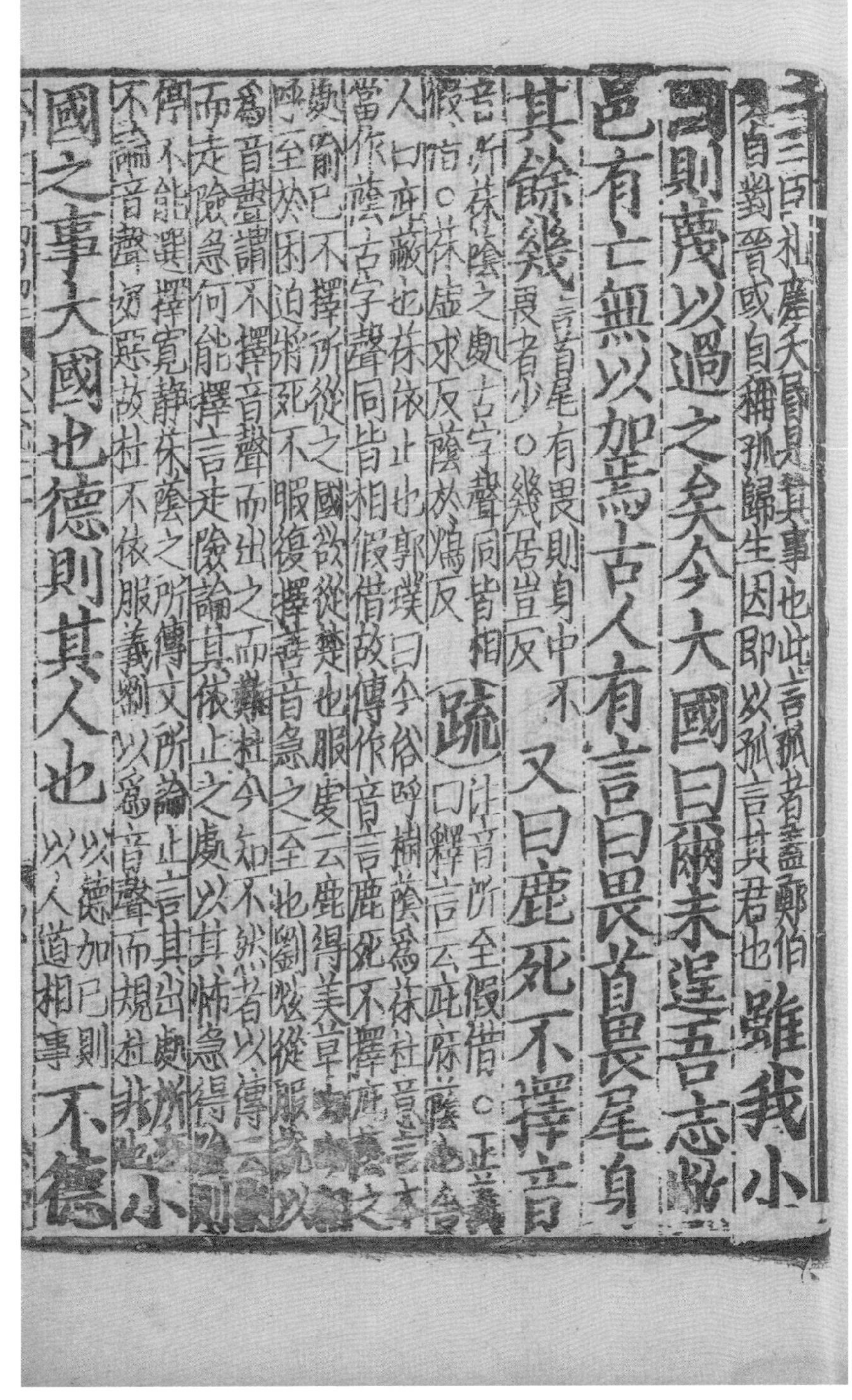

三臣札[illegible]其事也此言孤者蓋鄭伯自對晉或自稱孤歸生因即以孤言其君也雖我小國則蔑以過之矣今大國曰爾未逞吾志敝邑有亡無以加焉古人有言曰畏首畏尾身其餘幾言首尾有畏則身中不畏者少○幾居豈反又曰鹿死不擇音音所茠蔭之處古字聲同皆相假借○茠虛求反蔭於鴆反

疏注音所至假借○正義曰釋言云庇庥蔭也舍人曰庇蔽也茠依止也郭璞曰今俗呼樹蔭爲茠杜意言本當作蔭古字聲同皆相假借故傳作音言鹿死不擇庇蔭之[illegible]處命已不擇所從之國欲從楚也服虔云鹿得美草[illegible]呼[illegible]至於困迫將死不暇復擇善音急之至也劉炫從服[illegible]爲音聲謂不擇音聲而出之而難杜今知不然者以傳[illegible]而走險急何能擇言走險論其依止之處以其將急得[illegible]傳不能選擇寬靜茠蔭之所傳文所論止言其出處所[illegible]不論音聲好惡故杜不依服義劉以爲音聲而規杜非也小國之事大國也德則其人也以德加己則以人道相事不德

則其鹿也鋌而走險急何能擇鋌疾走貌言急欲蔭茠於楚鄭而
赴險○鋌他頂反茈必利反又惡位反本或作茠䟽注鋌疾走貌○正義曰鋌文連走故爲疾走貌命
之罔極亦知亡矣言晉命無極將悉敝賦以待於鯈
唯執事命之鯈晉鄭之竟言欲以兵距晉○鯈直留反竟音境文公二年
六月壬申朝于齊鄭文二年六月壬申魯莊二十三年六月二十四日四年
二月壬戌爲齊侵蔡魯莊二十五年二月無壬戌壬戌三月二十日○爲于僞反○
亦獲成於楚鄭與楚成居大國之間而從於強令
豈其罪也令號令也大國若弗圖無所逃命晉鞏
朔行成於鄭趙穿公壻池爲質焉趙穿晉卿也公壻池晉侯女
壻○鞏九勇反○質音致下同秋周甘歜敗戎于邥垂乘其飲

酒也歜周大夫邥垂周地河南新城縣北有垂亭爲成元年晉侯平戎于王張本○歜昌欲反邥音審○

冬十月鄭大子夷石楚爲質于晉夷鄭靈公也石楚鄭大夫○襄仲如齊拜穀之盟復曰臣聞齊人將食魯之麥以臣觀之將不能齊君之語偷臧文仲有言曰民主偷必死偷猶苟且偷他侯反

經十有八年春王二月丁丑公薨于臺下○秦伯罃卒未同盟而赴以名○罃於耕反○夏五月戊戌齊人弒其君商人不稱盜罪商人○疏注不稱盜罪商人○正義曰弒君稱臣臣之罪賤臣弒君則稱盜哀四年盜殺蔡侯申是也盜之一字當臣名之處以賤不得書名變文謂之盜耳此弒商人者邴歜閻職亦賤書盜不稱盜弒者邴商人今從弒君稱君之例也○六月癸酉葬我君文公

○秋八公子遂叔孫得臣如齊書二卿以兩事行非相爲介○介音界○

疏注書二至爲介○正義曰卿爲卿介則書使不書介僖二十六年公子遂臧孫辰如楚乞師書遂不書辰是其正也襄十四年季孫宿叔老並書之者晉人敬之自爾以後晉人輕魯幣而益敬其使故特兩書之於法不應書也此傳稱惠公立故且拜葬是以兩事行非相爲介故並書之耳定六年季孫斯仲孫何忌如晉傳稱栢子獻鄭俘孟孫報夫人之幣亦以兩事行故並書之但彼非是同時受命經應各自爲文但以晉人輕之故不各自別書與此意少異也○

冬十月子卒先君既葬不稱君者魯人諱弑以未成君書之子在喪之稱○弑申志反本又作殺之稱尺證反

疏注先君至之稱○正義曰齊公子商人弑其君舍以先君既葬故稱君也此亦先君既葬不稱君者魯人諱弑成君以未成君書之也子若葬前在喪之稱也君言猶在喪而自卒然諱之也釋例曰公子惡魯之正適須位免喪則魯君也襄仲欲尚齊而弑之國以爲諱故不稱君若言君之子也○夫人姜氏歸于齊○季孫行父如齊傳無○莒弑其君庶其

稱君君無道也【疏】注稱君君無道也○正義曰楚世子商臣弑君言臣子此傳稱大子僕因國人以弑紀公不稱世子而稱臣者以見君無道傳言多行無禮於國是其無道之狀十六年宋人弑其君杵臼稱國又稱人此直云莒弑其君庶其不稱人者釋例曰劉賈許穎以爲君惡及國朝則稱國以弑君惡及國人則稱人以弑案傳鄭靈宋昭經文異而例同故重發以同之子弑其父又嫌異於他臣亦重明其不異既不辟國之與人而傳云莒紀公多行無禮於國失得僕因國人以弑之經但稱國不稱人知國之與人雖言別而事同也

傳十八年春齊侯戒師期將以伐魯而有疾醫曰不及秋將死公聞之卜曰尚無及期尚庶幾也欲令先師期死○令力呈反先悉薦反下同惠伯令龜以卜事告龜【疏】注以卜事告龜○正義曰周禮大卜大祭祀則視高命龜鄭玄云命龜告龜以所卜之事士喪禮卜葬命龜云哀子某來日某卜葬其父某甫考降無有近悔如此之類是命龜之辭也令者告令使知其意與命同也卜楚丘占之曰齊

侯不及期非疾也君亦不聞言君先齊侯終令龜有咎言令龜者亦有凶咎見於卜兆爲惠伯死張本○見賢遍反二月丁丑公薨○齊懿公之爲公子也與邴歜之父爭田弗勝及即位乃掘而刖之斷其尸足○邴音丙又彼病反歜昌欲反掘其勿反又其月反刖音月又五刮反斷丁管反而使歜僕僕御也納閻職之妻而使職驂乘驂乘陪乘○驂七南反乘繩證反注同○夏五月公游于申池齊南城西門名申門齊城無池唯此門左右有池疑此則是二人浴于池歜以扑挟職扑箠也挟擊也欲以相感激○扑普卜反字宜從手作木邊非也挟初乙反箠市蘂反又之蘂反激古歷反職怒歜曰人奪女妻而不怒一挟女庸何傷職曰與刖其父而弗能病者何如言不

以父刖爲病。○女音汝。乃謀弑懿公，納諸竹中。歸，舍爵而行。飲酒訖乃去，言齊人惡懿公，二人無所畏。○舍音捨。爵，置也。惡，烏路反。齊人立公子元。桓公子。齊惠公。○六月，葬文公。○秋，襄仲、莊叔如齊，惠公立故，且拜葬也。襄仲賀惠公立，莊叔謝齊來會葬。○文公二妃敬嬴生宣公。敬嬴嬖，而私事襄仲。宣公長，而屬諸襄仲。襄仲欲立之，叔仲不可。叔仲，惠伯。○嬴音盈。嬖，必計反。長，丁丈反。屬音燭。仲見于齊侯而請之。齊侯新立，而欲親魯，許之。○見，賢遍反。

【疏】襄仲至許之。○正義曰：惡是齊甥，齊侯許廢惡者，惡以世適嗣立，不愛齊恩；宣以非分得國，荷恩必厚。齊侯新立，欲親魯爲援，故許之。

○冬十月，仲殺惡及視，而立宣公。惡，大子。視，其母弟。殺視不書，賤之。書曰「子卒」，諱之也仲以君命召惠伯〔詐以子惡命〕疏注詐以子惡命○正義曰傳因殺惡之下即云而立宣公其實宣公之立當在惠伯死後惡雖已死未告國人故詐以子惡之命召惠伯使入公冉務人疑其宮內有變謂非子惡之命故云入必死耳亦未是審知惡已死也其宰公冉務人止之曰入必死叔仲曰死君命可也公冉務人曰若君命可死非君命何聽弗聽乃入殺而埋之馬矢之中〔惠伯死不書者史畏襄仲不敢書殺惠伯○聽吐定反〕公冉務人奉其帑以奔蔡既而復叔仲氏〔不絕其後〕○夫人姜氏歸于齊大歸也〔惡視之母出姜也嫌與有罪出者異故復發傳○復扶又反〕將行哭而過市曰天乎仲為不道殺適立庶市人皆哭魯人謂之哀姜〔所謂出姜不允於魯○適丁歷反〕

古臥反適丁歷反○莒紀公子生大子僕又生季佗愛

季佗而黜僕且多行無禮於國紀號也莒夷無謚故有別號○佗徒何反

僕因國人以弒紀公以其寶玉來奔納諸

宣公公命與之邑曰今日必授季文子使司

寇出諸竟曰今日必達未見公而文子出之故求不書○竟音境公問

其故季文子使大史克對曰先大夫臧文仲

教行父事君之禮行父奉以周旋弗敢失隊

曰見有禮於其君者事之如孝子之養父母

也見無禮於其君者誅之如鷹鸇之逐鳥雀

也先君周公制周禮曰則以觀德則法也合法則為吉德○大史

音隊直類反養余亮反鷹於陵反鸇之然反說文止仙反字林巳仙反（疏）如鷹鸇之逐鳥雀 正義曰釋鳥云鷹來鳩郭璞曰來當為爽字之誤耳左傳作爽鳩是也又云晨風鸇舍人曰晨風名鸇鸇摯鳥名郭璞曰鷂屬也德以處事處猶制也事以度功度量也○度待洛反注及下同功以食民食以食也○食音嗣注同作誓命曰毀則為賊誓要信也毀則壞法也○壞音怪掩賊為藏掩匿也○匿女乙反竊賄為盜賄財也盜器為姦器國用也主藏之名以掩賊為名賴姦之用用姦器也為大凶德有常無赦刑有常在九刑不忘誓命以下皆九刑之書九刑之書今亡（疏）先君至不忘○正義曰言制周禮曰作誓命曰謂制禮之時有此語為此誓耳此非周禮之文亦無誓命之書在後作九刑者記其誓命之言著於九刑之書耳德者得也自得於心心之所得有惡有善欲知善惡以法觀之合法則為吉德不合法則為凶德故曰則以觀德也既有善[illegible]乃能制斷事宜故曰德以處事也既為其事

務不成功度量功勳以考功成乃著故曰事以度功也民不自治立君牧養作事成功所以養食下民故曰功以食民也其意言在上位者必有法則乃爲養民之主將言莒僕無可法則故言此以張本也以作要信誓命以戒後人有人毀法則以爲是毀賊言其毀敗法也掩匿賊人是爲藏言其藏罪人也竊人財賄謂之爲盜盜人器用謂之爲姦主爲藏匿罪人之名特顯姦人所盜之用爲極大之凶德有常刑無赦其事在九刑之書不遺忘也以宣公容納莒僕爲主藏受其寶玉爲類姦故舉此以懲誡也○注誓命至今亡　正義曰昭六年傳曰夏有亂政而作禹刑商有亂政而作湯刑周有亂政而作九刑三辟之興皆叔世也叔世謂衰世世衰民慢作亂刑以督之稱其創制聖王以爲所作之法夏作禹刑商作湯刑則周作九刑作周公之刑也此云周公作誓命其事在九刑知自誓命以下皆九刑之書所載也謂之九刑必其諸法有九而云九刑之書今亡不知九者何謂服虔云正刑一議刑八即引小司寇八議議親故賢能功貴勤賓之辟此八議者載於司寇之章周公已制之矣後世更作何所復加但所議八等之人就其所犯正刑議其可赦以否此八者所議其刑一也安得謂之八刑杜知其不可故不解之

行父還觀莒僕莫可則也還猶

周旋還音旋曰旋○孝敬忠信為吉德盜賊藏姦為凶德夫
莒僕則其孝敬則弒君父矣則其忠信則竊
寶玉矣其人則盜賊也其器則姦兆也兆域也保
而利之則主藏也以訓則昏民無則焉不度
於善度待洛反而皆在於凶德是以去之昔高陽
氏有才子八人高陽帝顓頊之號八人其苗裔○顓音專頊許玉反裔以制反【疏】
注高陽氏至苗裔　正義曰先儒舊說及譙周考史皆以爲
顓頊帝嚳之身號高陽高辛皆國氏土地之號高陽次少
昊高辛次高陽堯承高辛之後孔子之錄尚書自堯爲始史
籍之所說皇帝其言不經大戴禮五帝德司馬遷五帝紀皆言
顓頊至嚳代別一人春秋命歷序顓頊傳九世帝嚳傳八
世與經傳無以成信要二帝子孫至舜時猶用以承帝之
親子其人名不能知其世之
多長孤近於略言其苗裔耳
蒼舒隤敳檮戭大

隤敳降庭堅仲容叔達此即垂益禹皐陶之倫庭堅即皐陶字○隤徒回反敳五才反一音五回反韋昭音瓌檮直由反韋昭音桃戭以善反漢書作戭韋昭巳震反尨莫江反降下江反陶音遥○

【疏】注此即至陶字○正義曰司馬遷采帝系出本以爲史記其夏本紀稱禹是顓頊之後秦本紀稱皐陶是顓頊之後伯益則皐陶之子垂之所出史無其文舊説相傳亦以顓頊故云此即垂益禹皐陶之倫也服虔云八人禹垂之屬也六年傳臧文仲聞六與蓼滅云皐陶庭堅不祀忽諸知庭堅皐陶爲一人其餘則不知誰爲禹誰爲益故云之倫之屬不敢斥言也班固漢書有古今人表銓量古人爲九等之次辭知禹益必在八愷稷契必在八元不能識知其人不得自相分配故八元八愷與皐陶禹稷並不出其名亦爲不知故也鄭玄注論語云皐陶爲士師號曰庭堅杜云庭堅皐陶字者古人名之與字難得審知言字者明其是一人也

齊聖廣淵明允篤誠天下之民謂之八愷齊中也淵深也允信也篤厚也愷和也○愷開在反

【疏】齊聖至八愷○正義曰此并序八人總言其德或原其心或據其行一字爲一事其義亦更相通齊者中也率心由道舉措皆中也

聖者通也專者衆務庶事盡通也廣者寬也器宇宏大度量寬弘也淵者深也知能周備思慮深遠也明者達也曉解事務照見幽微也允者信也終始不愆言行相副也篤者厚也志性良謹交遊款密也誠者實也秉心純直布行貞實也以其德行如是天下之民爲其美目謂之八愷愷和也言其和於物也孟子曰伊尹聖人之和者也○注齊中至和也○正義曰齊中釋言文允信篤厚釋詁文塞當訓爲樂樂亦和也深亦謂之淵故淵爲深也

高辛氏有才子八人高辛帝嚳之號八人亦其苗裔○嚳苦毒反伯奮仲堪叔獻季仲伯虎仲熊叔豹季貍此即稷契朱虎熊羆之倫○奮甫問反熊音雄貍力之反契息列反依字當作偰古文作禼羆彼皮反

【疏】注此即至之倫○正義曰契後爲殷稷後爲周史記殷周皆云帝嚳之後也此言伯虎仲熊尚書有朱虎熊羆二者其字相類知此即稷契朱虎熊羆之倫也尚書更有夔龍之徒亦應有在元愷之內者但更無明證名字又殊不知與誰爲同故不復言之史記稷契皆爲帝嚳之子而上句注云其苗裔者史記堯亦帝嚳之子則稷契堯之親弟以堯之聖有大德之弟而不知舉用以情而測理必不然且云世濟

其美其惡必應累世不容高辛之下即至其身馬遷傳聞於人未必盡得其實世族譜取史記之說又從而譏之云案舜則舜之五世從祖父也而又舜其爲堯臣堯則舜之三從高祖而事庶父此史記之疑者然則以其不可悉信故言苗裔以該之

忠肅共懿宣慈惠和天下之民謂之八元

肅敬也懿美也宣徧也元善也○徧音遍 疏 忠肅至八元○正義曰此亦總言其德於義亦得相通忠者與人無隱盡心奉上也肅者敬也應機敏達臨事恪勤也共者治身克謹當官理治也懿者美也保己精粹立行純厚也宣者徧也應受多方知思周徧也慈者愛出於心恩被於物也惠者性多哀矜好拯窮匱也和者體度寬簡物無乖爭也以其德行如是天下之民爲之美目謂之八元元善也言其善於事也論語曰善人爲邦百年亦可以勝殘去殺矣○注肅敬至美也○正義曰肅敬釋訓文懿美釋詁文宣徧釋言文易文言曰元者善之長也

此十六族也

世濟其美不隕其名

濟成也隕隊也○隕于敏反隊直類反 疏 此十六族至其名○正義曰此十六人耳而謂之族者以其各有親屬故稱族也世濟其美後世承前世之美不隕其名不隊前世之

美名言其世有賢人積善而至其身也劉炫云各有大功皆賜氏族故稱族以至於堯堯不能舉舜臣堯舉八愷使主后土后土地官禹作司空平水土即主地之官〔疏〕注后土至之官○正義曰后訓君也天稱皇天故地稱后土舜典云伯禹作司空呂刑云禹平水土則禹是主地之官故云主后土也以揆百事莫不時序地平天成揆度也成亦平也○揆葵癸反〔疏〕以揆至天成○正義曰用禹爲主后土之官令以揆度百事百事無不揆度於是皆有次序得地平其化天成其施言有成功也○注揆度至平也正義曰揆度釋言文度百事者令之豫自籌度爲之數量法制事成則平其可否使之然衆務也地平天成大禹謨之文孔安國云水土治曰平五行叙曰成釋詁云成平也是成亦爲平其義一也舉八元使布五教于四方契作司徒五教在寬故知契在八元之中○契斯列反〔疏〕注契作至之中○正義曰舜典云帝曰契百姓不親五品不遜汝作司徒敬敷五教在寬尚書契敷五教此云舉八元使布五教以此故知契在八元中也然則尚書禹作司空此云舉八愷使主后土以此

亦知禹在八愷中也但不知八愷之中何者是禹八元之中何者是契耳主后土布五教是事之大者故舉以爲言非是各令八人共主一事故主土唯禹主教唯契餘當别有所主或助而爲之尚書稱益佐禹治水是其助之事也**父義母慈兄友弟共子孝內平外成**內諸夏外夷狄○夏户雅反疏父義至外成○正義曰一家之內父母兄弟子尊卑有五品父不義母不慈兄不友弟不共子不孝是五品不遜順也故使契爲司徒布五教於四方教父以義教母以慈教兄以友教弟以共教子以孝是之謂五教此五教可常行又謂之五典也諸夏夷狄皆從其教是爲內平外成所云五典克從即此內平外成之謂也**昔帝鴻氏有不才子**帝鴻黄帝**掩義隱賊好行凶德醜類惡物頑嚚不友是與比周**醜亦惡也比近也周密也○好呼報反嚚魚巾反心不則德義之經爲頑口不道忠信之言爲嚚比毗志反**天下之民謂之渾敦**謂驩兜渾敦不開通之貌○渾户本反敦徒本反驩呼端反兜都侯反疏掩義至渾敦○正義曰掩蓋義事而

不行隱蔽其外而陰爲賊害也其有凶醜之類穢惡之物心頑而不則德義之經口嚚而不道忠信之言如此惡人不可與之親友者此不才子於是與之相附近相親密言惡人所愛愛同已者也以其爲惡如是故天下之民爲之惡目謂之渾敦渾敦不開通之貌言其無所知也服虔用山海經以爲驩兜人面馬喙渾敦亦爲獸名○注醜亦至密也○正義曰醜亦惡也物亦類也指謂惡人等輩重復而言之耳比是相近也周是親密也唯是親愛之義非爲善惡之名論語云君子周而不比小人比而不周以君子小人相對故鄭玄云忠信爲周阿黨爲比觀文爲說也○注謂驩至之貌○正義曰此傳所言說虞書之事彼云四罪謂共工驩兜三苗鯀也此傳四凶乃謂之渾敦窮奇檮杌饕餮檢其事以識其人堯典帝言共工之行云靖言庸違傳說窮奇之惡云靖譖庸回二文正同知窮奇是共工也堯典帝求賢人驩兜舉共工應帝是與共工相比傳說渾敦之惡云醜類惡物是與比周知渾敦是驩兜也堯典帝言鯀行云咈哉方命圮族傳說檮杌之罪云告頑合嚚傲很明德即是咈戾圮族之狀且鯀是顓頊之後知檮杌是鯀也尚書無三苗罪狀既甄去三凶自然饕餮是三苗矣先儒盡然更無異說皆以行狀驗而知之也莊子稱南方之神其名爲儵北方之神其名爲忽中央之神

其名爲混沌混沌無七竅儵忽爲鑿之一日爲一竅七日而混沌死混沌與渾敦字之異耳莊子雖則寓言要以無竅爲混沌是渾敦爲不開通之貌此四凶者渾敦檮杌以狀貌爲之名窮竒饕餮以義理爲之名古人之意自異耳服虔案神異經云檮杌狀似虎毫長二尺人面虎足猪牙尾長丈八尺能鬬不退饕餮獸名身如牛人面目在腋下食人

少皥氏有不才子少皥金天氏之號次黃帝○少詩照反注同皥胡老反

疏注少皥至黃帝○正義曰金天國號少皥身號譙周云金天氏能脩大皥之法故曰少皥也其次黃帝則昭十七年傳有其事○

毀信廢忠崇飾惡言靖譖庸回服讒蒐慝以誣盛德崇聚也靖安也庸用也回邪也服行也蒐隱也慝惡也盛德賢人也○蒐所留反慝他得反邪似嗟反

疏毀信至盛德○正義曰毀信者謂信不足行毀壞之也廢忠者謂忠爲無益廢棄之也以惡言爲善尊崇脩飾之安於讒譖信用回邪常行讒疾陰隱爲惡以誣罔盛德之賢人也天下之民謂之窮奇言其行窮困所好奇異也○注崇聚至人也○正義曰釋詁云崇充也舍人曰威大充盛大亦集聚之義故崇爲聚也庸用靖安回邪慝惡常訓也

服從是奉行之義也蒐索隱伏是蒐得爲隱也服虔亦以蒐爲隱隱慝謂陰慝爲惡也成德謂成就之德故爲賢人也定本成德爲盛德天下之民謂之窮奇謂共工其行窮共好奇○奇其宜反共音恭行下孟反好呼報反疏注謂共至好奇○正義曰孔安國云共工官稱也其人爲此官故尚書舉其官也行惡終必窮故云其行窮也好惡言好讒慝是所好奇異於人也顓頊有不才子不可教訓不知話言話善也○話戶快反告之則頑德義不入心舍之則嚚不道忠信○舍音捨傲很明德以亂天常天下之民謂之檮杌謂鯀檮杌頑凶無儔匹之貌○傲五報反此很戶墾反檮徒刀反杌五忽反鯀古本反此三族也世濟其凶增其惡名以至于堯堯不能去方以宣公比堯行父比舜故言堯亦不能去須賢臣而除之○去起呂反注及下皆同疏注方以至除之○正義曰宣公不能去莒僕而行父能去之恐宣公以不去之爲恥行父以去之爲專故克方以宣公比堯往

父比舜故言堯朝有四凶堯亦不能去須賢臣而除之所以雲宣公不法之恥辭行父專權之失也然則聖主莫過於堯任賢王政所急大聖之朝不才總萃雖曰帝其難之且復何其甚也此四凶之人才實中品辭行有不善未有大惡故能仕於聖世致位大官自非聖舜登庸大禹致力則滔天之害未咸可平以舜禹之成功見此徒之多罪勳業既謝遂釁自生爲聖所誅其咎益大自虞史欲盛章舜德歸罪惡於前人史克以宣公比堯同四凶於宣僕此等並非下愚未有大惡其爲不善唯帝所知尚書稱言求舜以見帝之知人此傳安尉宣公故言堯不能去各有爲說辭頗增甚學者當以意達之不可即以爲實

縉雲氏有不才子縉雲黃帝時官名疏注縉雲至官名○正義曰昭十七年傳稱黃帝以雲名官故知縉雲黃帝時官名字書縉亦縉也服虔云夏官爲縉雲氏貪于飲食冒于貨賄侵欲崇侈不可盈厭聚斂積實不知紀極不分孤寡不恤窮匱冒亦貪也盈滿也實財也○厭於鹽反匱其媿反疏貨賄○正義曰鄭注周禮云金玉曰貨布帛曰賄天下之民以比

三凶非帝王子孫故別以比三凶謂之饕餮貪財爲饕貪食爲餮○饕他刀反餮他結反疏注貪財至爲餮○正義曰此無正文先儒賈服等相傳爲然舜臣堯爲堯臣疏注爲堯臣○正義曰昭七年傳稱王臣公公臣大夫臣士以公爲臣公以大夫爲臣皆是上臣下也而此云舜臣堯謂爲臣以事堯乃是下臣上也文同義異意足相顯故辯之云爲堯臣賓于四門闢四門達四聰以賓禮衆賢○闢婢亦反聰本亦作䆫七工反疏注闢四至衆賢○正義曰賓于四門是禮賢之事協舜典下文云闢四門明四目達四聰言開闢四方之門未闢者廣視聽於四方使天下無壅塞亦是賓禮衆賢之事意同於上故引以解之○流四凶族案四凶罪狀而流放之渾敦窮奇檮杌饕餮投諸四裔以禦螭魅投弃也裔遠也放之四遠使當螭魅之災螭魅山林異氣所生爲人害者○禦魚呂反螭勑知反山神獸形魅亡備反說文作鬽云老精物也鬽或從未疏注投弃至害者○正義曰投者擲去故爲弃也舜典云流共工于幽州放驩兜于崇山竄三苗于三危殛鯀于羽山四罪而天下咸服孔安國

云幽洲北裔崇山南裔三危西裔羽山東裔皆在海中是放之四方之遠處螭魅若欲害人則使此四者當彼螭魅之災令代善人受害也宣三年傳王孫滿說九鼎云鑄鼎象物百物而爲之備民入川澤山林不逢不若螭魅罔兩莫能逢之知螭魅是山林異氣所生爲人害者也是以堯崩而天下如一同心戴舜以爲天子以其舉十六相去四凶也故虞書數舜之功曰慎徽五典五典克從無違教也徽美也典常也此八元之功○戴多代反相息亮反下注同去起呂反數色主反徽許歸反曰納于百揆百揆時序無廢事也此八愷之功曰賓于四門四門穆穆無凶人也流四凶【疏】故虞至人也○正義曰此虞書舜典之篇也三事六句舜典本文其云無違教也無廢事也無凶人也是史克辭虞書之意也每引一事以一句解之故每事言曰舜有大功二十而爲天子舉十六相去四凶也今行父

雖未獲一吉人去一凶矣於舜之功二十之一也庶幾免於戾乎史克激稱以辯宣公之惑釋行父之志激其言美惡有過辭蓋事宜也○激古歷反

【疏】注史克至宜也○正義曰宣公貪寶玉而受莒僕爲惑已大行父違君命而逐出之其專已甚故史克激揚而言舜之事堯以辯宣公之惑以解行父之志方欲盛談善惡誇事必當增甚故其言美惡有大過之辭言美則大美言惡則大惡禹則鯀之子也誇禹則云世濟其美言鯀則云世濟其凶明其餘亦有大過非其實也蓋事勢宜然耳何休以爲孔子云蕩蕩乎堯之爲君唯天爲大唯堯則之今如左氏堯在位數十年久抑元愷而不能舉養育凶人以爲民害而不能去則孔子稱堯虛言也桀紂爲惡一世即誅四凶歷數千歲而無誅放易云積不善之家必有餘殃虛言也左氏爲短但堯之爲君能舉十六相去四凶四凶之人未必世濟其惡但史克欲明行父之志欲辯宣公之惑故美惡過辭具於此注何休之難不足疑也○

宋武氏之族道昭公子將奉司城須以作亂文公弒昭公故武族欲因其子以作亂司城須文公弟○宋武

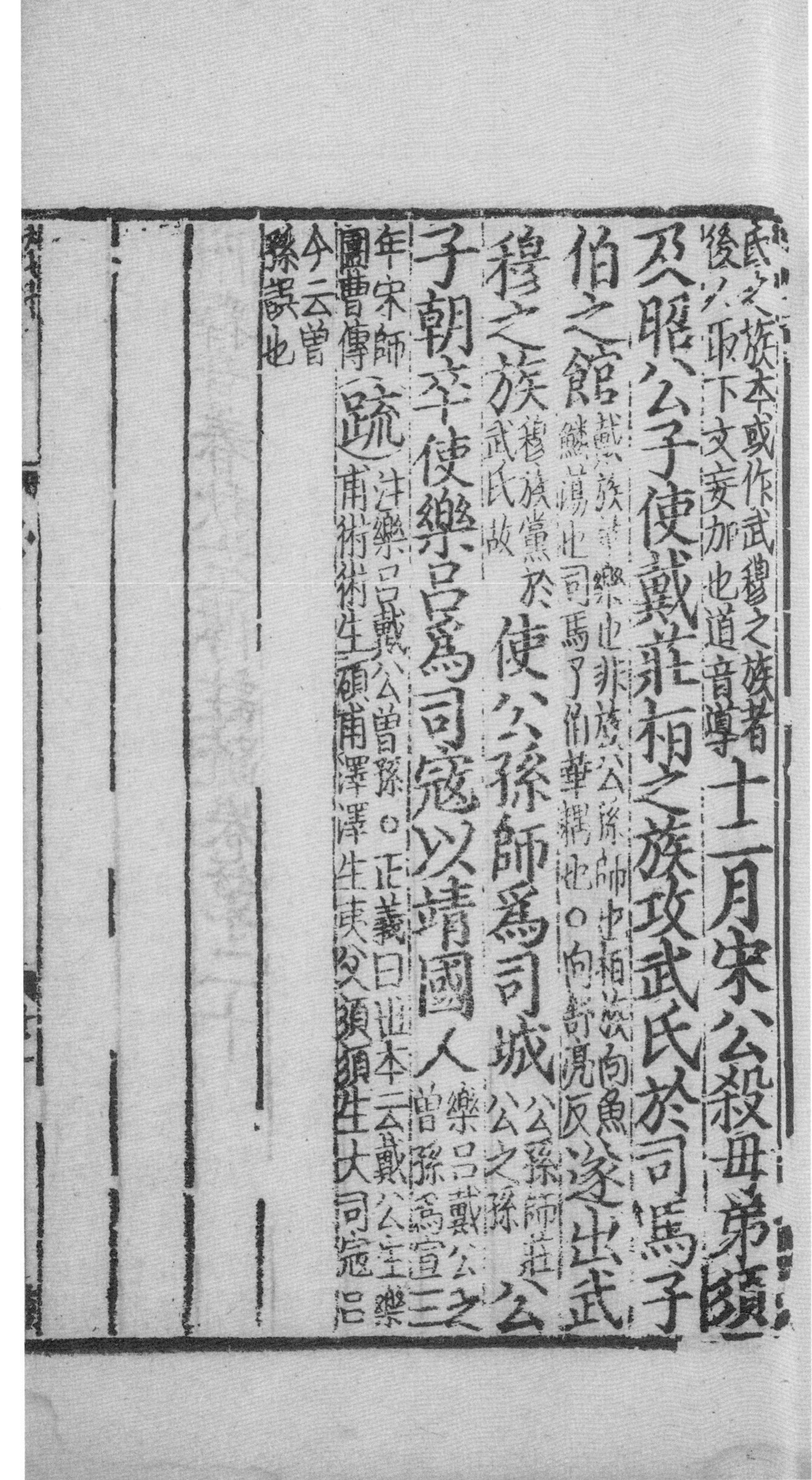

氏之族本或作武穆之族者後人取下文妄加也道音導十一月宋公殺母弟須及昭公子使戴莊桓之族攻武氏於司馬子伯之館戴族華樂也非族公孫師也桓族向魚鱗蕩也司馬子伯華耦也○向舒亮反遂出武穆之族穆族黨於武氏故使公孫師爲司城公孫師莊公之孫公子朝卒使樂呂爲司寇以靖國人樂呂戴公之曾孫爲宣三年宋師圍曹傳

【疏】注樂呂戴公曾孫○正義曰世本云戴公生樂甫術術生碩甫澤澤生夷父須須生大司寇呂今云曾孫誤也

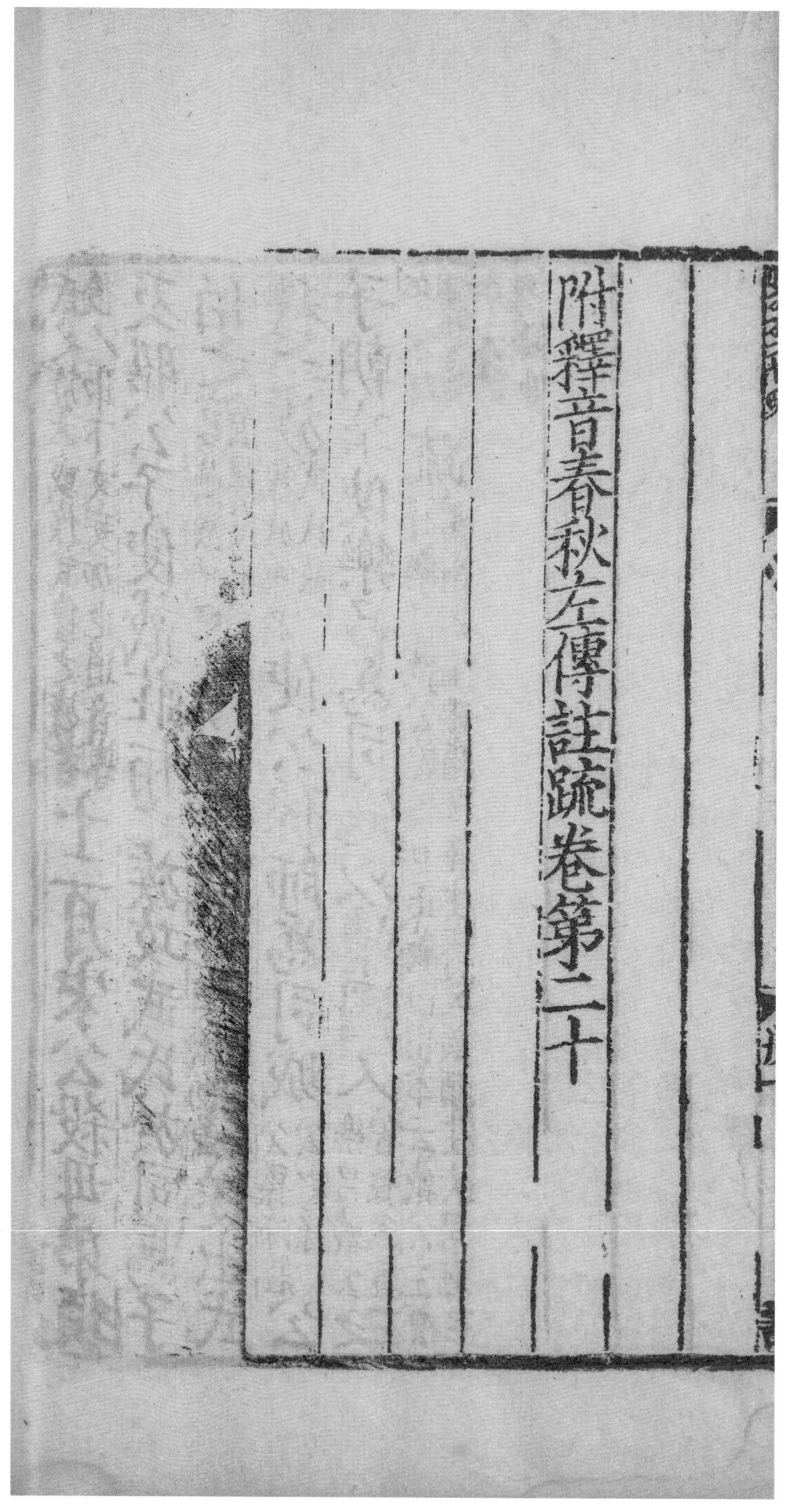
附釋音春秋左傳註䟽卷第二十

附釋音春秋左傳註疏卷第二十一 宣元年盡四年

杜氏註　孔穎達疏

春秋經傳集解宣公。陸曰：宣公名倭，一名接，又作委。文公子，母敬嬴。謚法：善問周達曰宣。(疏)正義曰：魯世家云宣公名倭，或作接，文公之子，敬嬴所生，以匡王五年即位。是歲，歲在壽星。謚法：善問周達曰宣。

經元年春王正月，公即位。無傳。○公子遂如齊逆女。不譏喪娶者，不待貶責而自明也。卿爲君逆，例在文四年。○娶，七喻反。爲，于僞反。(疏)不譏至四年。○正義曰：文公薨未期，此時已娶，違禮不譏者，此事甚惡，言不待貶責而其惡自明也。昭元年公羊傳曰：春秋不待貶絕而罪惡見者不貶絕以見罪，貶絕然後罪惡見者貶絕以見罪惡。是其義也。文四年逆婦姜于齊，傳云卿不行非禮也，是卿爲君逆之例也。三月，遂以夫人婦姜至自齊。稱婦，有姑

之辭不書氏史闕文【疏】注稱婦至闕文。正義曰宣公母敬嬴在是有姑也夫人以姜爲姓嫌避姓而稱姜氏去氏
稱姜則不成文義知不稱氏者史闕文也傳言新作延廄而
經無作字是作傳之時經猶未闕於後經始闕耳此文傳亦
無氏知其本史先闕故云史闕文而不云經闕文也史文既
闕仲尼不正之者以無所褒貶故因其詳略也諸經所闕者
或史文先闕仲尼不改或仲尼具文在後始闕公羊穀梁漢
初始爲其傳見其闕文妄爲之說非其實也公羊傳曰夫夫
何以不稱姜氏貶曷爲貶譏喪娶喪娶者公也則曷爲貶夫
人內無貶于公之道內無貶于公之道則曷爲貶夫人夫人
與公一體也穀梁之意亦然先儒取以爲說服虔云古者一
禮不備貞女不從故詩云雖速我獄亦不女從宣公既以喪
娶夫人從亦非禮故不稱氏見略賤之也杜不然者女之出
嫁事由父母夫來順之父母許之豈得問禮具否拒逆昏姻
之命從夫之後父母之咎自可非其父母何以貶責夫人若
其貶責夫人當去夫人之號減一氏字復何所明夫人之稱
是氏猶遂之稱公子也舍遂之族而去子稱公可乎亦知遂
不可去子稱公夫人復安可以去氏稱姜也逆婦姜于齊以
卿不行變文略賤此經貶遂不稱公子以成夫人之尊非略
賤之事也詩責彊暴之男行不由禮陳其爭訟之辭述其守

貞之意此豈是宣公淫縱而欲令齊女守貞哉。夏季孫行父如齊。晉

放其大夫胥甲父于衛放者受罪黜免宥之以遠。宥音又【疏】注放

者至以遠。正義曰舜典云流宥五刑孔安國云以流放之法寬五刑是放者有罪當刑而不忍刑之寬其罪而放棄之也三諫不從待放而去者彼雖無罪君不用其言任令自去亦是放棄之義放之與奔俱是去國而去情小異釋例曰奔者迫窮而去逃死四鄰不以禮出也放者受罪黜免宥之以遠也臣之事君三諫不從有待放之禮故傳曰義則進否則奉身而退迫窮而出奔及以禮見放俱去其國故傳通以進爲文仲尼脩春秋又以所稱爲優劣也言優劣者放者君舍其罪縱步而出是其優也奔者止則懼死奔馳而去是其劣也昭八年楚人執陳公子招放之于越哀三年蔡人放其大夫公孫獵于吳與此胥甲父等皆其心受罪黜其官位宥之以適遠方是實放而書放也襄二十九年傳稱齊公孫蠆公孫竈放其大夫高止於北燕書曰出奔罪高止也高止好以事自爲功且專故難及之彼罪高止故實放而書奔也然則文十四年傳稱宋高哀不義宋公而出遂來奔高哀無罪亦以放而書奔者放者緣遣者之意爲義奔者指去國之人立文據

其所往之處皆是從外來耳高宸身來至魯自魯而稱來奔不書宋人之意故不得言放此乃外内之言異耳叛者以地適他國叛入魯則稱來奔亦此之類也

○公會齊侯于平州平州齊地在泰山牟縣西○牟亡侯反

○公子遂如齊○六月齊人取濟西田魯以賂齊齊人不用師徒故曰取

○秋邾子來朝無傳

○楚子鄭人侵陳遂侵宋晉趙盾帥師救陳傳言救陳宋經無宋字蓋闕○盾徒本反

疏注傳言至蓋闕。正義曰陳宋俱被楚侵明其並救二國傳稱救陳宋而經無宋字故設疑云蓋闕也服虔云趙盾帥救陳而楚師侵宋趙盾欲救宋而楚師解去案經傳皆言侵陳遂侵宋陳在宋南是先侵陳去陳乃侵宋也若趙盾越宋而南救陳猶及楚師詎迴救宋安得不及楚也若言欲救宋而楚師解去則救陳之時楚師已向宋矣何以書救陳也蓋以陳既被侵方始告晉晉人起師救陳楚又移師侵宋晉師比至於鄭楚師既已去矣故諸國會于棐林同共伐鄭棐林鄭地明晉始至鄭不得與楚相遇故竟無戰事言救陳宋者皆是致其意耳

宋公

陳侯衛侯曹伯會晉師于棐林伐鄭晉師救陳宋四國君往會之共伐鄭也不言會趙盾取於兵會非好會也棐林鄭地滎陽宛陵縣東南有林鄉○棐芳尾反好呼報反疏晉師至林鄉○正義曰晉本興師爲救陳宋但楚師已去故四國之君往會晉師與共伐鄭言于棐林者行會禮然後伐桓十五年公會宋公衛侯陳侯于袲伐鄭亦行會禮乃伐鄭此同也晉師趙盾爲將不言會趙盾而言晉師者取於兵會非好會言所會會其兵非會其人故稱師案定八年公會晉師于瓦注云將不書禮不敵公也知此非爲趙盾不敵公侯稱師者十六年云此會有宋公陳侯衛侯猶成二年會于蜀有蔡許之君敵卿此非爲趙盾不得敵諸侯但取於兵會從會于瓦雖有公故知與此異耳○冬晉趙穿帥師侵崇○崇本亦作宗○晉人宋人伐鄭

傳元年春王正月公子遂如齊逆女尊君命也諸侯之卿出入稱名氏所以尊君命疏注諸侯至釋也傳於此發者與還文不同故釋之○正義曰

氏者欲尊乃賜是臣之寵號見其氏所以尊君命言君命重故貴臣行人賈則君命尊也諸侯之卿出入稱名氏言君宋華元衞元咺之類是也如魯卿公孫敖喪歸尚稱氏明生歸亦然其歸文意如叔孫婼不稱氏者各有所為與常例不同也會盟征伐見名氏者皆是奉君命也傳獨於此發者為其與還文不同故於此釋之釋例曰春禮雖奉時君之命其言必稱先君以為禮辭故公子翬逆女傳曰脩先君之好公子遂逆女傳稱曰尊君命互發其義也

三月遂以夫人婦姜至自齊尊夫人也遂不言公子替其尊稱所以成小君之尊也公子當時之寵號非族也故傳不言舍族釋例論之備矣〇舍音捨【疏】注遂不至備矣

正義曰公子亦是寵號其與族相似魯臣有罪則貶去其族去族則非罪今遂與夫人俱至物無兩大人不並尊若從夫人者尊則夫人卑矣故替其尊稱令從夫人者卑則夫人尊矣釋例同此必稱族以示其重還雖在塗然舍族以替之所以成小君之尊是其義也成十四年叔孫僑如逆女以夫人至其文與此正同彼傳云稱族尊君命舍族尊夫人也傳不言稱族舍族者釋例曰傳云公子遂如齊逆女尊君命此遂以夫人婦姜至自齊尊夫人也叔孫僑如逆女則往曰

稱族罷曰舍族然則公子公孫繫公之常言非族也是言公子非族故與彼異文公子雖則非族稱舍亦與族同故其言尊君命尊夫人與彼亦不異也所以異者族公君賜乃稱之公子公孫繫公之常言不須待賜乃稱之耳○夏

季文子如齊納賂以請會宣公簒立未列於會故以賂請之○簒初患反

○晉人討不用命者放胥甲父于衛胥甲下軍佐文十二年戰河曲不肯薄秦於險【疏】注胥甲至於險○正義曰案彼傳胥甲與趙穿同罪放胥甲而舍趙穿者於時趙盾爲政穿見晉君之壻或本罪輕於胥甲故得無怒而立胥克克甲之子先辛奔齊辛甲之屬大夫○

會于平州以定公位簒立者諸侯既與之會則不得復討臣子殺之與弒君同故公與齊會而位定○復扶又反【疏】注簒立至位定○正義曰春秋之世王政不行諸侯自相推戴簒立不由天子簒弒而立則鄰國討之若與之會則序之於列成其爲君諸侯既已爲會則臣子不得復討若其殺之則與弒君罪同宣公殺子惡而取國常畏魯人討已不自安納賂請會於齊既與齊會而公位乃定成十五年戚之會

討曹成公成公得列于會故曹人請于晉曰先君無乃有罪乎若有罪則君列諸會矣是列會則從定也○東
門襄仲如齊拜成謝得會也○六月齊人取濟西
之田爲立公故以賂齊也濟西故曹地僖三十一年晉文以分魯○爲于僞反
○宋人之弑昭公也在文十六年晉荀林父以諸
侯之師伐宋宋及晉平宋文公受盟于晉又
會諸侯于扈將爲魯討齊皆取賂而還文十五年
十七年二扈之盟皆受賂【疏】注文十至受賂○正義曰杜以傳言皆取賂而還必有二事乃得稱皆故指二扈之盟
以充皆義劉炫云案傳數晉罪遂從宋弑昭公前扈之盟文所不及何當盡指其事言皆取賂焉謂宋及晉平取宋賂
爲魯討齊取齊賂也案此言會諸侯于扈文承宋人之弑昭公下知非十七年會于扈既取宋賂又取齊賂而稱皆必爲
十七年十五年二扈之盟者案十七年會于扈事檢經傳全無魯討齊之事豈得違背經傳妄指十七年乎但宋弑昭公

其罪既大故先言之爲魯討齊其失小故後言之劉炫以傳文先後顛倒又以會于平州爲十七年之事違背經傳而規杜非也取賂而還書本或云取齊賂而還檢勘十本及杜注意竝無齊字又十七年宋及晉平唯受宋賂元年會平州受齊賂耳傳言皆者皆齊宋也故知皆取齊賂者非也鄭穆公曰晉不足與也遂受盟于楚陳共公之卒楚人不禮焉事在文十三年○共音恭陳靈公受盟于晉秋楚子侵陳遂侵宋晉趙盾帥師救陳宋會于棐林以伐鄭也楚蔿賈救鄭遇于北林與晉師相遇滎陽中牟縣西南有林亭在鄭北囚晉解揚晉人乃還解揚晉大夫○解音蟹○晉欲求成於秦趙穿曰我侵崇秦急崇必救之崇秦之與國○秦急崇絶句本或作崇急吾以求成秦必救之是伐人取耳

（疏）秦急崇○正義曰崇是秦之與國故秦人急於救崇

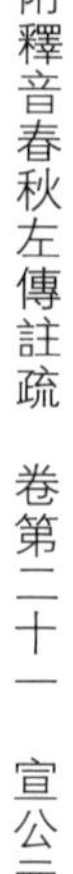

焉。冬，趙穿侵崇，秦弗與成。○晉人伐鄭，以報北林之役。報囚解揚。於是晉侯侈，趙宣子為政，驟諫而不入，故不競於楚。競，強也。為明年鄭伐宋張本。○侈，昌氏反，又尸氏反。驟，仕救反。

經二年，春，王二月，壬子，宋華元帥師及鄭公子歸生帥師戰于大棘，宋師敗績，獲宋華元。得大夫生死皆曰獲。例在昭二十三年。大棘在陳留襄邑縣南。【疏】宋華至生帥師。○正義曰：此華元、歸生及哀二年趙鞅、罕達各言帥師者，皆是將尊師衆，故並具其文。或於歸生之下無帥師之字，脫耳。○注得大至縣南。○正義曰：此獲華元，生也；哀十一年獲齊國書，死也。以此知生死皆曰獲。昭二十三年傳云：書曰「胡子髡、沈子逞滅，獲陳夏齧」，君臣之稱也。傳言書曰，是仲尼變例也。○秦師伐晉。○夏，晉人、宋人、衛人、陳人侵鄭。鄭為楚伐宋，獲其大夫。晉趙盾興諸侯之師，將為宋報恥，畏楚而還，失霸者之義，故

宣二

貶稱人。○爲鄭，于僞反，下同。【疏】注爲鄭至稱人○正義曰：諸經貶諸侯之卿稱人者，傳皆言其名氏。此傳唯稱趙盾及諸侯之師侵鄭，諸侯之將不言名氏，則實是微者，非貶之也。趙盾畏楚而還，故貶之稱人。釋例曰：鄭受楚命伐宋，大敗宋師，獲其二卿，此晉之不競也。晉於是中命衆國，大起其衆，將以雪宋之恥，取威定霸。趙盾爲政而畏楚之盛，不敢遂其所志，託辭班師，失宋之心，諸侯之望，所以致貶也。○秋九月乙丑，晉趙盾弒其君夷皋。靈公不君而稱臣以弒者，以示良史之法，深責執政之臣。例在四年。○皋，古刀反。【疏】注靈公至四年○正義曰：釋例曰：經書趙盾弒君，而傳云靈公不君，又以明於例此弒宜稱君也。弒君非趙盾，而經不變文者，以示良史之意，深責執政之臣，傳故特見仲尼曰越竟乃免，明盾亦應受罪也。雖原其本心，而春秋不赦其罪，蓋爲教之遠防。○冬十月乙亥，天王崩。無傳。

傳二年春，鄭公子歸生受命于楚伐宋，受楚命也。○受命于楚，本或作命于楚。宋華元、樂呂御之。二月壬子，戰于大棘宋師敗績囚華元獲樂呂樂呂司寇獲不書非元帥也獲生死通名經言獲華元故傳特護之曰囚以明其生獲故得見贖而還○帥所類反贖食欲反及甲車四百六十乘俘二百五十人馘百人狂狡輅鄭人鄭人入于井狂狡宋大夫輅迎也○乘繩證反下同俘芳夫反馘古獲反馘一百人或馘百者人衍字狡古卯反輅五嫁反倒戟而出之獲狂狡君子曰失禮違命宜其爲禽也戎昭果毅以聽之之謂禮聽謂常存於耳著於心想聞其政令○倒丁老反宜其爲禽一本作宜其禽也毅魚既反著直略反殺敵爲果致果爲毅易之戮也易以豉反○【疏】君子至戮也○正義曰軍法以殺敵爲上將帥臨戰必三令五申之狂狡先即戎之禮違元帥之命出獲以鄭人宜其爲禽也昭明也兵戎之事明此果毅以聽之之謂禮能殺敵人是名爲果言能果敢以除賊致此果敢乃名爲毅言能彊毅以立功易之戮也

反易此道則合刑戮也昭謂明覩此禮致謂達之於敵殺彊也能致用此意乃爲彊人言在軍對敵必須殺也尚書成湯數紂之罪以誓衆云爾尚輔予一人致天之罰予其大賚汝爾不從誓言予則孥戮汝武王數紂之罪以誓衆云勗哉夫子尚桓桓如虎如貔如熊如羆于商郊爾所不勗其于爾躬有戮二王以至聖伐至惡尚誓衆使多殺是軍法務在多殺殺敵乃爲禮也公羊善宋襄公不鼓不成列以爲文王之戰亦不過此武王之戰既知不然文王之戰豈當若是審如公羊之言文王未覩戰法其不能身定天下豈爲此乎

將戰華元殺羊食士其御羊斟不與及戰曰疇昔之羊子爲政疇音猶前日也○食音嗣斟之金反不與音預

疏注疇音猶前日也○正義曰禮記檀弓云孔子謂子貢曰吾疇昔之夜夢坐奠於兩楹之閒鄭玄云疇昔猶前日也是相傳爲然

今日之事我爲政與入鄭師故敗君子謂羊斟非人也以其私憾敗國殄民憾恨也殄盡也○憾本亦作感户暗反注同敗必邁反又如字殄大典反於是刑孰

大馬詩所謂人之無良者詩小雅義取不良之人相怨以亡。其羊斟之謂乎殘民以逞。宋人以兵車百乘文馬百駟畫馬爲文四百匹。匹，勑領反【疏】注畫馬爲文。正義曰謂文飾雕畫之若朱其尾鬣之類也。以贖華元于鄭半入華元逃歸立于門外告而入告宋城門而後入言不苟見叔牂曰子之馬然也叔牂羊斟也卑賤得先歸華元見而慰之。牂子郎反對曰非馬也其人也叔牂知前言以顯故不敢讓罪既合而來奔叔牂言畢遂奔魯合猶答也【疏】見叔至來奔。正義曰叔牂卑賤故得先歸華元見而安慰之曰往奔入鄭軍者子之馬自然非子之罪叔牂自知前言已顯不敢隱諱乃對元曰非馬也其人也言是己爲之叔牂既答華元而即來奔魯耳服虔載三說皆以子之馬然爲叔牂之語對曰以下爲華元之辭賈逵云叔牂宋守門大夫華元既見叔牂牂謂華元曰子見獲於鄭者是由子之馬使然也華元對曰非馬自奔也其人爲之也謂羊斟驅入鄭也奔走也言宋人贖我之事既和合而我即來奔耳鄭衆云叔牂即羊斟也在先得歸華元見叔牂牂即誣之曰奔入鄭軍者子之馬然也非我也華元對曰非馬也其人也言是女驅之耳叔牂既與華元合語而即來奔魯又一説叔牂宋人見宋以馬贖華元謂元以贖得歸謂元曰子之得來當以馬贖故然華元曰非馬也其人也言已不由馬贖自以人事來耳贖事既合而我即來奔杜以傳文見叔牂而即言曰則曰下皆當爲華元之語不得爲叔牂之辭且以華元與賤人交語而稱對曰謂歸國而來奔皆於文不順又羊斟與叔牂當是名字相配故不從三家而別爲之説采鄭氏來奔爲奔魯耳合是聚合言語故云合猶荅也

宋城華元爲植巡功植將主也○植直吏反注同將子匠反 疏 注植將主也○正義曰周禮大司馬大役屬其植鄭司農云植謂部曲將吏故宋城華元爲植巡功是植謂將領主帥監作者也巡功謂巡城檢作功也

城者謳曰睅其目皤其腹弃甲而復睅出目皤大腹弃甲謂亡師○謳烏侯反睅戶板反説文字林云大目也蘇林云寢視不安貌孟康云猶分然也皤步何反○ 疏 注睅出目皤大腹○正義

曰說文云睅大目也目大則出見故云出目也皤是腹之狀腹以大為異故為大腹也○**于思于思棄甲復來**于思多鬚鬢之貌○于思如字又西才反多鬚貌賈逵云白頭貌復扶又反來力知反又如字以協上韻鬚須脩于反字又作鬢○【疏】注于思多鬚鬢之貌○正義曰賈逵以為白頭貌成十五年華元為右師此三十二年計未得頭白故杜以為多鬢貌亦是以意言之耳**使其驂乘謂之曰牛則有皮犀兕尚多弃甲則那**那猶何也○驂七南反犀音西兕徐履反那乃多反【疏】犀兕尚多○正義曰釋獸云犀似豕郭璞曰形似水牛豬頭大腹庳腳腳有三蹄黑色三角一在頂上一在額上一在鼻上鼻上者食角也小而不橢好食棘亦有一角者劉歆期交州記曰犀出九德毛似豕蹄有甲頭似馬吳錄地理志云武陵阮南縣以南皆有犀釋獸云兕似牛郭璞云一角青色重千斤說文云兕如野牛青毛其皮堅厚可制鎧交州記曰兕出九德有一角角長三尺餘形如馬鞭柄徧檢書傳犀兕二獸並出南方非宋所有假令波及宋國必不能多言尚多者苟以荅謳者耳**役人曰從其有皮丹漆若何**

華元曰去之夫其口衆我寡傳言華元不吝其咎寬而容衆○去起呂反吝力刃反咎其九反○秦師伐晉以報崇也晉伐崇在元年遂圍焦焦晉河外邑夏晉趙盾救焦遂自陰地及諸侯之師侵鄭陰地晉河南山北自上洛以東至陸渾○渾戶昆反以報大棘之役楚鬬椒救鄭曰能欲諸侯而惡其難乎遂次于鄭以待晉師趙盾曰彼宗競于楚殆將斃矣競強也鬬椒若敖之族自子文以來世爲令尹○惡烏路反難乃旦反斃婢世反姑益其疾乃去之欲示弱以驕之傳言趙盾所以興之且爲四年楚滅若敖氏張本○晉靈公不君失君道也以明於例應稱國以弒○弒申志反厚斂以彫牆彫畫也○斂力驗反彫本亦作雕牆在良反從臺上彈人而觀其辟丸也

宰夫胹熊蹯不熟，殺之，寘諸畚，使婦人載以過朝。畚以草索爲之，筥屬。○[illegible]徒丹反，胹音而，熟也。蹯扶元反。寘之豉反。畚音本，草器也。索素各反。筥九呂反。

疏宰夫胹熊蹯。○正義曰：字書：過熟曰胹。命此宰夫胹熊蹯，其蹯不至於熟，以其違命，故殺之。○注畚以至筥屬。○正義曰：周禮挈壺氏：挈畚以令軍糧。鄭衆云：縣畚于稟假之處。畚所以盛糧之器，故以畚表糧。鄭玄云：畚，蒲器，可以盛糧。韓詩外傳云：鮑焦挈畚采蔬，遇子貢於道。是畚可以盛糧盛菜。以草索爲之，今人猶有此器，形制似筥，故爲筥屬。過朝以示人，令衆懼己。

趙盾、士季見其手，問其故，而患之。將諫，士季曰：諫而不入，則莫之繼也。會請先，不入則子繼之。三進及溜，而後視之。士季，隨會也。三進三伏，公不省，而又前也。公知欲諫，故佯不視。○其手，一本作首。溜，力救反，屋霤也。疏將諫至繼之。○正義曰：言二人將欲相隨入諫。士季謂盾曰：子是尊卿，令與子俱諫而不入，二無之能繼續爲諫。會是卑卿，請先往諫，不入則子繼之。○則莫及溜。正義曰溜謂簷下水溜之處入門伏而不省起而更進三進而及於君之屋溜言迫於公之前也曰吾知所過矣將改之稽首而對曰人誰無過過而能改善莫大焉詩曰靡不有初鮮克有終詩大雅也○鮮息淺反必也下同夫如是則能補過者鮮矣君能有終則社稷之固也豈惟群臣賴之又曰袞職有闕惟仲山甫補之能補過也詩大雅也袞君之上服闕過也言服袞者有闕則仲山甫能補之○袞古本反君能補過袞不廢矣常服袞也猶不改宣子驟諫公患之使鉏麑賊之鉏麑晉力士○鉏仕俱反麑音迷一音五兮反晨往寢門闢矣盛服將朝尚早坐而假寐不解衣冠而睡○闢婢亦反盛音成本或作成睡垂僞反麑見退歎

而言曰不忘恭敬民之主也賊民之主不忠
棄君之命不信有一於此不如死也觸槐而
死槐趙盾庭樹。槐音懷又音回。秋九月晉侯飲趙盾酒伏
甲將攻之其右提彌明知之右車右。飲於鴆反提本又作祇上支反
彌面支反趨登曰臣侍君宴過三爵非禮也遂扶
以下公嗾夫獒焉明搏而殺之獒猛犬也。遂扶舊本皆扶旁
乎反服虔注作跣先典反云徒跣也今杜注本往往有跣者族素口反說文云使犬也服本作嗾夫音扶獒五羔反尚書
傳云大犬也爾雅云狗四尺爲獒說文云犬知人心可使者搏音博【疏】趨登至非禮也○正義曰此言飲趙盾酒
是小飲酒耳非正燕禮燕禮獻酬之後方脫屨升堂行無筭爵非止三爵而已其侍君小飲則三爵而退玉藻云君子之
飲酒也受一爵而色洒如也二爵而言言斯禮已三爵而油油以退鄭玄云禮飲過三爵則敬殺可以去矣是三爵禮[illegible]

宜當退也提彌明言此之時未必已過三爵假此辭以悟趙盾耳。○遂扶至獒焉。○正義曰服虔本扶作跣注云趙盾徒跣而下古禮說屨而升堂降階乃納屨堂上無屨跣則是堂何須云徒跣而下且遂者因上生下之言與彌明言說而遂不得為趙盾遂也杜本作扶言扶盾下階也服虔云嗾取也夫語辭獒犬名公乃呼夫獒使之噬盾也釋畜云狗四尺為獒是大犬之名以其使之噬盾故云獒猛犬也盾曰棄人用犬雖猛何為責公不養士而更以犬為已用鬪且出提彌明死之初宣子田於首山舍于翳桑田獵也翳桑桑之多蔭翳者首山在河東蒲坂縣東南翳於計反蔭音陰又於鴆反見靈輒餓問其病靈輒晉人曰不食三日矣食之舍其半問之曰宦三年矣宦學也○食之音嗣下同舍其音捨【疏】注宦學也○正義曰曲禮云宦學事師則二者俱是學也但宦者學仕官學者學經藝以此為異耳未知母之存否今近焉去家近請以遺之使盡之而爲之簞食與肉簞笥也。遺唯季反下注同簞音丹笥思嗣反（疏）注簞笥也。正義曰鄭玄曲礼注云圓曰簞方曰笥然則俱是竹器方圓異名耳故以簞爲笥鄭玄論語注亦云簞笥也寘諸橐以與之既而與爲公介靈輒爲公甲士○橐他洛反與爲與音預公介音界倒戟以禦公徒而免之問何故對曰翳桑之餓人也問其名居問所居不告而退不望報也遂自亡也輒亦去乙丑趙穿攻靈公於桃園穿趙盾之從父昆弟子乙丑九月二十七日。攻如字本或作殺（疏）注穿趙至弟子。正義曰晉語云趙衰趙夙之弟也世族譜盾是衰子穿是夙孫是穿爲盾之從父昆弟之子世本夙爲衰祖穿爲夙之曾孫世本轉寫多誤其本未必然也宣子未出山而復晉竟之山也盾出奔聞公弒而還。竟音境下文注同弒申志反大史書曰趙盾弒其君以示於朝宣子曰不然。對曰：子為正卿，亡不越竟，反不討賊，非子而誰？宣子曰：烏呼！我之懷矣，自詒伊慼，其我之謂矣。逸詩也。言人多所懷戀，則自遺憂。○大音泰。孔子曰：董狐，古之良史也，書法不隱。不隱盾之罪。○趙宣子，古之良大夫也，為法受惡。善其為法受惡。○惡，烏路反，注同。惜也，越竟乃免。越竟則君臣之義絶，可以不討賊。○疏注越竟至討賊。○正義曰：哀八年傳，公山不狃云：君子違不適讎國，未臣而有伐之，奔命焉，死之可也。注云：未臣所適之國，則可還奔命，死其難。如彼傳文，雖則出奔，臣義未絶。此注云越竟則君臣之義絶者，以仲尼云越竟乃免，出竟則免責，明其義已絶也。襄三十年鄭人殺良霄，傳曰：不稱大夫，言自外入也。去國不稱大夫，是為義絶之驗。且受君之命乃得為臣，今君欲殺己，逃奔他國，君之於臣既已絶矣，臣之於君能無絶乎？董狐云：子為正卿，反不討賊。明其威足討賊。卿位猶在，故責之耳。我以君寵得為國卿，挾君之威，故羣下用命。

亦既失位出奔國人不復畏我國内自有賊亂非我所能禁之故越竟得免内義絶故也不緩之言謂已以他故出奔非是君欲殺已問其宗嗣宜還致之昭二十一年宋公子城以晉師救宋是其事也襄二十七年傳曰崔氏之亂申鮮虞來奔僕賃於野以喪莊公是公之寵臣去國而行君服豈復責無罪而將見殺避黨而得免死者皆令反服君乎禮檀弓曰穆公問於子思曰為舊君反服古與子思曰古之君子進人以禮退人以禮故有舊君反服之禮也今之君子進人若將加諸膝退人若將隊諸淵無為戎首不亦善乎又何反服之禮之有是言去國雖同本情有異不可以一槩論也

宣子使趙穿逆公子黑臀于周而立之黑臀晉文公子○臀徒門反

疏注黑臀晉文公子○正義曰周語單襄公云吾聞成公之生也其母夢神規其臀以黑曰使有晉國故命之曰黑臀晉世家成公者文公少子其母周女也○

壬申朝于武宮壬申十月五日既有日而無月冬文在壬申下明傳文無較例○較音角○

初麗姬之亂詛無畜羣公子詛盟誓○麗力知反詛側慮反

疏初麗至公子○正義曰服虔云麗姬與獻公及諸大夫詛

無畜羣公子欲令其二子專国杜雖不注義似不然若驪姬身爲此詛姬死即應廢常何得此至於今國無公族豈復文襄之霸遂遵驪姬法乎蓋爲奚齊卓子以廢羣公適晉國創者爲亂不用復畜公子案檢傳文及國語文公之子雍在秦樂在陳黑臀在周襄公之孫談在周則是晉之公子悉皆出在他國是其因行而不改成公今始革之故傳本其初也則是國內因驪姬之亂乃設此詛非驪姬自爲詛也若驪姬爲詛不須言驪姬之亂以言之亂知其創驪姬也自此之後雖立公族而顯者亦少唯有悼公之弟揚干悼公之子愁二人名見於傳昭十八年鄭人救火子產辟晉公子公孫於東門以外更無其人良由偏於六卿不被任用故耳

自是晉無公族無公子故廢公族之官

疏注無公至之官○正義曰不畜羣公子故無公族是公族之官掌教公之子弟也下注云餘子適子之母弟亦治餘子之政子屬餘子之官則適子屬公族之官也孔晁注国語云公族大夫掌公族及卿大夫子弟之官是卿之適子屬公族也晉語云欒伯請公族悼公曰荀家惇惠荀會文敏黶也果敢無忌慎靖使茲四人者爲之膏粱之性難正也故使惇惠者教之文敏者道之果敢者諗之慎靖者脩之使茲四人者爲公族大夫是公族主教誨也

及成公即

位乃宦卿之適而為之田以為公族宦仕也為置田邑以為公族大夫○適本又作嫡丁歷反下注同為置于偽反又宦其餘子亦為餘子餘子嫡子之母弟也亦治餘子之政【疏】注餘子至之政○正義曰下庶子無妾子知餘子則是適子之母弟也言亦為餘子則知餘子之官亦治餘子之政令主教卿大夫適妻之次子也下云庶子為公行掌率公之戎車則公行不教庶子然則卿大夫之妾子亦是餘子之官教之矣其庶子為公行庶子妾子也掌率公戎行○行戶郎反注及下同【疏】注庶子至戎行○正義曰下句趙盾自以為庶為旄車之族則旄車之族即公行也掌車而謂之公行知其掌率公戎車之行列也晉於是有公族餘子公行皆官名【疏】晉於至公行○正義曰此晉有公族餘子公行詩魏風有公族公路公行其公族公行既同公路似此餘子但餘子不主路車公路非餘子也當與公行為一以其主君路車謂之公路主車行列謂之公行其實正是一官詩人變文以韻句耳周禮無此三官之名夏官有諸子下大夫二人掌國子之倅事與公族同也春官有巾車

下大夫二人掌王之五路事與公行同也無餘子同者天子諸侯禮異耳趙盾請以括爲公族括趙盾異母弟趙姬之中子屏季也。括古活反中如字又丁仲反屏步丁反曰君姬氏之愛子也趙姬文公女成公姊也微君姬氏則臣狄人也盾狄外孫也姬氏逆之以爲適事見僖二十四年○見賢遍反公許之冬趙盾爲旄車之族旄車公行之官盾本卿適其子當爲公族辟屏季故更掌旄車○旄音毛一本作軞【疏】注旄車至旄車○正義曰主公車行列謂之公行車皆建旄謂之旄車之族詩云孑孑干旄又曰建旐設旄是公車必建旄也周禮主車之官謂之巾車巾者衣也主衣飾之車謂之巾車此掌建旄之車謂之旄車之族盾本卿之適子其子世承正適當爲公族使辟屏季故更爲旄車之族自以身爲妾子故使其子爲妾子之官知非盾身自爲旄車之族而云使其子者旄車之族賤官耳盾身既爲正卿無容退掌賤職六年經稱晉趙盾衛孫免侵陳仍書於經非身退位故知使其子耳屏同長而使趙括者沈氏云以其君姬氏之愛子故使之非正適也使屏季以其故族為公族大夫盾以其故官屬與屏季使為衰之適○衰初危反（疏）注盾以至之適○正義曰族即屬也故官屬者父時舊官屬也將父時官屬盡與屏季使季為衰之正適也盾之此意欲令身死之後使屏季承其父後為趙氏宗主但晉人以盾之忠更使其子朔承盾後耳

經三年春王正月郊牛之口傷改卜牛牛死乃不郊牛不稱牲未卜日猶三望○葬匡王無傳四月而葬速○楚子伐陸渾之戎○夏楚人侵鄭○秋赤狄侵齊無傳○宋師圍曹○冬十月丙戌鄭伯蘭卒再與文同盟（疏）注再與文同盟○正義曰蘭以僖三十三年即位文二年盟于垂隴七年于扈十四年于新城魯鄭俱在當言三同盟而云再者以扈之盟經文不序諸侯故不數劉炫規之非也○葬鄭穆公無傳

傳三年春不郊而望皆非禮也言牛雖傷死當更改卜取其吉者郊不可廢也前年冬天王崩未葬而郊者不以王事廢天事禮記曾子問天子崩未殯五祀不行既殯而祭自啓至于反哭五祀之祭不行已葬而祭【疏】注言牛至而祭○正義曰案經牛死在正月郊當用三月其間足得養牛牛雖一傷一死當更改卜取其吉者郊天之禮不可廢也牛死而遂不郊故爲非禮也不郊非禮則於禮得郊禮諸侯爲天子斬衰天王崩未葬而得郊者不以王事廢天事也引曾子問者舉動輕以明重也初死以至於殯啓殯以至反哭於此之間五祀之祭不行耳既殯之後啓殯以前五祀之祭猶尚不廢郊天必不廢矣故鄭注云郊社亦然王制云喪三年不祭唯祭天地社稷爲越紼而行事鄭玄云不敢以卑廢尊紼輴車索禮天子殯於西序欑輴車而塗之繫紼以備火災言越紼而行事是在殯得祭也案曾子問既殯而祭其祭也尸入三飯不侑酳不酢而已矣謂尸唯三飯祝不侑勸其食食罷主人酌酒酳尸尸不酢主人曾子問又云已葬而祭祝畢獻而已謂尸飯而侑勸訖酳尸尸酢主人酢訖又亦祝席祝坐主人酌酒以獻祝獻畢而止故鄭注云既葬弥吉畢獻祝而後止是也鄭又注彼云天子七祀言五者關中言之案禮記祭法云

王爲羣姓立七祀曰司命曰中霤曰国門曰国行曰泰厲曰户曰竈王自爲立七祀諸侯爲国立五祀曰司命曰中霤曰國門曰國行曰公厲諸侯自爲立五祀大夫立三祀曰族厲曰門曰行適士立二祀曰門曰行庶士庶人立一祀或立户或立竈是其義也

望郊之屬也不郊亦無望可也已有例在僖三十一年復發傳者嫌牛死與卜不從異○復扶又反○晉侯伐鄭及郔鄭及晉平士會入盟郔鄭地爲夏楚侵鄭傳○郔音延○楚子伐陸渾之戎遂至於雒觀兵于周疆雒水出上雒冢領山至河南鞏縣入河○疆居良反定王使王孫滿勞楚子王孫滿周大夫○勞力報反楚子問鼎之大小輕重焉示欲偪周取天下○對曰在德不在鼎昔夏之方有德也禹之世○夏户雅反遠方圖物圖畫山川奇異之物而獻之貢金九牧使九州之牧貢金○鑄鼎象物象所圖物著之於鼎○鑄之樹

處著張慮反著直略反百物而爲之備使民知神姦圖鬼神百物之形使民逆備之故民入川澤山林不逢不若若順也螭魅罔兩螭山神獸形魅怪物罔兩水神○螭勑知反魅亡備反本又作鬽罔亡丈反兩本又作蛧音同說文云罔兩山川之精物也○【疏】注螭山至水神○正義曰螭山神獸形魅怪物先儒相傳爲然魯語仲尼云木石之怪夔罔兩水之怪龍罔象則罔兩是木石之神杜以爲水神者魯語賈逵注云罔兩罔象言有夔龍之形而無實體然則罔兩罔象皆是虛無當擬彼之意非神名也上句言山林川澤則螭魅罔兩四神文十八年注螭魅山林異氣所生螭魅既爲山林之神則罔兩宜爲川澤之神故以爲水神也莫能逢之逢遇也用能協于上下以承天休民無災害則上下和而受天祐○休許虯反下同祐音右桀有昏德鼎遷于商載祀六百載祀皆年○載祀爾雅云商曰祀唐虞曰載周曰年夏曰歲○【疏】注載祀皆年○正義曰釋文云唐虞曰載商曰祀周曰年孫炎云載取物終更始祀取四時祭祀一訖年取年

穀一熟是載祀皆年之別名複言之耳律歷志云商三十一王六百二十九年。商紂暴虐鼎遷于周德之休明雖小重也（不可遷。紂直九反）其姦回昏亂雖大輕也（言可移）天祚明德有所厎止（厎致也○祚才故反厎音旨○）成王定鼎于郟鄏（郟鄏今河南也武王遷之成王定之○郟古洽反鄏音辱）卜世三十卜年七百天所命也周德雖衰天命未改鼎之輕重未可問也（疏）（卜世至七百○）正義曰律歷志云周三十六王八百六十七年過卜數也○夏楚人侵鄭鄭即晉故也○宋文公即位三年殺母弟須及昭公子武氏之謀也（武氏謀去本母弟須及昭公子以作亂事在文十八年）使戴桓之族攻武氏於司馬子伯之館盡逐武穆之

族武穆之族以曹師伐宋秋宋師圍曹報武氏之亂也。冬鄭穆公卒初鄭文公有賤妾曰燕姞姞南燕姓。姞其乙反又其吉反夢天使與己蘭蘭香草

疏夢天使與己蘭。正義曰夢言天者皆非天也此既言天使與己蘭即云余爲伯儵儵即非天也伯儵不得自稱爲天天不得變爲伯儵明是夢者恍惚之言耳成五年晉趙嬰夢天使謂己祭余余福女上天之神聦明正直寧當就淫亂之人降福以求食乎昭四年叔孫豹夢天壓己弗勝號豎牛助而勝之若見上天之神寧當與豎牛爭力而不勝也明皆恍惚之言或別有邪神夢者不識而妄稱天耳

曰余爲伯儵余而祖也伯儵南燕祖。儵直留反以是爲而子以蘭爲女子名。女音汝以蘭有國香人服媚之如是媚愛也欲令人愛之如蘭。媚亡冀反令力呈反既而文公見之與之蘭而御之辭曰妾不才幸而有

子將不信，敢徵蘭乎？懼將不見信，故欲計所賜蘭爲懷子月數。公曰：諾。生穆公，名之曰蘭。文公報鄭子之妃曰陳嬀，鄭子，文公叔父子儀也。漢律：淫季父之妻曰報。○嬀，九危反。生子華、子臧。子臧得罪而出。出奔宋。○臧，作郎反。誘子華而殺之南里，在僖十六年。南里，鄭地。使盜殺子臧於陳、宋之閒。在僖二十四年。又娶于江，生公子士。朝于楚，楚人酖之，及葉而死。葉，楚地，今南陽葉縣。○酖，直蔭反。葉，式涉反。【疏】朝于楚○正義曰：諸侯大子攝行父事稱朝。此公子士非大子，亦稱朝者，以大子稱朝，故傳亦通言之，其實合稱聘耳。又娶于蘇，生子瑕、子俞彌。俞彌早卒。洩駕惡瑕，文公亦惡之，故不立也。洩駕，鄭大夫。○俞音踰。惡，烏路反，下同。公逐群公子，公子蘭奔晉，從晉文公伐鄭在僖三十年○從如字又才用反石癸曰吾聞姬姞耦其子孫必蕃姞姓宜爲姬配耦○癸居揆反蕃音煩下同姞吉人也后稷之元妃也姞姓之女爲后稷妃周是以興故曰吉人今公子蘭姞甥也天或啓之必將爲君其後必蕃先納之可以亢寵亢極也○亢苦浪反與孔將鉏侯宣多納之盟于大宮而立之大宮鄭祖廟○鉏仕俱反大音泰注同以與晉平穆公有疾曰蘭死吾其死乎吾所以生也刈蘭而卒傳言穆氏所以大興於鄭天所啓也○刈魚廢反

經四年春王正月公及齊侯平莒及郯莒人不肯公伐莒取向莒郯二國相怨故公與齊侯共平之向莒邑東海承縣東南有向城

遠疑也○郯音談向舒亮反承韋昭之皓反一作丞又音拯○秦伯稻卒無傳未同盟○稻徒者反○夏六月乙酉鄭公子歸生弒其君夷傳例曰稱臣臣之罪也子公實弒而書子家罪其權不足也○赤狄侵齊無傳○秋公如齊公至自齊無傳告于廟例在桓二年○冬楚子伐鄭

傳四年春公及齊侯平莒及郯莒人不肯公伐莒取向非禮也平國以禮不以亂伐而不治亂也責公不先以禮治之而用伐○不治直吏反以亂平亂何治之有無治何以行禮○楚人獻黿於鄭靈公靈公大子夷也○黿音元公子宋與子家將見宋子公也子家歸生○見賢遍反子公之食指動第二指也〔疏〕第二指○正義曰大射禮云右巨指鉤弦鄭玄云右巨指右手

大擘也又曰設決朱極三鄭玄云極猶放也所以韜指利放弦也以朱韋爲之三者食指將指無名指小指短不用然則手之五指之名曰巨指食指將指無名指小指也定十四年傳闔閭傷將指取其一屨注云其足大指見斬遂失屨謂大指爲將指者將者言其將領諸指也足之用力大指爲多手之取物中指最長故足以大指爲將指手以中指爲將指其食指者食所須用服虔云俗所謂啑鹽指也

以示子家曰他日我如此必嘗異味及入宰夫將解黿相視而笑公問之問所笑○解如字一音蟹【疏】黿○正義曰說文云黿大鼈也玄中要記曰千歲之黿能與人語子家以告及食大夫黿召子公而弗與也欲使指動無效○食音嗣子公怒染指於鼎嘗之而出公怒欲殺子公子公與子家謀先謀先公爲難○染如琰反先悉薦反難乃旦反子家曰畜老猶憚殺之六畜○畜許又反注同王許六反憚徒旦反難也而況

君子反譖子家子家懼而從之譖子家於公夏弑
靈公書曰鄭公子歸生弑其君夷權不足也子家權不足以御亂懼譖而從弑君故書以首惡○御魚呂反君子曰仁而不武無
能達也初稱畜老仁也不討子公是不武也故不能自通於仁道而陷弑君之罪凡弑君
稱君君無道也稱臣臣之罪也稱君謂唯書君名而稱國以弑言衆所共絕也稱臣者謂書弑者之名以示來世終為不義改殺稱弑辟其惡名取有漸也書弑之義釋例論之備矣
【疏】凡弑至之罪○正義曰晉語云趙宣子曰大者天地其次君臣則君臣之交猶父子也君無可弑之理而云弑
君稱君君無道者弑君之人固為大罪欲見君之無道罪亦
合弑所以懲創將來之君兩見其義非故弑君之人以弑之
為無罪也釋例曰天生民而樹之君使司牧之羣物所以繫
命故戴之如天親之如父母仰之如日月事之如神明其威
受雪霜之嚴雷電之威則奉身歸命有死無貳故傳曰君天
也天可逃乎此人臣所執之常也然本無父子自然之恩末

無家人習誦之變高下之隔縣殊壅塞之否萬端是以居上者降心以察下表誠以感之然後能相親也若亢高自肆羣下絶望情義乖隔是謂路人非君臣也人心苟離則位號雖存無以自固故傳例曰凡弒君稱君君無道稱臣臣之罪稱君者惟書君名而稱國稱人以弒言衆之所共絶也稱臣者謂書弒者主名以垂來世終爲不義而不可赦也然君雖不君臣不可以不臣故宋昭之惡罪及國人晉荀林父討宋曰何故弒君猶立文公而還深見貶削懷諸賊亂以爲心者固不容於誅也若鄭之歸生齊之陳乞楚之公子比雖本無其心春秋之義亦同大罪是以君子愼所以立也諸侯不受先君之命而篡立得與諸侯會者則以成君書之齊商人蔡侯班之屬是也若未得接於諸侯則不稱爵楚公子棄疾殺公子比蔡人殺陳佗齊人殺無知衞人殺州吁公子瑕之屬是也諸侯篡立雖以會諸侯爲正此列國之制也至於國内策名委質即君臣之分已定故殺不成君者亦與成君同義傳曰會于平州以定公位又云若有罪則君列諸會矣此以會爲斷也經書趙盾弒君而傳云靈公不君又以明於例此弒宜稱君也弒非趙盾而經不變文者以示良史之意深責執政之臣傳特見仲尼曰越竟乃免明盾亦應受罪也醫不三世不服其藥古之愼戒也人子之孝當盡心嘗禱而已藥物

之齊非所習也許止身爲國嗣國非無醫而輕果進藥故罪
同於弒二者雖原其本心而春秋不赦蓋爲教之遠防也楚
靈無道於民於例當稱國以弒公子比首兵自立楚衆散歸
而靈王縊死故以比爲弒王也比既得國國人驚亂棄疾從
而窘之比懼自殺皆棄疾之由故書公子棄疾殺公子比也
左氏義例止此而已其餘小異皆從赴也劉賈許潁以爲君
惡及國朝則稱國以弒君惡及國人則稱人以弒案傳鄭靈
宋昭經文異而例同故重發以同之子弒其父又嫌異於他
臣亦重明其不異既不辟別國之與人而傳云莒杞多行無
禮於國大子僕因國人以弒之經但稱國不稱人知國之與
人雖言別而事一也杜言小異從赴者宋之蒙澤楚之乾谿
俱是國內而弒捷不書蒙澤齊商人衛州吁須是公子而州
吁不稱公子諸如此類所有不同皆從赴也出弒君之例有
君罪臣罪之異而諸侯出奔皆不書逐君之人以罪臣者以
君之見弒末必皆爲無道故立臣罪之文以見君有無罪死
者國君而被臣逐悉是不能固位其罪皆在於君故枉諸侯
出奔例云諸侯奔者皆迫逐而苟免非自出也仲尼之經更
没逐者主名以自奔爲文者責其不能自安自固所犯非徒
所逐之臣也蔡侯朱雖無罪據其失位出
奔亦其咎也是說逐君無罪臣之文意也**鄭人立子良**

宣四

此下脱第二十一至二十三共三葉。

附釋音春秋左傳註疏卷第二十二 宣公五年盡十一年

杜氏註　孔穎達疏

經五年春公如齊○夏公至自齊○秋九月齊高固來逆叔姬高固齊大夫不書女歸降於諸侯

疏注高固至諸侯○正義曰僖五年公孫茲如牟注云娶於牟也卿非君命不越竟故奉公命聘於牟因自爲逆然則此高固亦是因來聘而自逆也經書公孫茲如牟是以聘爲文此高固以逆爲文不言聘者此二者皆以非君之命不得越竟請君行聘而因自逆妻本意爲逆不爲聘也從魯而出私娶輕而君命重故書聘不書逆自外而來則嫁女重而受聘輕故書逆不書聘內外之異文耳諸侯嫁女於大夫則使大夫爲之主而書於經者行禮爲尊卑不敵故使大夫爲主耳其女適他族以先公遺體詩人必告於覲故書之耳嫁於諸侯皆書其歸此不書歸者差降於諸侯也非齊夫人不得言歸于齊若言歸于齊高氏則下嫁於大夫非公之敵故不得書其歸也○叔孫得臣卒無傳不書日公不與小斂

○不與音預斂力驗反○冬齊高固及子叔姬來叔姬寧固反焉（疏）注叔姬寧固反焉○正義曰傳言來反焉也據高固為文耳嫌叔姬亦為反焉故辯之二者各有所為而且相隨行耳女既適人當稱夫族宋蕩伯姬是其事也叔姬已適高氏而言猶子叔姬者以其新歸於夫反馬乃成為婦今始來反馬故以父母之辭言之○楚人伐鄭

傳五年春公如齊高固使齊侯止公請叔姬焉留公強成昏○強其丈反○夏公至自齊書過也公既見止連昏於鄰國之臣厭尊毀列累其先君而於朝行飲至之禮故書以示過○厭於涉反累劣偽反（疏）注公既至示過○正義曰凡公行還書至者往反無咎書之而告廟也公如齊見止求與高固為昏方始得歸當以恥而不告亦復告廟飲至故依常書之以示過釋例曰凡反行飲至必以嘉會昭告祖禰有功則舍爵策勳無勳無勞告事而已若夫執止之辱厭尊終列所以累其先君忝其社稷故當克躬罪已不以嘉禮自參宣公如齊既已見止連昏於鄰國之臣而行飲至之禮

故傳曰書過也言書過者書之以示公過也○秋九月齊高固來逆女自爲也故書曰逆叔姬即自逆也適諸侯稱女適大夫稱字所以別尊卑也此春秋新例故稱書曰而不言凡也不於莊二十七年發例者嫌見逼而成昏因明之○自爲于僞反別彼列反【疏】注適諸至明之○正義曰俱是外來逆女適諸侯諸侯遣臣來逆則稱逆女紀裂繻來逆女是也適大夫大夫自來逆則稱所逆之字此高固來逆叔姬是也二文不同所以別尊卑也傳言卿自逆者別其與君逆也莊二十七年莒慶來逆叔姬文與此同不於彼發例者嫌此高固見迫而成昏與常例或異故因此以明其不異也○冬來反馬也禮送女留其送馬謙不敢自安三月廟見遣使反馬高固遂與叔姬俱寧故經傳具見以示譏○廟見賢遍反下同使所吏反【疏】注禮送至示譏○正義曰禮送女適於夫氏留其所送之馬謙不敢自安於夫若被出棄則將乘之以歸故留之也至三月廟見夫婦之情既固則夫家遣使反其所留之馬以示與之偕老不復歸也法當遣使不合親行高固因叔姬歸寧遂親自反馬與之俱來故經傳具見其事以示譏也儀禮昏禮者士之禮也

其禮無反馬故何休據之作膏肓以難左氏言禮無反馬之法鄭玄荅之曰冠義云無大夫冠禮而有其昏禮則昏禮者天子諸侯大夫皆異也士昏禮云主人爵弁纁裳緇衣乘墨車從車二乘婦車亦如之此婦車出於夫家則士妻始嫁乘夫家之車也詩鵲巢云之子于歸百兩御之又曰之子于歸百兩將之將送也國君之禮夫人始嫁自乘其家之車也則天子諸侯嫁女留其乘車可知也高固大夫也來反馬則大夫亦留其車也禮雖散亡以詩之義論之大夫以上其嫁皆有留車反馬之禮留車妻之道也反馬壻之義也高固以秋九月來逆叔姬冬來反馬則婦入三月祭行乃反馬禮也是說禮有反馬之法唯高固不宜親行耳杜言三月廟見謂無舅姑者士昏禮婦至其夕成昏質明贊見婦於舅姑若舅姑既没則婦入三月乃奠菜鄭玄云奠菜者祭菜也又記曰婦入三月然後祭行鄭玄云謂助祭也曾子問篇稱孔子曰三月而廟見稱來婦也擇日而祭於禰成婦之義也鄭玄云謂舅姑没者也是舅姑没者以三月而祭因以三月爲反馬之節舅姑存者亦當以三月反馬也士昏禮又稱若不親迎則婦入三月然後壻見於妻之父母此高固親迎則不須更見故譏其親反馬也案杜注經云叔姬寧固反馬傳唯舉反馬不言寧者以寧是常事唯反馬非禮故傳舉其非禮者○

○楚子伐鄭，陳及楚平。晉荀林父救鄭，伐陳。爲明年晉衛侵陳傳

經六年春，晉趙盾、衛孫免侵陳。夏四月。秋八月，螽。傳無。冬十月。

傳六年春，晉、衛侵陳，陳即楚故也。夏，定王使子服求后于齊。子服，周大夫。秋，赤狄伐晉，圍懷及邢丘。邢丘，今河內平皋縣。晉侯欲伐之。中行桓子曰：使疾其民，驕則數戰，爲民所疾。數，所角反。以盈其貫，將可殪也。殪，盡也。貫，猶習也。貫，古患反，注同。殪，於計反。【疏】注「殪盡」至「習也」。正義曰：《釋詁》云：殪爲盡。盈其貫者，杜以爲盈滿其心，使貫習來伐。劉炫云：案《尚書·泰誓》武王數紂之惡云「商罪貫盈」，言紂之爲惡，如物在繩

索之貫不得爲習也今知不然者以詩稱射則貫兮先儒亦以爲習故杜用焉義得兩通劉直以尚書之文而規杜過恐非也

周書曰殪戎殷周書康誥也義取周武王以兵伐殷盡滅之【疏】周書曰殪戎殷。正義曰如杜所注戎訓爲兵謂以兵伐殷而殪盡也殪字宜在下以周書本文故其字在上

此類之謂也。爲十五年晉滅狄傳。爲于僞反下注同。

冬召桓公逆王后于齊召桓公王卿士事不關魯故不書爲成二年王舅張本。召上照反。

楚人伐鄭取成而還九年十一年傳所稱厲之役蓋在此。

鄭公子曼滿與王子伯廖語欲爲卿二子鄭大夫。曼音萬廖力彫反

伯廖告人曰無德而貪其在周易豐䷶離下震上豐之離䷝豐上六變而爲純離也周易論變故雖不筮必以變言其義豐上六曰豐其屋蔀其家闚其戶闃其無人三歲不覿凶義取無德而大其屋不過三歲必滅亡。蔀步口反又普口反闚去規反闃苦鵙反覿徒歷反【疏】注豐上至滅亡。正

宣六

義曰豐卦震上離下震爲動離爲明動而益明豐大之義豐卦上六變而爲純離之卦故爲豐之離也杜以筮得比卦爻變而爲彼卦可言遇觀之否遇屯之比耳此直口語不是揲蓍而亦言豐之離者周易論變爲義故雖不筮論易者必以變言其義故言豐之離也杜又引豐上六至不覿凶皆周易之文也王弼以爲上六以陰處極而最在外不履於位深自幽隱絶跡深藏者也蔀者覆蔽之物也豐大其屋又蔀蔽其家闇之甚也以其闇而處大屋不能久享其利其屋雖大其室將空故窺其户而闃然無人也經三歲而不能顯見則凶伯廖引此者義取無德而居乃屋不過三歲必滅亡。弗過之矣不過三年間一歲鄭人殺之。間間厠之間

經七年春衛侯使孫良夫來盟。夏公會齊侯伐萊傳例曰不與謀也萊國今東萊黄縣○萊音來不與音預

疏衛侯至來盟○正義曰文二年晉人以公不朝使陽處父盟公以恥之書曰及晉處父盟去其族以厭恥也然則公與大夫對盟則爲恥辱此良夫來盟無恥責者彼公親朝晉晉侯不與公盟故遣大夫敵公是爲恥辱此不恥責者其君不得親來遣臣來與公盟不對彼

君非爲聽也。○秋、公至自伐萊無傳。○大旱無傳書旱而不書雩雩無功或不雩。○冬、公會晉侯宋公衛侯鄭伯曹伯于黑壤○壤如文反。

傳七年春衛孫桓子來盟始通且謀會晉也公即位衛始脩好○好呼報反。○夏、公會齊侯伐萊不與謀也凡師出與謀曰及不與謀曰會與謀者謂同志之國相與講議利害計成而行之故以相連及爲文若不獲已應命而出則以外合爲文皆據魯而言師者國之大事存亡之所由故詳其舉動以例別之○不與音預下及注與謀同年末不與放此應應對之應別彼列反下注同

【疏】凡師至曰會○正義曰釋例曰與謀者同志之國彼我之計未定相與共謀講議利害計成而後行之故以相連及爲文不與謀而出師者畏罰不得已而應命故以外合爲文皆據魯而言之也公親會齊侯伐萊而傳以師出示例所以通卿大夫帥師者也魯既春會于

曹以謀伐鄭夏遂起師而更從不與謀之文者厲公篡大子
忽之位謀而納之非正故諱不與謀之例若夫盟主之令則
上行乎下非匹敵和成之類故雖或先謀皆從不與謀之例
成八年晉士燮來聘且言將伐郯下云會伐郯是也凡乞師
者深求過理之辭執謙以偪成其計故雖小國乞之於大國
大國乞之於小國亦皆從不與謀之例臧宣叔郤錡是也傳
以師出爲例是唯繫於戰伐而劉賈許潁濫以經諸及字爲
義杜本不在例今欲強合之所以多相錯亂也杜言小乞大大
乞小者僖二十六年公子遂如楚乞師成二年臧宣叔如晉
乞師是小國乞於大國也成十三年郤錡來乞師十六年欒
黶來乞師十七年荀罃來乞師十八年士魴來乞師是大國
乞於小國也與謀者必俱欲伐彼此同謀乞師者非彼所欲
乞來爲已也我乞彼者彼不與我謀彼乞我者我不與彼謀
是故凡言乞者皆從不與謀之例宣叔是小乞大郤錡是大
乞小除晉乞會以外更無大乞小者故舉郤錡以對乞小之
事耳晉是盟主自是上行乎下例無與謀之文不由郤錡乞
師乃從不與謀之例 ○ 赤狄侵晉取向陰之禾 此無秋字蓋闕文晉用桓
子謀故緩狄 ○向舒亮反 疏注此無秋字蓋闕文 ○正義曰苗秀乃名
爲禾長則無禾可取然此亦必在秋此無

秋公子盡闕文○鄭及晉平公子宋之謀也故相鄭伯以會冬盟于黑壤王叔桓公臨之以謀不睦王叔桓公周卿士銜天子之命以監臨諸侯不同歃者尊卑之別也○相息亮反歃所洽反又所甲反監古銜反○晉侯之立也在二年公不朝焉又不使大夫聘晉人止公于會盟于黃父公不與盟以賂免黃父即黑壤故黑壤之盟不書諱之也偃盟主以取執止之辱故諱之

疏注偃盟至諱之○正義曰昭十三年公會劉子晉侯云于平丘八月甲戌同盟于平丘公不與盟於時晉以讒慝弘多不與公盟公不得與非國之恥故書其同盟而顯言不與既非執公實有罪為晉所執不得與盟是公之恥故諱而不書其盟若言諸侯實不盟公無所可與然

經八年春公至自會無傳義與五年書過同疏注義與五年書過同○正

宣七

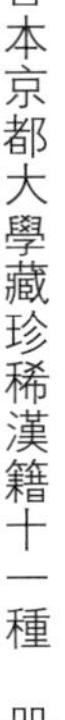

義曰被執不以爲恥而亦告廟飲至故書○夏六月公
之以示過也故杜云義與五年書過同
子遂如齊至黃乃復無傳盖有疾而還大夫受命
而出雖死以尸將事遂以疾
還非【疏】注盖有至禮也○正義曰下言其卒故疑有疾而
禮也還也聘禮曰賓入竟而死遂也若賓死未將命則
既歛于棺造于朝介將命哀十五年傳曰有朝聘而終以尸
將事之禮是入所聘之竟則當遂行黃是齊竟遂以疾還非
禮也○辛巳有事于大廟仲遂卒于垂有事祭也
仲遂卒與
祭同日略書有事爲繹張本不言公子因上行還間無異事
省文從可知也稱字時君所嘉無義例也垂齊地非魯竟故
書地○大音泰傳同爲于【疏】注有事至書地○正義曰有
爲反省所景反竟音境○事祭也者謂禘祭也釋例以
昭十五年有事于武宮傳稱禘于武公則知此言有事亦是
禘也祭之日仲遂卒不言禘而略言有事者禘事得常不主
書禘爲下繹祭張本耳上言公子遂如齊此言仲遂卒不言
公子者此書有事爲仲遂卒而書之與上相連猶是一事因
上有還間無異事省公子之文從可知也衛氏難杜云其間
有辛巳有事于大廟何得爲間無異事秦氏釋云有事于大

朝自是爲伴遂卒起文止是一事故云間無異事也既不書員公子而稱仲遂者時君所嘉寵故稱其字非義例也定五年傳季平子行東野卒于房房是魯地卒於竟内故不書其地垂是齊地非魯竟故書地也

壬午猶繹

萬入去籥

繹又祭陳昨日之禮所以賓尸萬舞名籥管也猶者可止之辭魯人知卿佐之喪不宜作樂而不知廢繹故内舞去籥惡其聲聞○去起呂反注及傳同籥羊略反管音館惡烏路反聲聞音問又如字

疏

注繹又至聲聞○正義曰繹又祭釋天文孫炎云祭之明日尋繹復祭也公羊傳曰繹者何祭之明日也穀梁傳云繹者祭之旦日之享賓也天子諸侯謂之爲繹少牢饋食大夫之禮也謂之賓尸釋詁云繹陳也是陳昨日之禮以賓敬此尸也公羊傳曰萬者何干舞也籥者何籥舞也其言萬入去籥何去其有聲者廢其無聲者知其不可而爲之也猶者何通可以已也是萬爲舞名禮明堂位曰朱干玉戚冕而舞大武干楯也戚斧也此舞者左手執楯右手執斧故謂之武舞言王者以萬人服天下故以萬爲名詩言碩人之舞云左手執籥右手秉翟鄭玄云籥如笛六孔何休云吹之以節舞也故吹籥而舞謂之文舞魯人知卿佐之喪不宜作樂故去其有聲而不知廢繹納舞去籥惡其聲聞也尋杜注意直云萬舞

名以注隱五年亦直云萬舞也下問羽數則萬是舞之大名不取公羊萬是干舞之義則執羽吹籥是爲萬舞故杜云納舞去籥惡其聲聞是無干舞籥舞之別名也沈氏云案晉子問當攝卿社簠簋旣陳天子崩后之喪發則卿喪不發正祭繹是又祭爲輕故當發之○戊子夫人嬴氏薨無傳宣公母也○晉師白狄伐秦○楚人滅舒蓼○秋七月甲子日有食之旣無傳月三十日食○冬十月己丑葬我小君敬嬴敬謚嬴姓也反哭成喪故稱葬小君疏注敬謚○正義曰謚法夙夜敬事曰敬雨不克葬庚寅日中而克葬克成也疏雨不至克葬○正義曰定十五年九月丁巳葬我君定公雨不克葬戊午日下昃乃克葬彼云乃此云而者公羊傳曰而者何難也乃者何難也曷爲或言而或言乃乃難乎而也何休云難者臣子重難不得以正日葬其君言乃者內而深言而者外而淺下昃日昳又故言乃左氏無傳杜又不說或如公羊之言或是安家異辭○城平陽今泰山有平陽縣○楚

師伐陳

傳八年春白狄及晉平夏會晉伐秦經在仲遂卒下從赴

晉人獲秦諜殺諸絳市六日而蘇蓋記異也○諜徒協反間

也今謂之細作絳古巷反○有事于大廟襄仲卒而繹非禮也

○楚為眾舒叛故伐舒蓼滅之舒蓼二國名○為于偽反疏

注舒蓼二國名○正義曰舒蓼二國名者蓋轉寫誤當云二國名案釋例土地名有舒羣舒舒蓼舒庸舒鳩以為五名則

與文五年滅蓼同蓋蓼滅後更復故楚今更滅之劉炫以杜為一國而規之非也楚子疆之正其

界也○疆居良反○及滑汭滑水名○滑于八反汭如蜹反一音如悅反盟吳越

而還吳國今吳郡越國今會稽山陰縣也傳言楚疆吳越服從○會古外反稽古兮反疆其良反疏

盟吳越而還○正義曰譜云吳姬姓周大王之子大伯仲雍之後大伯仲雍讓其弟季歷而去之荊蠻自號句吳句或為

工夷言發聲也大伯無子而卒仲雍嗣之當武王克殷而因封其曾孫周章於吳爲吳子又別封章弟虞仲於虞自大伯五世而得封十二世而晉滅虞虞滅而吳始大至壽夢而稱王壽夢以上世數可知而不紀其年壽夢元年魯成公之六年也夫差十五年獲麟之歲也二十三年魯哀公之二十二年而越滅吳越姒姓其先夏后少康之庶子也封於會稽自號於越於者夷言發聲也濱在南海不與中國通後二十餘世至於允常魯定公五年始伐吳允常卒子句踐立是爲越王越王元年魯定公之十四年也魯哀公二十二年句踐滅吳霸中國卒春秋後七世大爲楚所破遂微弱矣外傳曰芊姓夔越是越本楚之別封也或非夏后之後也○

晉胥克有蠱疾惑以喪志○蠱音古喪息浪反

郤缺爲政代趙盾

秋，廢胥克。使趙朔佐下軍朔盾之子代胥克爲成十七年胥童怨郤氏張本○

冬，葬敬嬴。旱，無麻，始用葛茀記禮變之所由茀所以引柩殯則有之以備火葬則以下柩○茀子勿反引棺索也柩其又反

疏注記禮至下柩○正義曰禮記諸言自某始者皆與後人爲始此云始用葛茀則自此以後常用葛故云記禮變之所由

紼字禮或作紼或作綍繩之別名也周禮遂人大喪屬六紼天子用六也喪大記君葬用四紼大夫士葬用二紼是紼者所以引柩也於殯則已有之繫於輴車以備火災有災則引柩以辟火及葬則用之以下柩也雨不克葬禮也禮卜葬先遠日辟不懷也懷思也【疏】雨不至懷也○正義曰曲禮云凡卜筮日旬之外曰遠某日旬之內曰近某日喪事先遠日吉事先近日鄭玄云喪事葬與練祥也吉事祭祀冠取之屬也然則先近日先近卜上旬不吉卜次旬又不吉卜下旬喪事則先卜下旬下卜葬先卜遠日辟不思念其親汲汲欲汲汲而早葬之也今若冒雨而葬亦是不思其親欲得早葬故與卜葬先遠日以證爲雨而止禮也王制云庶人葬不爲雨止者鄭玄云雖雨猶葬禮儀少也○城平陽書時也○陳及晉平楚師伐陳取成而還言晉楚爭強

經九年春王正月公如齊無傳公至自齊無傳○夏仲孫蔑如京師○齊侯伐萊無傳○秋取根

牟根牟東夷國也今琅邪陽都縣東有牟鄉○八月滕子卒未同盟○九月晉侯宋公衛侯鄭伯曹伯會于扈○晉荀林父帥師伐陳○辛酉晉侯黑臀卒于扈卒於竟外故書地四與文同盟九月無辛酉日誤○竟音境

疏注卒於至日誤○正義曰釋例扈是鄭地故云卒於竟外黑臀以二年始立而云四與文同盟者杜注春秋又爲釋例前後經傳勘當備盡豈晉侯二年始立不于文公之世而云四與文同盟必是後寫之誤蘇氏亦以爲然劉炫以此規杜非也其君卒或書地或不書地皆從赴今云卒於竟外故書地者晉侯實在竟外卒非以爲例也劉炫云襄七年鄭伯髡頑卒于鄵昭二十五年宋公佐卒于曲棘竟内亦書地非竟外九月無辛酉者下有十月癸酉杜以長曆推之癸酉是十月十六日辛酉在前十二日耳故云九月無辛酉上有八月下有十月朕月誤也○冬十月癸酉衛侯鄭卒無傳三與文同盟

疏注三與文同盟○正義曰鄭父燬以莊二十五年卒鄭代立其年盟于洮二十六年于向二十八年于踐土文七年于扈

十四年于新城唯二與文同盟云三者以二三字體相近○
轉寫之誤耳若其不然杜無容不委劉炫以此規杜非也
宋人圍滕。○楚子伐鄭。○晉郤缺帥師救鄭
○陳殺其大夫洩冶　洩冶直諫於淫亂之朝以取死故不為春秋所貴而書名○洩
息列反冶音也　疏　注洩冶至書名。正義曰文八年宋人殺其大
夫司馬貴之而不名此書洩冶之名是不為春
秋所貴故書名傳稱臣名所以治煩去惑是以伏死而爭則
直諫者臣之盡忠之爭洩冶忠諫而死不為春秋所貴者釋
例曰魯哀之可諫者長衆未聞仲尼之苦言至於陳恒弒其
君孔子沐浴而朝告於哀公求討不義顯事施舍足以啟益
者固人臣之所當造膝也若乃情色之惑君不能得之於臣
父不能得之於子臣子而欲顯直於其君父適所以益謗而
致罪也陳靈公宣淫悖德亂倫志同禽獸非盡言所救洩冶
進無匡濟遠策退不危行言孫安昏亂之朝慕匹夫之直忘
蘧氏可卷之德死而無益故經同罪賊之文傳特稱仲尼以
明之忠為令德非其人猶不可況不令乎此其義也是說不
賁洩冶之意也然則比干諫紂而死孔子稱殷有三仁焉善
比干者家語云子貢曰陳靈公君臣宣淫於朝洩冶諫而殺

之是與比干諫死同可謂仁乎孔子曰比干於紂親則諸父官則少師忠款之心在於存宗廟而已固當以必死爭之冀身死之後紂當悔悟本志存於仁者也洩冶之於靈公位在大夫無骨肉之親懷寵不去仕於亂朝以區區之身欲正國之淫昏死而無益可謂狷矣詩云民之多辟無自立辟其洩冶之謂乎是言洩冶之行不得同於比干之意也

傳九年春王使來徵聘徵召也言周徵也徵聘不書微加諷諭不指斥○諷方鳳反

夏孟獻子聘於周王以為有禮厚賄之○賄呼罪反字林音悔

○秋取根牟言易也○易以豉反

○滕昭公卒為宋圍滕傳

○會于扈討不睦也謂齊也陳侯不會前年與楚成故

晉荀林父以諸侯之師伐陳不書諸侯師林父帥之無將帥○將子匠反帥所類反

疏注不書至將帥○正義曰僖二十八年晉侯齊師宋師秦師及楚人戰于城濮彼注公宋公齊國歸父秦小子慭次城濮以師屬晉不與戰也彼以師屬晉而經書其師此全不書者彼雖公卿不行仍存

〔大夫帥之將卑師衆故稱師耳此則全無將帥以兵付晉并入晉軍林父獨自帥之故唯書林父伐陳也〕晉侯卒于扈乃還。冬宋人圍滕因其喪也。陳靈公與孔寧儀行父通於夏姬皆衷其衵服以戲于朝〔二子陳卿夏姬鄭穆公女陳大夫御叔妻衷懷也衵服近身衣。夏户雅反衷音忠又丁仲反衵女乙反一音泥粟反說文云日日所衣裳也字林同又云婦人近身內衣也仁一反御如字一音魚呂反近附近之近〕洩冶諫曰公卿宣淫民無效焉〔宣示也。效户教反〕且聞不令君其納之〔納藏衵服。聞如字一音問〕公曰吾能改矣公告二子二子請殺之公弗禁遂殺洩冶孔子曰詩云民之多辟無自立辟其洩冶之謂乎〔辟邪也辟法也詩大雅言邪辟之世不可立法國無道危行言孫。禁居鴆反又音金多辟本又作僻匹〕

亦反注同立辟婢亦反注同邪似嗟反下同行下孟反孫音遜○楚子為厲之役故

伐鄭六年伐鄭取成於厲既成鄭伯逃歸事見十一年○為于僞反見賢遍反○晉郤缺

救鄭鄭伯敗楚師于柳棼柳棼鄭地○柳力手反棼芬扶云反國

人皆喜唯子良憂曰是國之災也吾死無日

矣自是晉楚交兵伐鄭十二年卒有楚子入鄭之禍

經十年春公如齊公至自齊無傳○齊人歸我

濟西田元年以賂齊也不言來公如齊齊因受之○濟子礼反○夏四月丙辰日

有食之無傳不書朔官失之○己巳齊侯元卒未同盟而赴以名○齊

崔氏出奔衛齊略見舉族出因其告辭以見無罪○見賢遍反下同疏注齊略至無罪

○正義曰崔杼有寵於惠公惠公既薨高国二家恐其譪前

世之寵又有寵於新君故畏其偪已因君薨而逐之崔杼未

有罪也齊人疑其事故不言其名略言崔氏見其舉族出奔耳及仲尼脩之大夫出奔無罪不名不名即因無罪故因告稱氏而書氏以見無罪若貴之或稱官或稱字如司城子哀之類是也○公如齊五月公至自齊無傳。○癸巳陳夏徵舒弑其君平國徵舒陳大夫也靈公惡不加民故稱臣以弒○夏戶雅反。○六月宋師伐滕○公孫歸父如齊。○葬齊惠公無傳歸父襄仲之子。晉人宋人衛人曹人伐鄭鄭及楚平故。○秋天王使王季子來聘王季子者公羊以為天王之母弟然則字季子天子大夫稱字【疏】注王季至稱字○正義曰公羊傳曰王季子者何天子之大夫也其稱王季子何貴也其貴柰何母弟也是公羊以為天王之母弟也母弟而稱季子然則字季子也天子之大夫例稱字襄三十年天王殺其弟佞夫母弟稱弟此不言王弟者釋例云朝聘盟會嘉好之事此兄弟之篤睦非義例之所興故仍舊史之策或稱弟或稱公子是由義無所見故因其舊文其相殺害乃稱弟以示義耳

○公孫歸父帥師伐邾取繹繹邾邑魯國鄒縣北有繹山○繹音亦

【疏】注繹邾至繹山○正義曰文十三年傳稱邾遷于繹則繹為邾之都矣更別有繹邑今魯伐取之非取邾之都也亦因繹山為名蓋近在邾都之旁耳○大水無傳○季孫行父如齊

○冬公孫歸父如齊齊侯使國佐來聘既葬成君故稱君命使也○饑無傳有水災嘉穀不成楚子伐鄭

傳十年春公如齊齊侯以我服故歸濟西之田公比年朝齊故○夏齊惠公卒崔杼有寵於惠公高國畏其偪也高國二家齊正卿○杼直呂反偪彼力反公卒而逐之奔衛書曰崔氏非其罪也且告以族不以名典策之法告者皆當書以名今齊特以族告夫子因而存之以示無罪又言且告以族不以名者明春秋有因

而用之不皆敗舊史〔疏〕注典策至敗舊○正義曰傳言且告以族不
以名知法當以名告而齊人誤以族告也釋
例云若乃稱司城以貴致節於府人書歸父之還以善復命
於介因齊人告辭以著其無罪蓋隨事以示褒貶也傳既云
書曰崔氏以明非罪復云且告以族不以名知典策之書舊
當以名通也齊國雖繆以族告適合仲尼新褒之實因而不
革以示無罪且明春秋之作或因仍舊史成文不必皆有改
也何休膏肓以為公羊譏世卿而難左氏蘇氏釋云崔杼祖
父名不見經則知非世卿且春秋之時諸侯擅相征伐猶尚
不譏世卿雖曰非禮夫子何由獨責又鄭駁異義引尚書世
選爾勞又引詩刺幽王絕功臣之世然則興
滅繼絕王者之常譏世卿之文其義何在
凡諸使之
大夫違違奔放也〔疏〕注違奔放也○正義曰釋例曰迫窘而
奔及以禮見放俱去其國故傳通以違
為文是言違
兼奔放也
告於諸侯曰某氏之守臣某上某氏者姓下
某名○守手又反〔疏〕注上某至某名○正義曰若言崔氏之守臣
杼也大夫受氏常世守宗廟故謂之守臣言
守宗廟之臣也僖十二年管仲云天子之二守高國在彼謂
天子命之為守國之臣與此異也知此異於彼者豈天子命

者出奔乃得告於諸侯餘臣出奔不得告也且下句云失守宗廟如守臣謂守宗廟之臣非守國也天子賜姓諸侯賜族對文則姓與族别散文則可以通礼謂族人為庶姓故云上某出者姓其實正是族也

失守宗廟

敢告所有玉帛之使者則告 玉帛之使謂聘○之使所吏反

疏注玉帛之使謂聘○正義曰聘礼執玉致命執帛致享故云玉帛之使謂聘也下注云恩好不接故亦不告又昭二十年曹公孫會自鄭出奔宋注云嘗有玉帛之使來告故書則杜意以為奔者之身嘗有玉帛之使於彼国已經相接則告之若奔者未嘗往聘恩好不接則不告唯告奔者嘗聘之国餘不告也劉炫以為玉帛之使謂国家有交好之國皆告非指奔者之一身

不然則否 恩好不接故亦不告○好呼報反

公如齊奔喪 公親奔喪非礼也公出朝會奔喪會葬皆書如不言其事史之常也

○陳靈公與孔寧儀行父飲酒於夏氏公謂行父曰徵舒似女對曰亦似君徵舒病之 靈公即位於今十五年徵舒已為卿年大無嫌

是公子盖以百入涩涉敢謂其子多似以為戲○夏戶雅反女音汝公出自其廄射而

殺之二子奔楚○廄居又反射食亦反○滕人恃晉而不

事宋六月宋師伐滕○鄭及楚平前年敗楚師恐楚深怨故

與之平諸侯之師伐鄭取成而還○秋劉康公

來報聘報孟獻子之聘即王季子也其後食采於劉○師伐郲取繹為子家如

齊傳○季文子初聘于齊齊侯初即位○冬子家如齊

伐郲故也魯侵小恐為齊所討故往謝國武子來報聘報文子也

○楚子伐鄭晉士會救鄭逐楚師于潁北潁水

出河南陽城至下蔡入淮【疏】注潁水至入淮○正義曰釋例曰潁水出河南陽城縣陽乾山東南經潁川汝陰至

淮南下蔡縣入淮也諸侯之師戍鄭鄭子家卒鄭人討幽

公之亂斲子家之棺而逐其族以四年弒君故也斲薄其棺不使從卿禮○斲竹角反○【疏】注以四至卿禮○正義曰喪大記云君大棺八寸屬六寸椑四寸上大夫大棺八寸屬六寸下大夫大棺六寸屬四寸士棺六寸然則子家上大夫棺當八寸今斲薄其棺不使從卿禮月不知斲薄之使從何礼也

改葬幽公謚之曰靈【疏】幽公○正義曰謚法動靜亂常曰幽

經十有一年春王正月○夏楚子陳侯鄭伯盟于辰陵楚復伐鄭故受盟也辰陵陳地潁川長平縣東南有辰亭○復扶又反下復封陳同○

公孫歸父會齊人伐莒傳無○秋晉侯會狄于欑函晉侯往會之故以狄爲會主欑函狄地○欑才端反函音咸○【疏】注晉侯至狄地○正義曰凡諸侯聚會魯不與者皆據彼国云會于其地上盟于辰陵即其事也狄從諸夏序列亦然僖二十年齊人狄人盟于邢是也此異於彼而云晉侯會狄是狄在彼地晉往會之故傳說晉大夫欲召狄郤成子勸其勤是晉侯自往故以狄爲會主

成十五年會吳于鍾離襄十年會吳于柤其意與此同○冬十月楚人殺陳夏徵舒不言楚子而稱人討賊辭也疏注不言至辭也○正義曰討賊辭者言弒君之賊人人皆欲殺之作舉国共殺之文故不言楚子也襄二十七年衛殺其大夫甯喜亦是討賊但衛人自殺其臣故稱大夫徵舒非楚之臣不得言殺其大夫諸侯殺及執他国之臣皆不言其国大夫者以人臣卑賤故沒其爵號而空書名氏○丁亥楚子入陳楚子先殺徵舒而欲縣陳後得申叔時諫乃復封陳不有其地故書入在殺徵舒之後疏注楚子至之後○正義曰案傳楚子爲陳討夏氏亂遂入陳殺夏徵舒轘諸栗門此經先書殺夏徵舒後書入陳者據先後事實爲文故杜注云楚子先殺徵舒而欲縣陳後得申叔時諫乃復封陳不有其地故書入在殺徵舒之後是其事也刘炫云楚子入陳乃殺徵舒經先書殺徵舒後言入陳者以楚子本意止欲討賊無心滅陳及殺徵舒滅陳爲縣後得申叔時諫乃復封陳於例不有其地故云入陳傳言楚人既殺徵舒楚子乃復入陳納二子於陳入陳之文爲下納張本傳云書曰入陳納公孫寧儀行父于陳書有礼也入納連文是入爲納也昭八年楚師滅陳執公子招放于越

殺陳利與彼心欲滅陳此則王為討賊無心滅陳而復封之君子善其自悔故退入陳於下隱其縣陳之過君其不然當云楚子入陳殺夏徵舒如此則楚子本為入陳因入乃討陳賊則是惡楚子故書入在殺徵舒之後**納公孫寧儀行父于陳**二子淫昏亂人也君弒之後能外託楚以求報君之讎內結強援於國故楚莊得平步而討陳除弒君之賊於時陳成公播蕩於晉定公君之嗣靈公成喪賊討國復功足以補過故君子善楚復之○播補賀反蕩如字【疏】注二子至復之○正義曰二子與君淫昏致使君死國滅實罪人也今楚子入陳而納之乃是納罪人也例奪罪楚子而傳言書曰入陳納公孫寧儀行父于陳書有禮也既善楚子有禮則是恕彼之過故推迹其合恕之由言賊討國復是二子之力其功足以補過故君子善楚復之賈逵云二子不繫之陳絕於陳也惡其與君淫故絕之善楚有禮也案子糾蕩留皆不繫國自是例之常賈說非也釋例云賈氏依放穀梁云稱納者內難之辭納公孫寧儀行父于陳言書有禮不可言內難也陳縣而見復上下交惡二人雖有淫縱之闕今道楚臣陳賊討君葬威權方盛傳稱其禮理無所難此先儒說之不安也杜言於時陳成公播蕩於晉者此傳云陳侯在晉襄二十五年傳云夏氏

之亂成公播蕩是也

傳十一年春楚子伐鄭及櫟子良曰晉楚不務德而兵爭與其來者可也晉楚無信我焉得有信乃從楚夏楚盟于辰陵陳鄭服也傳言楚與晉狎主盟○狎户甲反爭爭鬭之爭焉於虔反夏楚盟本或作楚子○楚左尹子重侵宋子重公子嬰齊莊王弟王待諸郔郔楚地○郔音延○令尹蔿艾獵城沂艾獵孫叔敖也沂楚邑○艾五蓋反獵力涉反沂魚依反〔疏〕注艾獵孫叔敖○正義曰服虔亦云艾獵蔿賈之子孫叔敖也此下十二年云令尹蔿艾獵明年云令尹孫叔敖明一人也世本艾獵爲叔敖之兄相承多誤本不必然使封人慮事封人其時主築城者慮事謀慮計功○慮如字一音力於反廣雅云無慮都凡也〔疏〕注封人至計功○正義曰周禮封人凡封國封其四疆造都邑之封域者亦如之大司馬大役與慮

事受其要以待考而賞誅鄭玄云慮事者封人也於有役司馬與之慮賦丈尺與其用人數也是封人主造城邑計度人數此云使封人故云其時主築城者慮事者謀慮城築之事無則慮之說則計功也史書多有無慮之語皆謂揆度前事也

以授司徒司徒掌役量功命日命作日數分財用財用築作具平板幹幹楨也○幹古旦反亦作榦楨音貞【疏】注幹楨也○正義曰釋詁云楨榦也舍人曰楨正也築牆所立兩木也榦所以當牆兩邊鄣土者也彼楨爲榦故謂榦爲楨謂牆之兩頭立木也板在兩旁即鄣土者即此文榦也平板榦者等其高下使城齊也稱畚築量輕重畚盛土器○畚音本盛音成程土物爲作程限○爲于僞反又如字【疏】注稱畚築程土物○正義曰畚者盛土之器築者築土之杵司馬法輦車所載二築是也稱畚築者量其輕重均負土與築者使人力均程土物謂鍬鑺畚之屬爲作程限備謀也議遠邇均勞遠略基趾趾城足略行也○趾音止行下孟反具餱糧餱乾食也○餱音侯糧音良乾食如字一音嗣本或作乾飯度有司謀監主○度待各反監古銜反事三

旬而成十日為旬不愆于素不過素所慮之期也傳言叔敖之能使民○愆起虔反

○晉郤成子求成于衆狄衆狄疾赤狄之役

遂服于晉赤狄潞氏最強故服役衆狄○潞音路秋會于欑函衆

狄服也是行也諸大夫欲召狄郤成子曰吾

聞之非德莫如勤非勤何以求人能勤有繼

其從之也勤則功繼之詩曰文王既勤止詩頌文王勤以創業

○創初亮反文王猶勤況寡德乎○冬楚子為陳夏

氏亂故伐陳十年夏徵舒弒君○為于偽反謂陳人無動將討

於少西氏少西徵舒之祖子夏之名○少詩照反【疏】注少西至之名○正義曰孔以王父

字為氏徵舒以夏為氏知子夏是字少西是名言少西氏者氏猶家也言將討少西之家遂入陳殺

夏徵舒轘諸栗門轘車裂也栗門陳城門○轘音患因縣陳滅陳以爲楚縣陳侯在晉靈公子成公午申叔時使於齊反復命而退王使讓之曰夏徵舒爲不道弑其君寡人以諸侯討而戮之諸侯縣公皆慶寡人楚縣大夫皆僭稱公○使所吏反僭子念反【疏】以諸侯討而戮之○正義曰經無諸侯而云以諸侯討之諸侯皆慶者時有楚之屬國從行也十二年邲之戰經不書唐而傳云唐侯爲左拒昭十七年長岸之戰經不書隨而傳言使隨人守舟明此時亦有諸侯但爲楚私屬不以告耳女獨不慶寡人何故對曰猶可辭乎王曰可哉曰夏徵舒弑其君其罪大矣討而戮之君之義也抑人亦有言曰牽牛以蹊人之田抑辭也蹊徑也○女音汝蹊音兮徑古定反而奪之牛

牽牛以蹊者信有罪矣而奪之牛罰已重矣諸侯之從也曰討有罪也今縣陳貪其富也以討召諸侯而以貪歸之無乃不可乎王曰善哉吾未之聞也反之可乎對曰吾儕小人所謂取諸其懷而與之也（叔時謙言小人意淺謂譬如取人物於其懷而還之、為愈於、不還○儕仕皆反輩也）乃復封陳鄉取一入焉以歸謂之夏州（州鄉屬示討夏氏所獲也○復扶又反夏戶雅反）【疏】（謂之夏州○正義曰謂之夏州者討夏氏鄉取一人以歸楚而成一州故謂之夏州）故書曰楚子入陳納公孫寧儀行父于陳書有禮也（没其縣陳本意全以討亂存国為大善其復礼）

【疏】（注没其至復礼○正義曰言入陳納人為有礼也直言入陳納人是没其縣陳本意言陳国見存入而納此人

身是全以討亂存國爲文所以善其得禮厲之役鄭伯逃歸蓋在六年自是楚未得志焉鄭既受盟于辰陵又徼事于晉爲明年楚圍鄭傳十年鄭及楚平既無其事辰陵盟後鄭徼事晉又無端跡傳皆特發以明經也自厲之役鄭南北無屬故未得志九年楚子伐鄭不以黑壤與伐遠稱厲之役者志恨在厲役此皆傳上下相包通之義也○徼古堯反

疏注爲明至義也○正義曰十年鄭及楚平既無其事謂經無之也鄭徼事晉文無端跡亦謂經所無也傳若不發此語不知楚以何故明年忽然圍鄭爲此特發此傳以明後年圍鄭之經也自厲役以來鄭南北兩屬不專心於楚故楚未得志而明年圍之七年晉爲黑壤之會鄭伯在焉厲役在黑壤之前九年傳言楚子爲厲之役故伐鄭事在黑壤之後而彼傳不以黑壤與伐而遠稱厲之役者楚子之志所恨在於厲役逃歸不爲黑壤會晉故也上指厲下指辰陵中包黑壤比皆傳上下相包通之義也

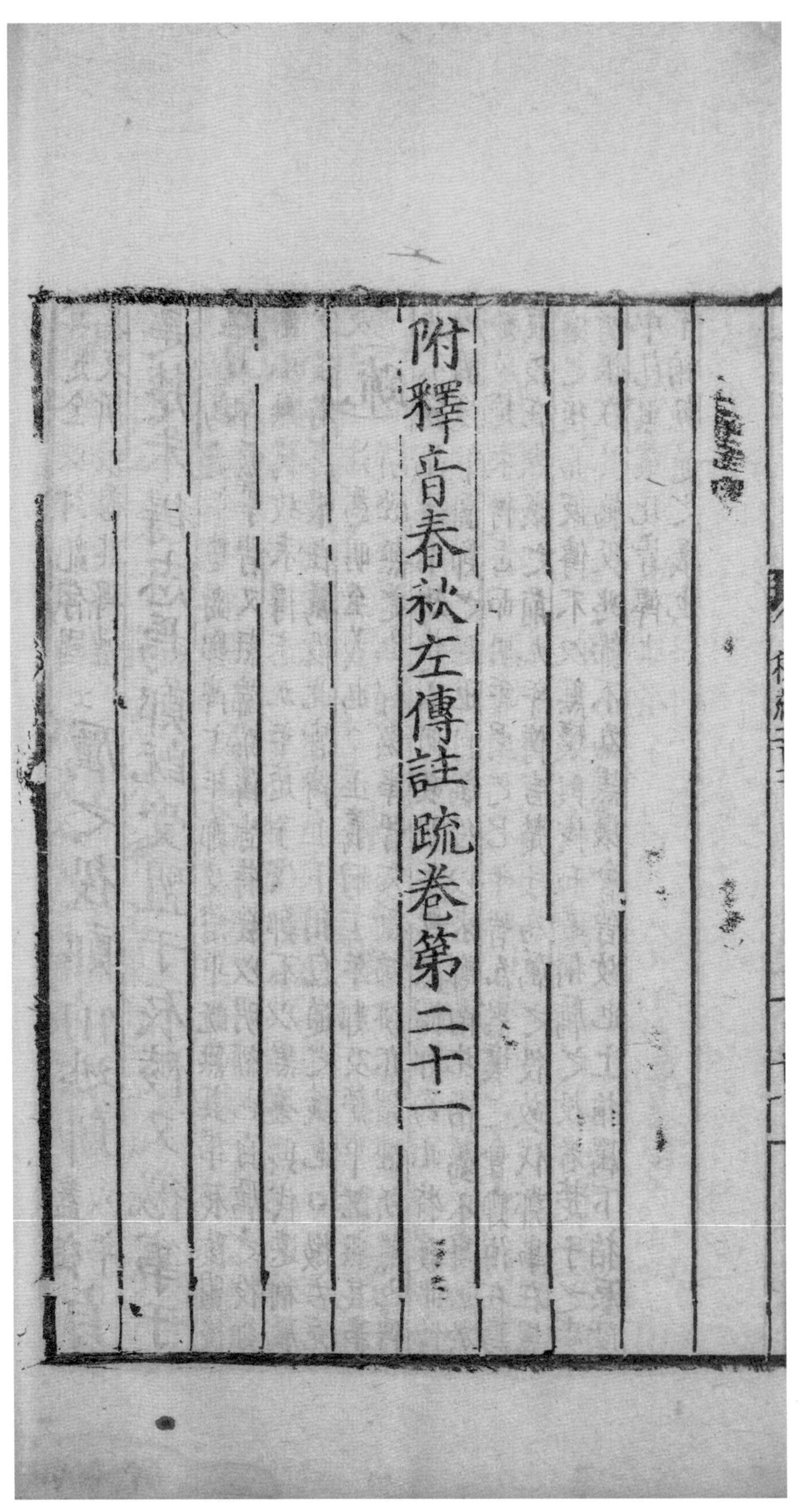

附釋音春秋左傳註疏卷第二十二

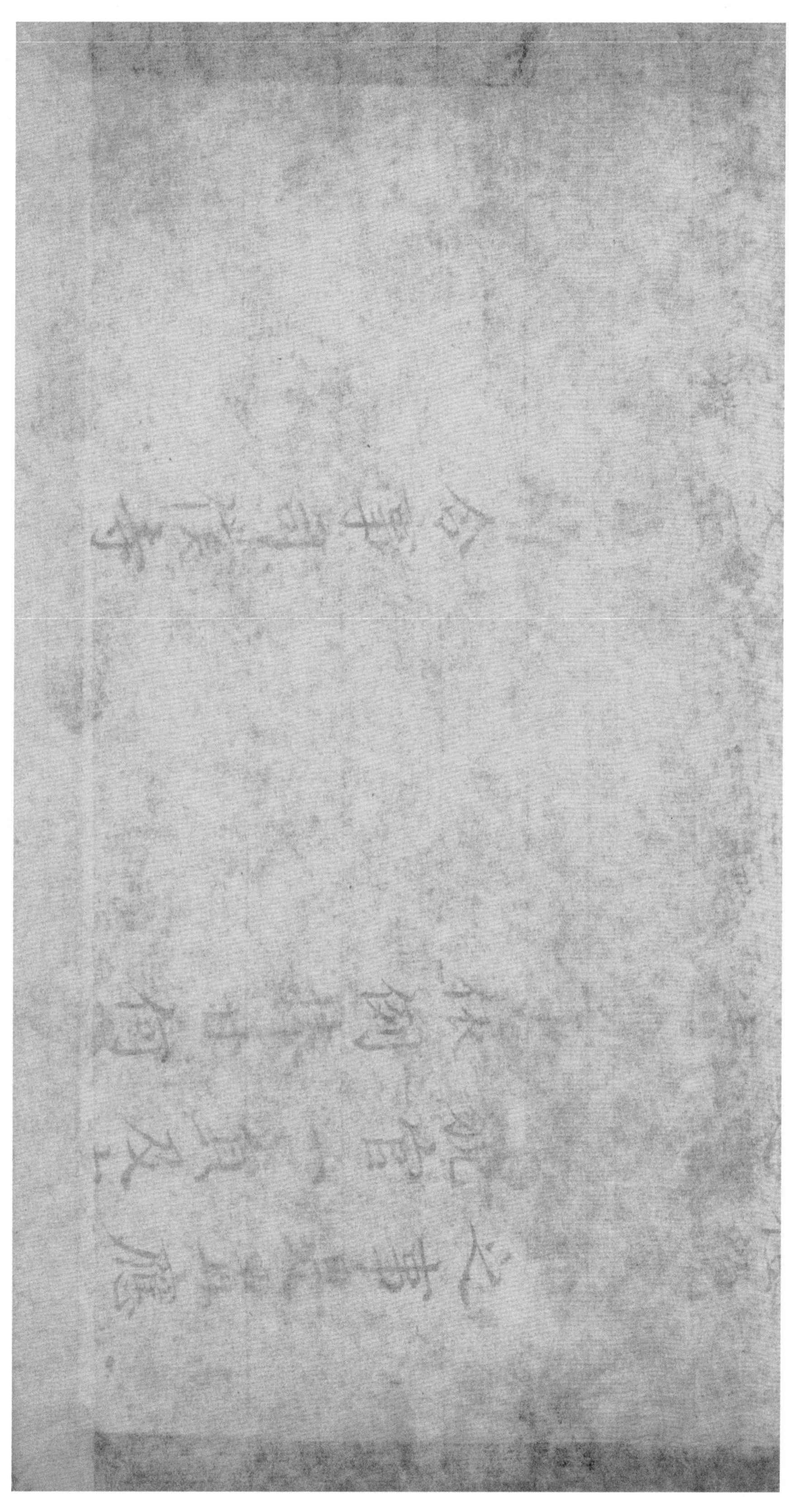

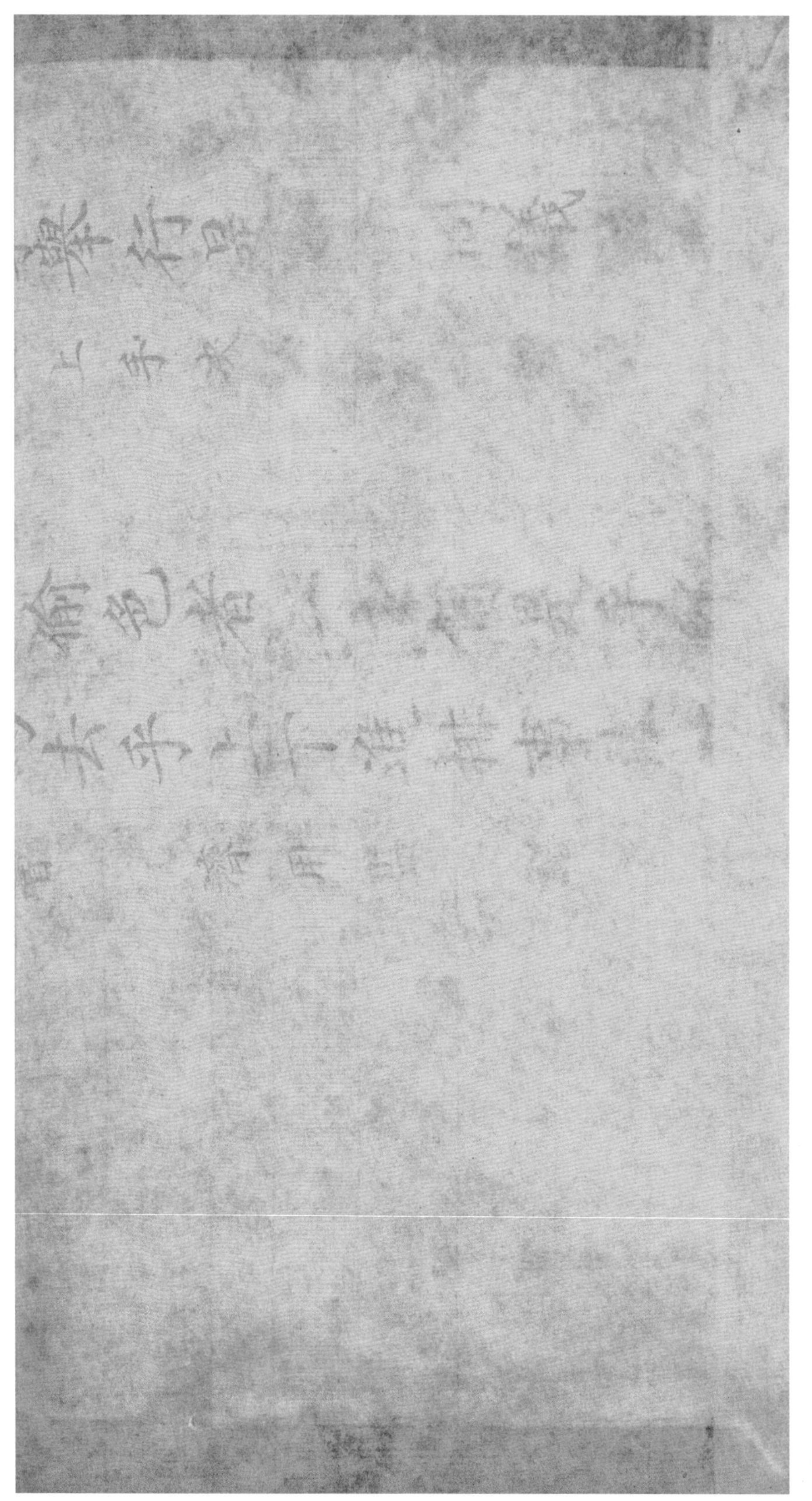

1005
東方文化學院京都研究所

附釋音春秋左傳註䟽卷第二十三　宣十二年

杜氏註　孔頴達䟽

經十有二年春葬陳靈公（無傳賊討國復二十二月然後得葬）○楚子圍鄭（前年盟辰陵而又徼事晉故○徼古堯反）○夏六月乙卯晉荀林父帥師及楚子戰于邲晉師敗績（晉上軍成陳故書戰邲鄭地○邲扶必反一音弼陳音直覲反）䟽注晉上至鄭地○正義曰此一軍成陳兩軍不成陳成陳者雖少以戰爲文案昭二十三年雞父之戰六國成陳而楚不成陳成陳者多而以敗爲文者六國雖衆楚爲主士楚既未陳故以獨敗爲文與此異也○秋七月○冬十有二月戊寅楚子滅蕭（蕭宋附庸國十二月無戊寅戊寅十一月九日）䟽注蕭宋至九日○正義曰莊十二年宋萬弑閔公蕭叔大心者宋蕭邑之大夫也平宋亂立桓公宋人嘉之以蕭邑封叔爲附庸莊二十三年蕭叔朝公是其事也

此年楚子滅蕭定十一年宋公之弟辰入于蕭以叛則此後
復爲宋邑也杜以長歷校之十二月無戊寅戊寅乃是十一
月九日此不言月誤長歷云日月必有誤者案得稱師定多
寒若是十一月則今之九月未是寒時當月是而日誤也

○經晉人宋人衛人曹人同盟于清丘晉衛背盟故大夫稱人宋華椒承羣僞之言以誤其國宋雖有守信之善而椒猶不免譏清丘衛地今在濮陽縣東南○背蒲對反下注同

疏注晉衛至東南○正義曰傳云盟曰恤病討貳陳貳於楚而宋伐之衛救陳不討貳也楚伐宋而晉衛不恤病也是晉衛背盟故貶其大夫而稱人曹是小國貶與不貶俱當稱人故不言曹也明年傳稱君子曰清丘之盟唯宋可以免則宋不違盟而亦貶宋卿者彼晉衛曹並皆僞妄華椒承羣僞之言以誤其國致使宋爲盟故伐陳衛人救之楚人討之伐陳怒楚彼伐無救宋雖有守信之善而椒猶不免譏者爲諸國失信而累及椒也晉衛不信乃在盟後非是心欲不信而妄作此盟當盟之時未有不信之狀在後違約不可豫知而亦并責椒者君子結交當擇善而從之所與不善必將敗德椒與不信約盟則是不信之黨雖獨守信并亦貶之戒後之人使擇交也

宋師伐陳衛

人救陳背清丘之盟

傳十二年春楚子圍鄭旬有七日鄭人卜行成不吉卜臨于大宮臨哭也大宮鄭祖廟。臨力鴆反下注同大宮音泰注同疏注臨哭至祖廟。○正義曰禮雜記客致含賵訖請臨襄十二年傳吳子壽夢卒臨于周廟鄭玄云臨哭也即廟也象其尊貌則謂之為廟言其當室則稱之為宮大宮宮之大者鄭祖廟者謂鄭大祖之廟也且巷出車吉出車於巷示將見遷不得安居國人大臨守陴者皆哭陴城上僻倪皆哭所以告楚窮也。○陴婢支反徐扶移反又辭普計反倪五計反疏注陴城上僻倪。○正義曰陴城上小牆俾倪者看視之名襄六年晏弱圍萊堙之環城傅於堞注云堞女牆也又二十五年吳子門于巢巢牛臣隱於短牆以射之二十七年盧蒲嫳攻崔氏崔氏堞其宮而守之注云堞短垣也陴堞俾倪短牆矩垣女牆皆一物也說文云陴城上女垣也廣雅云陴陴倪女牆也釋名云城上垣曰陴於其孔中俾倪非常亦言陴益也助城之高也或曰女牆言其卑小比之於城如女子之於丈夫也楚子退師鄭人脩城進復圍之三月克之哀其窮哭故爲退師而猶不服故復圍之九十日○復扶又反注同脩爲于僞反【疏】注哀其至十日○正義曰杜以三月克之謂圍經三月方始克之故云九十日也知非季春克之者下云六月晉師救鄭及河聞鄭既及楚平桓子欲還是將欲至河鄭猶未敗至河聞敗猶欲還師在國聞敗師必不發若是季春克之不應比至六月而晉人不聞以此知三月非季春也經傳皆言春圍鄭不知圍以何月爲始圍經旬有七日爲之退師聞其脩城乃復更進圍三月方始克之則從初以至於克凡經一百二十許日盡以三月始圍至六月乃克也入自皇門至于逵路塗方九軌曰逵○逵求龜反爾雅云九達謂之逵說文作馗云九達道似龜背故謂之馗逵或馗字鄭伯肉袒牽羊以逆肉袒牽羊示服爲臣僕○袒徒旱反曰孤不天不爲天所佑○佑音又不能事君使君懷怒以及敝邑孤之罪也敢不唯命是聽其俘諸江南以實海

濱，亦唯命。其翦以賜諸侯，使臣妾之，亦唯命。翦，削也。○俘，方夫反。因也。濱音賓。翦，子淺反。若惠顧前好，楚鄭世有盟誓之好。○好，呼報反，注同。徼福於厲、宣、桓、武，不泯其社稷，周厲王、宣王，鄭之所自出也。鄭桓公、武公，始封之賢君也。緊楚要福于此四君，使社稷不滅。泯，猶滅也。○厲宣，鄭桓公友，周厲王之子，宣王之母弟。桓武，鄭武公，名滑突，桓公之子。泯，彌忍反。緜，亡軫反。要，於遥反。【疏】注周厲至滅也。○正義曰：鄭桓公是周厲王之子，宣王母弟，又宣王封之，於僖二十四年及此，皆厲、宣並言之。桓公始封西鄭，武公始居東鄭，二公是始封之賢君。君其存鄭，則以君祐楚，故賴楚要福於此四君，使社稷不滅。泯，滅也，《釋詁》文。使改事君，夷於九縣，楚滅九国以為縣，願得比之。○九縣：莊十四年滅息，十六年滅鄧，僖五年滅弦，十二年滅黄，二十六年滅夔，文四年滅江，五年滅六、滅蓼，十六年滅庸。傳稱楚武王克權，使闘緍尹之，又稱文王縣申息，此十一国，不知何以言九。【疏】注楚滅至比之。○正義曰：楚滅諸国見於傳者，哀十七年稱文王縣申息，莊六年稱楚滅鄧，十八年稱武王克權，僖五年滅弦十二年滅黃二十六年滅夔文四年滅江五年滅六又滅蓼十六年滅庸凡十一國見於傳僖二十八年傳曰漢陽諸姬楚實盡之則楚之滅國多矣言九縣者申息定是其二餘不知所謂蘇氏沈氏以權是小國庸先屬楚自外為九非

君之惠也孤之願也非所敢望也敢布腹心君實圖之左右曰不可許也得國無赦王曰其君能下人必能信用其民矣庸可幾乎退三十里而許之平退一舍以礼鄭○下還椽反幾音冀【疏】庸可幾乎○正義曰庸用也幾讀爲冀言用可冀幸而得之乎何必滅其國潘尫入盟子良出質潘尫楚大夫子良鄭伯弟○尫烏黃反質音致○夏六月晉師救鄭荀林父將中軍代郤缺○將子匠反下及注並同下尹將將左將右皆放此先縠佐之彘季代林父○縠户木反本又作穀音同彘直例反【疏】注彘季代林父○正義曰服虔云食采於彘或當然也文十二年河曲之

戰荀林父佐中軍臾駢佐上軍欒盾將下軍自爾以來傳無其代知先縠代林父郤克代臾駢趙朔代欒盾也八年傳趙朔佐下軍知欒書代趙朔也案傳文皆稱彘子今注云彘季者劉譜亦以彘子彘季爲一人則杜君別有所據書傳殘缺不可得而知也劉炫云傳文皆稱彘子何以知是彘季以縠非彘季以規杜今知非者杜以子爲男子之稱季是幼小之辭季之與子是得通稱子路或爲季路韓非常謂之子論其字謂之季故公子友或稱季友而劉以傳唯稱彘子無彘季而規杜非也

士會將上軍（河曲之役郤缺將上軍宣八年代趙盾爲政將中軍士會代將上軍）郤克佐之（郤克之子代臾駢○臾滋朱反駢蒲邊反）趙朔將下軍（代欒盾）欒書佐之（欒盾之子代趙朔）趙括趙嬰齊爲中軍大夫（括嬰齊皆趙盾異母弟）鞏朔趙穿爲上軍大夫荀首趙同爲下軍大夫（荀首林父弟趙同趙嬰兄○鞏九勇反）韓厥爲司馬（韓萬玄孫）

【疏】注韓萬玄孫○正義曰韓世家云韓之先事晉得封韓原曰韓武子後三世有韓厥

世本云栢叔生子萬萬生求伯求伯生子輿子輿生獻子厥史記所云武子蓋韓萬也如彼二文厥是萬之曾孫而服虔杜預皆言厥韓萬玄孫不知何所據也及河聞鄭既及楚平桓子欲還曰無及於鄭而勦民焉用之栢子林父勦勞也○勦初交反徐又子小反焉於虔反楚歸而動不後動兵伐鄭隨武子曰善武子士會會聞用師觀釁而動釁罪也○釁許靳反服云間也【疏】注釁罪也○正義曰釁訓為罪者釁是間隙之名今人謂瓦裂龜裂皆為釁釁既有間隙故得為罪也德刑政事典禮不易不可敵也不為是征言征伐為有罪不為有礼○為于僞反注同【疏】德刑至是征○正義曰既言觀釁而動更説無釁之事德刑政事典礼此六事行之不變易者不可與之敵也聖王之制征伐者為有罪者耳不為是六事不易行征伐也此舉六事之目下文歷説楚不易六事以充之楚軍討鄭怒其貳而哀其卑叛而伐

之服而舍之德刑成矣伐叛刑也柔服德也
二者立矣昔歲入陳討徵舒今茲入鄭民不罷
勞君無怨讟讟謗也○罷音皮讟徒木反【疏】君無怨讟正義曰讟謗也政有常則民
不見怨國君無人怨無人謗讟以取怨刑呼鄭人謗子產是古有怨謗之也政有經矣經常荊
尸而舉荊楚也尸陳也楚武王始更為此陳法遂以為名○此陳直覲反下同商農工
賈不敗其業而卒乘輯和也睦步曰卒車曰乘○賈音古卒子忽反注同乘繩
證反注皆同輯音集又七入反【疏】商農至其業正義曰齊語云公曰成民之事若何管子對曰四民者勿使雜
處公曰處士工商農若何管子對曰昔聖王之處也處士就閒燕處工就官府處商就市井處農就田野彼四民謂士農
工商此數亦四無士而有賈者此武子意言舉兵動衆四者不敗其業發兵則以士從征不容復就閒燕故不云士而分
商賈為二行曰商坐曰賈雖同是販賣而行坐異業發兵征伐四者悉皆不廢故揔云不敗其業也事不奸

矣奸犯也。○奸音干蔿敖爲宰擇楚國之令典宰令尹蔿敖孫
叔敖。○蔿〔疏〕注宰令至叔敖　正義曰周禮六卿大宰爲
于委反長遂以宰爲上卿之號楚臣令尹爲長從
他國論之謂令尹爲宰楚國仍別有大宰之官但位任卑耳
傳稱大宰伯州犂是也楚國名上卿爲令尹者釋詁云令善
也釋言云尹正也言用善人正此官也
也楚官多以尹爲名皆取其正直也軍行右轅左追
蓐在車之右者挾轅爲戰備在左者追求草蓐爲宿備傳
曰令尹南轅又曰改乘轅楚陳以轅爲主○蓐音辱挾
胡牒反又古洽反一音古協反〔疏〕注在車至爲主　正義曰司馬法兵車一乘有甲士三人步卒七十二人甲士
在車又步卒從所言左右者分步卒爲左右也兵車一轅服
馬夾之所言挾轅者皆步卒被分左右者當軍行之時又分之
使在兩廂挾轅以爲戰備楚陳以轅爲主故以轅表車正是
挾車轅兵以備不虞也其隨在左者使之追求草蓐令離道
求草不近兵車也蓐謂臥止之草故云爲宿備也此是在道
時然故云軍行右轅左追蓐至於對陳之時則各在車之左
右故豫定左右之分在道分使之耳前茅慮無慮無如今軍行前有斥候蹹伏皆持以絳及白爲幡

見騎賊舉絳幡見步賊舉白幡備慮有無也茅明也或曰時楚以茅爲旌識○蹄徒臘反幡芳元反騎其寄反識申志反又音志

疏注慮無至旌識　正義曰茅明也在前者明爲思慮其所無之事恐其卒有非常當預告軍中兵衆使知而爲之備也如今軍行前當拄之時行軍有此法也前有斥候蹹伏者令人遠在軍前斥候候望慮有伏兵使蹹行之持以絳及白爲幡與軍人爲私號也曲禮曰前有水則載青旌前有塵埃則載鳴鳶前有車騎則載飛鴻前有士師則載虎皮前有摯獸則載貔貅其事與此見賊舉幡相似也茅明釋言文舍人曰茅昧之明也

中權後勁

中軍制謀後以精兵爲殿○勁吉政反殿丁練反

百官象物而動軍政不戒而備

物猶類也戒勑令

疏注物猶至勑令○正義曰類謂旌旗畫物類也百官尊卑不同所建各有其物象其所建之物而行動軍之政教不待約勑號令而自備辨也周禮大司馬中秋教治兵辨旗物之用王載大常諸侯載旂軍吏載旗師都載旜鄉遂載物郊野載旐百官載旟鄭玄云軍吏諸軍帥也師都遂大夫也鄉遂御大夫也或載旐或載物衆屬軍吏無所將也郊謂鄉遂之州長縣正以下野謂公邑大夫載旐者以其將羨卒也百官

卿大夫也載旜者以其屬衞士也凡旌旗有軍衆者畫異物無者帛而已是其尊卑所建各有物類也案春官司常職云及國之大閱贊司馬頒旗物王建大常諸侯建旂孤卿建旜大夫士建物師都建旗州里建旟縣鄙建旐道車載旞斿車建旌俱是周禮而所建不同者大司馬所云中秋教治兵之法司常所云中冬教大閱之法鄭玄云凡頒旗物以出軍之旗則如秋以尊卑之常建則如冬大閱備軍禮旌旗不如出軍時空辟實也是為時不同故所建異也云象物而動謂軍行之時當指治兵之法也

能用典矣其君之舉也內姓選於親外姓選於舊言親踈並用舉不失德賞不失勞老有加惠賜老則不計勞旅有施舍旅客來者施之以惠舍不勞役（疏）

其君至施舍　正義曰內姓謂內姓也其君之舉用人也於同姓則選之於親於外姓則選之於舊於親內選賢言唯賢是任不以親以舊便即用之所舉不失有德所賞不失有勞必有德乃舉有勞乃賞言不賞無勞不舉無德臣民年老有加增恩惠外來旅客有施舍常法以請羈旅之臣以其新來施以恩惠舍不勞役也○注賜老則不計勞　正義曰老有恩

惠當謂年老有加增恩惠不論有勞與無勞也劉炫云老者當有恩惠之賜非勞役之限但恩惠對賞賜之以之連賞下失勞之下故杜云賜老則不計勞劉炫以不計勞之文而規杜氏一何煩碎

君子小人物有服章尊卑別也○別彼列反

貴有常尊賤有等威威儀有等差○差初佳反又初宜反

疏注威儀有等差○正義曰言貴有常尊則當云賤有常卑而云賤有等威者以其賤者威儀有等差文兼貴賤節屬常尊於貴遂屬等威於賤使互相發明耳

禮不逆矣德立刑行政成事時典從禮順若之何敵之見可而進知難而退軍之善政也兼弱攻昧武之善經也昧昏亂經法也○昧音妹

疏注德立至敵之○正義曰此德若其不立刑威若其不行政以成就為上事以得時為善典從其從礼惡其逆故云德立刑行政成事時典從礼順各以善惡理相配為文皆不易之事既歷序此事乃云若之何敵之言上德刑政事典礼不易不可敵也

子姑整軍而經武乎姑且也猶

有弱而昧者何必楚仲虺有言曰取亂侮亡兼弱也仲虺湯左相薛之祖奚仲之後。○虺許鬼反侮亡呂反相息亮反（疏）注仲虺至之後。○正義曰取亂侮亡尚書仲虺之誥文也定元年傳薛宰曰薛之皇祖奚仲居薛以爲夏車正仲虺居薛以爲湯左相二人皆是薛祖是仲虺爲奚仲之後汋曰於鑠王師遵養時晦汋詩頌篇名鑠美也言美武王能遵天之道須暗昧惡積而後取之。○汋章略反於音烏鑠舒若反（疏）注汋詩至取之。○正義曰汋詩經無汋字序云言能汋先祖之道以養天下故以汋爲名焉鑠美釋詁文於歎辭也時是也晦昧也言於乎美哉武王之用師也能遵天之道養是闇昧之君待闇昧者惡積而後取之言遵天之道者上天誅紂之期未至武王靖以待之是其遵天之道也耆昧也耆致也致討於昧。○耆音旨徐其吏反甚也注及下同（疏）注耆致至於昧。○正義曰耆音指指致聲相近故爲致也致討於昧者言養之使時然後可討之上句云兼弱攻昧引仲虺之言以證兼弱引武王之事以證攻昧此不云攻昧而言耆昧者以汋詩之意言養紂而不言伐紂不得謂之攻昧故變詩之意

言致之於昧然後攻之　武曰無競惟烈武詩頌篇名烈業也言武王兼弱取昧故成無疆之業○疆居良反

疏注武詩至之業○正義曰烈業也釋詁文競彊也詩章言無彊明惟武王之功業言克商功業實爲彊也此引武詩承兼弱攻昧之下故杜以傳意解之言武王兼弱取昧故成此無彊之業此詩汋武二篇並無兼弱之事因傳上文連言之

撫弱耆昧以務烈所可也言當務從武王之功業撫而取之○以務烈所絕句

疏撫弱至可也○正義曰上言兼弱此云撫弱言其撫養而取之未必皆攻伐以求之也此撫弱即覆上仲虺有言兼弱也耆昧即覆上汋曰於鑠王師耆昧也以務烈所覆上武曰無競惟烈上會言之須敵處兼撫餘諸侯弱者致討諸侯昧者以務武王烈業之所可也

彘子曰不可彘子先穀晉所以霸師武臣力也今失諸侯不可謂力有敵而不從不可謂武由我失霸不如死且成師以出聞敵彊而退非夫也非丈夫命有軍師

而卒以非夫唯羣子能我弗爲也以中軍佐
濟佐彘子所帥也濟渡河○帥所類反下及注有帥元帥三帥同【疏】晉所至佐濟○正義曰言晉之所以
得爲霸王者由軍師之武羣臣有力以有武力成此霸功今
失諸侯不可謂之爲力見敵不能從不可謂之爲武命爲軍
帥若三軍將佐皆受君命爲軍之主帥以中軍佐濟謂一軍
之帥將佐分之各有所帥故注云佐彘子所帥也僖二十八
年晉臣以下軍之佐與此同也知莊子曰此師殆哉○莊子荀首○知音智【疏】
知莊子至大咎○正義曰莊子見彘子逆命必當有禍乃論
其事云此師之行甚危殆哉周易之書而有此事師之初六
變而爲臨初六爻辭云軍師之出當須以法若不善則致兇
以既引易文以人從律令者師出乃以律從人則有不臧之
以爻覆解不臧之義云執事上下相順和成則爲臧若相違
逆則爲不臧既釋不臧之事又釋以律之意故爲衆今變爲
兌兌爲柔弱是衆散爲弱故爲川今變爲兌兌爲澤是川壅
爲澤故爲法象今爲衆則弱爲川則壅是法律敗壞從人之
象故曰律否臧以釋易文律否臧之義否臧易注云爲師之
始齊師者也齊衆以律失律則散故師出以律律不可失失

律而臧何異於否失今有功法所不赦故師出不以律否臧皆凶否臧既竟又釋凶之一字故云由律竭言法律竭盡也川水當盈而以竭盡自又被夭塞不得整流似法當嚴整而以破壞彼人違逆不得施行所以致此凶禍解釋凶義既了以盡易意然後論彘子之惡當此初六之禍故云水之不行是謂臨矣彘子有師不從欲論不行之臨事誰甚於彘子周易所言是彘子之謂若能違命前敵於事猶可若果敢遇敵必致禍敗也此禍敗之事彘子主受之辭右敵免死而歸以六爲咎也師以坎爲水坤爲衆衆行如水師出之象故名其卦爲師服虔云坎爲水坤爲衆又互體震震爲雷雷鼓類又爲長子長子帥衆鳴鼓巡水而行行師之象也臨兌爲澤坤爲地澤地而俯視於澤臨下之義故名爲臨

周易有之在師䷆坎下坤上師之臨䷒兌下坤上臨師初六變而之臨曰師出以律否臧凶此師卦初六爻辭律法否不也○臧子郎反執事順成爲臧逆爲否今彘子逆命不順成故應否臧之凶○應應對之應衆散爲弱坎爲衆今變爲兌兌柔弱【疏】注坎爲至柔弱○正義曰晉語文公筮尚有晉國司空季子占之曰震雷

也車也坎水也衆也王雷與車而尚水與衆是坎爲衆也易說卦兌爲少女故爲柔弱衆則彊散則弱坎變爲兌是衆散爲弱也川壅爲澤坎爲川今變爲兌兌爲澤是川見壅○壅於勇反本又作雍注皆同疏注坎爲至見壅○正義曰說卦坎爲溝瀆溝瀆即是川也說卦兌爲澤川是流水今變爲澤是川見壅也有律以如已也如從也法行則人從法法敗則法從人坎爲法象今爲衆則散爲川則壅是失法之用從人之象疏注如從至之象○正義曰釋詁云如往也往是相從之義故訓爲從也法行則人從之率人以從法也法敗則法從人人各有心乘法不用法從人也釋言云坎律銓也樊光曰坎卦水也水性平律亦平銓亦平也郭璞曰易坎卦主法法律皆所以銓量輕重是坎爲法象也今坎變爲兌爲衆則散而爲弱爲川則壅而爲澤是失法之所用法敗從人之象也故曰律否臧且律竭也竭敗也坎變爲兌是法敗疏注竭敗至法敗○正義曰竭是水涸之名坎爲水爲法水之竭以法之敗故云竭敗也坎變爲兌則爲水不流則爲法不行失爲坎之用是法敗之象盈而以竭夭且不整所以凶也水遇夭塞

不得整流則竭涸也○夭於表反【疏】注水遇至涸也○正義曰哀九年傳曰如川之滿不可游也水當盈川而以壅故竭是水遇夭塞不得整流則竭涸也夭遇是壅塞之義故云遇夭塞也

不行之謂臨水變為澤乃成臨卦澤不行之物

有帥而不從臨孰甚焉此之謂矣譬彘子之違命亦不可行

果遇必敗遇敵彘子尸之主此禍

【疏】注主此禍○正義曰釋言訓尸為主故云主此禍也服虔亦云尸主也又引易師卦六五長子帥師弟子輿尸凶長子帥師以中行也弟子輿尸使不當也佐之於元帥弟子也而專以師濟使不當也軍必破敗而輿尸棄下句云雖免而歸則謂彘子當在陳而死師卦有輿尸之語且言尸之或容有此意但尸字不可兩解故杜略去之

雖免而歸必有大咎為明年晉殺先縠傳○咎其九反

韓獻子謂桓子獻子韓厥曰彘子以偏師陷子罪大矣子為元師師不用命誰之罪也失屬亡師為罪已重不如

進也〔今鄭屬楚故曰失屬亡敵于以偏師陷敵曰亡師○令力呈反〕事之不捷惡有

所分〔捷成也〕與其專罪六人同之不猶愈乎〔三軍皆敗則六卿同罪不得獨責元帥〕師遂濟楚子北師次於郔〔郔鄭北地○郔音筵〕

沈尹將中軍〔沈或作寢寢縣也今汝陰固始縣○沈音審〕䟽〔注沈或至始縣○正義曰楚官多名爲尹沈者或是邑名而其字或作寢哀十八年有寢尹吳由于因解寢爲縣名不言寢是而沈非也〕子

重將左子反將右將飲馬於河而歸〔子反公子側○飲於鴆反〕聞晉師既濟王欲還嬖人伍參欲戰〔參伍奢之祖父〕

〔○嬖必計反徐甫詣反字林方鼓反參七南反〕令尹叔孫敖弗欲曰昔歲

入陳今茲入鄭不無事矣戰而不捷參之肉

其足食乎參曰若事之捷孫叔爲無謀矣不

捷，參之肉將在晉軍，可得食乎？令尹南轅反

旆。迴車南鄉，旆軍前大旗。○旆，蒲貝反。鄉本又作嚮，同，許亮反。伍參言於王曰：

晉之從政者新，未能行令。其佐先縠剛愎不

仁，未肯用命。愎，恨也。○愎，皮逼反。很，胡懇反。其三帥者專行不

獲，欲專其所行而不得。聽而無上，衆誰適從？聽三子趙同、趙括、趙旃為重

无上令，衆不知所從。○適，丁歷反。此行也，晉師必敗。且君而逃臣，

若社稷何？王病之，告令尹改乘轅而北之，次

于管以待之。晉師在敖、鄗之間。滎陽京縣東北有管城。敖、鄗二

山在滎陽縣西北。○乘，繩證反。管，古緩反。管城，管叔所封也。本或作菅，古顏反，非也。敖，五刀反。鄗，苦交反。疏次于

管。○正義曰：土地名：滎陽京縣東北有管城，古管國也。鄭皇戌使如晉師曰：

鄭之從楚社稷之故也未有貳心楚師驟勝而驕其師老矣而不設備子擊之鄭師爲承承繼也。皇戌雖律反使所吏反驟仕救反楚師必敗彘子曰敗楚服鄭於此在矣必許之欒武子曰武子欒書。敗必邁反。楚自克庸以來在文十六年其君無日不討國人而訓之討治也于民生之不易禍至之無日戒懼之不可以怠易以豉反下同也。在軍無日不討軍實而申儆之軍實軍器。儆敬領反于勝之不可保紂之百克而卒無後訓之以若敖蚡冒篳路藍縷以啓山林若敖蚡冒皆楚之先君篳路柴車藍縷敝衣言此二君勤儉以啓土。紂直九反蚡扶粉反冒莫報反篳

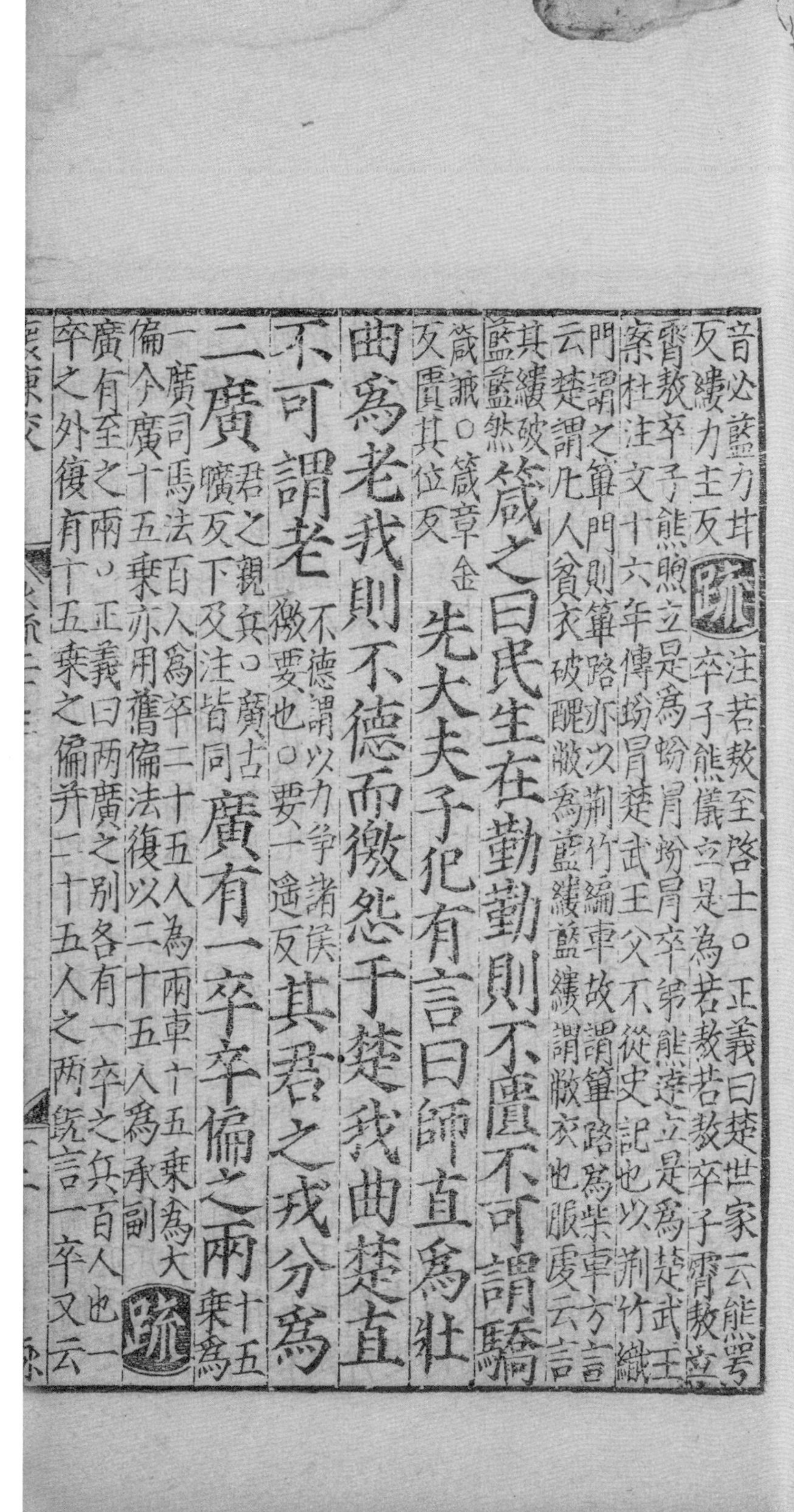
音必藍力甘反縷力主反【疏】注若敖至啓土○正義曰楚世家云熊咢
卒子熊儀立是為若敖若敖卒子霄敖立
霄敖卒子熊眴立是為蚡冒蚡冒卒弟熊達立是為楚武王
案杜注文十六年傳蚡冒楚武王父不從史記也以荆竹織
門謂之篳門則篳路亦以荆竹編車故謂篳路為柴車方言
云楚謂凡人貧衣破醜敝為藍縷藍縷謂敝衣也服虔云言
其縷破藍藍然箴之曰民生在勤勤則不匱不可謂驕
箴諫○箴章金反匱其位反先大夫子犯有言曰師直為壯
曲為老我則不德而徼怨于楚我曲楚直
不可謂老不德謂以力爭諸侯徼要也○要一遥反其君之戎分為
二廣君之親兵○廣古曠反下及注皆同廣有一卒卒偏之兩十五乘為
一廣司馬法百人為卒二十五人為兩車十五乘為大
偏今廣十五乘亦用舊偏法復以二十五人為承副【疏】
廣有至之兩○正義曰兩廣之別各有一卒之兵百人也一
卒之外復有十五乘之偏并二十五人之兩既言一卒又云

卒偏之兩言卒之者成辭婉句耳或解云兩屬於偏云偏之兩者謂偏家之兩知不然若案成七年以兩之一卒亦云之字豈又是兩家之卒且杜注云十五乘爲大偏今楚亦用舊偏法此一廣之中實有此偏非是偏名爲兩而出一卒别復有偏之一兩二十五人從之劉炫云兩廣之别各有一卒百人一卒外復有偏一兩二十五人兵法十五乘爲偏偏有一兩從之兩是偏家之物故謂此爲偏之兩其實一廣十五乘有一百二十五人從之○注十五至承副○正義曰下云楚子爲乘廣三十乘分爲左右知十五乘爲一廣也史記稱齊景公時有司馬田穰苴善用兵至六國時齊威王使大夫追論古者司馬兵法附穰苴於其中凡二百五十篇號曰司馬法百人爲卒二十五人爲兩十五卒爲偏皆司馬法之文百人爲卒二十五人爲兩周禮亦有此文但周禮無偏故杜并引司馬法耳此云大偏對成七年九乘爲小偏故此爲大偏也桓五年二十五乘爲偏戰時臨陳所用不同不可與此相對爲大小杜注多少皆望文也言亦用舊偏法者謂楚雖荆尸而舉仍用舊偏舊於穰苴前已有則應周禮有又但以亡沒者多故禮文不具

右廣初駕數及日中左則受之以至于昏內官序當其夜

內官近官序次也○序當其夜一本作序當其次疏注廣至其夜○正義曰若廣雞鳴初駕數及日中則左廣受而代之以至於昏此晝日事也其内官親近王者爲次序以當其夜若今宿直遞持更也以待不虞不可謂無備子良鄭之良也師叔楚之崇也師叔潘尫爲楚人所崇貴師叔入盟子良在楚楚鄭親矣來勸我戰我克則來不克遂往以我卜也鄭不可從趙括趙同曰率師以來唯敵是求克敵得屬又何俟必從彘子得屬服鄭疏以我卜也○正義曰將成晉戰之勝負卜其吉遂來不遂往猶人揲蓍者卦善而從而卜其吉之與往也知季曰原屏咎之徒也知季莊子也原趙同屏趙括從黨也○知季音智荀首後爲智氏屏步丁反趙莊子曰欒伯善哉莊子趙朔欒伯武子實其言必長晉國實猶充也言欒

宣十二

書之身行能充此言則當親晉國之政也○長丁丈反下子孟反楚少宰如晉師少宰官名○少詩照反注及下同曰寡君少遭閔凶不能文閔憂也聞

二先君之出入此行也二先君楚成王穆王【疏】注二先至穆王○正義曰莊十六年楚始伐鄭文王之世也二十八年子元伐鄭成王之初也僖五年首止之會鄭伯逃歸自是以後鄭始時復叛楚成王以前鄭常屬楚故出入此行唯成穆耳今之莊王成王孫穆王子出入此行猶往來於鄭將鄭是

訓定豈敢求罪于晉二三子無淹久淹留也隨季對曰昔平王命我先君文侯曰與鄭夾輔周室毋廢王命今鄭不率率遵也○夾古洽反舊古協反毋音無寡君使羣臣問諸鄭豈敢辱候人候人謂伺候望敵者○候音户豆反伺音司又音息嗣反敢拜君命之辱彘子以爲諂使趙括

從而更之曰行人失辭言誤對。謟勑檢反○寡君使羣臣遷大國之迹於鄭遷徙也曰無辟敵羣臣無所逃命楚子又使求成于晉晉人許之盟有日矣有期日楚許伯御樂伯攝叔爲右以致晉師單車挑戰又示不欲崇和以疑晉之羣帥○單音丹挑徒了反下文同帥所類反【疏】注單車至羣帥○正義曰周禮環人掌致師鄭玄云致師致其必戰之志則致師者致已欲戰之意於敵人故單車揚威武以挑之下云趙旃請挑戰是也挑彼晉師故言以致晉師也楚子既求成而又令挑戰示其不欲崇和以疑誤晉之羣帥許伯曰吾聞致師者御靡旌摩壘而還靡旌驅疾也摩近也○摩末多反壘力軌反近附近之近樂伯曰吾聞致師者左射以菆左車左也菆矢之善者○射食亦反下注音同菆側留反【疏】注左車至善者○正義曰兵車自非元帥皆射者在左御在中央故云左車左樂伯居左故稱左也下云莊子抽矢菆納諸廚子之房是射矢而留之知菆是矢之善者代御執轡御下兩馬掉鞅而還兩飾也掉正也示閒暇○兩馬徐云或作輛皆力掌反又式亮反掉徒弔反徐乃較反鞅於丈反閒音閑【疏】注兩飾至閒暇○正義曰兩飾掉正皆無明訓服虔亦云是相傳為然也飾馬者謂隨宜刷刮馬又正其鞅以示閒暇攝叔曰吾聞致師者右入壘折馘折馘斷耳○折之設反注同馘古獲反斷音短執俘而還皆行其所聞而復晉人逐之左右角之張兩角從旁夾攻之樂伯左射馬而右射人角不能進矢一而已麋興於前射麋麗龜麗著也龜背之隆高當心○麋亡悲反著直略反【疏】注麗著至心者○正義曰易離卦彖云離麗也日月麗乎天百穀草木麗乎土是麗為著之義龜之形背高而前後下此射麋麗龜謂著其高處故杜以龜為背之隆高當心者服虔亦然近相傳為此說也晉鮑癸

當其後使攝叔奉麋獻焉曰以歲之非時獻禽之未至敢膳諸從者鮑癸止之曰其左善射其右有辭君子也既免止不復逐。○從，才用反，下從者同。（疏）以歲至從者。○正義曰：周礼獸人冬獻狼，夏獻麋，春秋獻獸物者，謂獻之以共王之膳耳，非能徧及於百官也。礼冬獵曰狩，言圍守而取之，獲禽多也。於時貴人所獻，或須及麋，是時獻，言歲之非時，獻獸之未至，以爲語之亂耳。晉魏錡求公族未得○錡，魏犨子，欲爲公族大夫。○錡，魚綺反。犨，尺周反。（疏）注錡魏犨子。○正義曰：服虔亦以爲犨子，世本以爲犨孫，世本多誤，未必然也。而怒欲敗晉師請致師弗許請使許之遂往請戰而還楚潘黨逐之及熒澤見六麋射一麋以顧獻曰子有軍事獸人無乃不給於鮮敢獻於從者熒澤在滎陽縣東。新殺

爲鮮克以得一言其不如楚。敗必邁反又如字麋亡悲反熒戶扃反射食亦反鮮音仙注同叔黨命去之叔黨潘黨潘尫之子趙旃求卿未得旃趙穿子且怒於失楚之致師者請挑戰弗許請召盟許之與魏錡皆命而往郤獻子曰二憾往矣獻子郤克。憾胡暗反弗備必敗彘子曰鄭人勸戰弗敢從也楚人求成弗能好也師無成命多備何爲士季曰備之善若二子怒楚楚人乘我喪師無日矣乘繩證反。好呼報反下同喪息浪反不如備之楚之無惡除備而盟何損於好若以惡來有備不敗且雖諸侯相見軍衛不徹警也徹去也。警居景去起呂反彘子不可不肯設備士季使鞏朔韓穿帥七覆于敖前帥將也覆為伏兵七處○覆扶又反注同帥如字將子匠反處昌慮反故上軍不敗趙嬰齊使其徒先具舟于河故敗而先濟潘黨既逐魏錡言魏錡見逐而退趙旃夜至於楚軍二人雖俱受命而行不能相隨趙旃在後至席於軍門之外使其徒入之布席坐示無所畏也疏使其徒入之○正義曰使己從人入壘以服停識也楚子為乘廣三十乘分為左右右廣雞鳴而駕日中而說說舍也○乘繩證反下三十乘十乘并注皆同說舒銳反注及下同左則受之日入而說許偃御右廣養由基為右彭名御左廣屈蕩為右楚王更迭載之故各有御右○屈居勿反更音庚迭田結反乙卯王乘左廣以逐趙旃趙

旆弃車而走林屈蕩搏之得其甲裳下曰裳。搏音博

晉人懼二子之怒楚師也使軘車逆之軘車兵車名。軘徒溫反〔疏〕注軘車兵車名。正義曰襄二十四年鄭人賂晉侯以廣車軘車淳十五乘甲兵備凡兵車百乘是軘車爲兵車明矣鄭玄云廣車横車之車服虔云軘車屯守之車名難得而知其義或當然矣潘黨望其塵

使騁而告曰晉師至矣楚人亦懼王之入晉軍也遂出陳孫叔曰進之寧我薄人無人薄我詩云元戎十乘以先啓行先人也元戎戎車在前也詩小雅言王者軍行必有戎車十乘在前開道先人爲備。騁勑景反陳直覲反下注皆同先人悉薦反注及下同〔疏〕注元戎至爲備。正義曰元大也戎戎車也詩小雅六月之篇言王者軍行必有大車十乘常在軍前以開道諸軍從行所以先人爲備也詩毛傳云夏后氏曰鉤車先正也殷曰寅車先疾也周曰元戎先良也三代行軍皆前有此車其名同焉

淺之文也其先正先疾先良毛解其名鄭玄又釋其意鉤車備謂鉤鞶其行曲直有正故曰先正寅進也此車能進取遠道故曰先疾元戎大軍之善者故曰先良也軍志曰先人有奪人之心薄之也奪敵戰心遂疾進師車馳卒奔乘晉軍桓子不知所爲鼓於軍中曰先濟者有賞中軍下軍爭舟舟中之指可掬也兩手曰掬○卒子忽反下及注並同掬九六反晉師右移上軍未動言餘軍皆移去唯上軍在經所以書戰言猶有陳

（疏）晉師至未動○正義曰晉之三軍上軍在左中軍在中下軍在右言晉之中軍下軍敗走在上軍之右者皆移唯上軍未動故杜云餘軍皆移去唯上軍在

工尹齊將右拒卒以逐下軍工尹齊楚大夫右拒陳名○拒音矩本亦作矩下同楚子使唐狡與蔡鳩居告唐惠侯二子楚大夫唐屬楚之小国義陽安昌縣東南有上唐鄉○狡古卯反

（疏）告唐惠侯

○正義曰此未戰之前告經不書唐侯者為楚私屬故不見也曰不穀不德而貪以遇大敵不穀之罪也然楚不克君之羞也敢藉君靈以濟楚師藉猶假借也使潘黨率游闕四十乘游車補闕者○乘繩證反下之乘并注易乘同（疏）注游車補闕者○正義曰周禮車僕有闕車之倅鄭玄云闕車所用補闕之車也此言游闕知游車以擬補闕令使從唐侯是補闕也從唐侯以為左拒以從上軍駒伯曰待諸乎駒伯郤克上軍佐也隨季曰楚師方壯若萃於我吾師必盡萃聚也○萃似醉反不如收而去之分謗生民不亦可乎同奔為分謗不戰為生民殿其卒而退不敗以其所將卒為軍後殿○殿多練反注同王見右廣將從之乘屈蕩尸之曰君以此始亦必以

終尸止軍中易乘則恐軍人惑　自是楚之乘廣先左以乘左得勝故

疏注以乘左得勝故。○正義曰：桓八年傳云楚人尚左君必左者謂置車尚左故君在左此言先左謂乘廣先左耳上文旣云右廣初駕日中乃授左廣則雞鳴以先乘右廣今楚王偶然乘左廣以逐趙旃因是而得戰勝以為宜乘左廣自是以後乘廣先左以乘左得勝故也

晉人或以廣隊不能進廣兵車。隊直類反

疏注廣兵車。○正義曰：襄十一年鄭人賂晉侯以廣車守四乘是皇以乘廣親是兵車稱廣也此言晉人廣隊下云拔旆投衡軍行則旆在軍前不是車皆有旆也此蓋是晉人在軍之前載旆之車

楚人惎之脫扃惎教也扃車上兵闌。○惎其器反扃古熒反徐公冥反服云扃橫木校輪間一曰車前橫木也西京賦云旗不脫扃薛綜云扃所以止旗也

疏注惎教至兵闌。○正義曰：脫扃拔旆皆是教人之語知惎為教也服虔云扃橫木有橫木投於輪間一曰扃車前橫木張衡西京賦云旗不脫扃薛綜注云扃所以止旗今杜以扃為車上兵闌名以意言皆無明證而禮扛鼎之木其名曰扃則扃是橫木之名數之脫扃則扃是可脫之物杜云兵闌蓋橫木車前以約

車上之兵器慮其落也隊坑則橫木有礙故不能進少進馬還又惎之拔旆投衡乃出還便旋不進遂旆大旗也拔旆投衡使不帆風差輕○帆凡劍反本又作帆普劒反差初賣反【疏】注還便至差輕○正義曰旆扇風重故馬便旋而不能進釋天云緇廣充幅長尋曰旐繼旐曰旆郭璞曰帛續旐末為燕尾者此旆能扇風使重令馬不能進則其制必大矣彼云旆大旗也蓋據漢之設言以旆之左旃說之類也旆縣於竿插之車上衡是馬頸上橫木故拔取旗竿投於衡上臥之使不帆風則少差輕故得出坑也帆是扇風之名今人船上張布以鄭風名之曰帆顧曰吾不如大國之數奔也趙旃以其良馬二濟其兄與叔父以他馬反遇敵不能去棄車而走林逢大夫與其二子乘逢氏○數所角反乘繩證反謂其二子無顧不欲見趙旃顧曰趙傁在後傁老稱也○傁素口反稱尺證反怒之使下指木曰尸女

於是授趙旃綏以免明日以表尸之表所持木取其尸○女音汝皆重獲在木下兄弟累尸而死○重直龍反【疏】注兄弟累尸而死○正義曰獲者被殺之名並皆被殺推當言皆獲耳以見尸相重累之皆獲故杜辯之云兄弟累尸而死累即傳之重也楚熊負羈囚知罃知莊子以其族反之熊負羈楚大夫知罃知莊子之子族家兵反還戰○罃於耕反還音環廚武子御武子魏錡○廚直誅反下軍之士多從之知莊子下軍大夫故每射抽矢菆納諸廚子之房抽擢也菆好箭房箭舍○射食夜反又食亦反擢直角反廚子怒曰非子之求而蒲之愛蒲楊柳可以為箭董澤之蒲可勝既乎董澤澤名河東聞喜縣東北有董池陂既盡也○勝音升陂彼宜反【疏】可勝既乎○正義曰重物不可舉者謂之不勝用之不可盡者亦言不勝史傳多有其事今人無復此語故少難解耳既盡也可勝盡乎言用之不可盡

也知季曰不以人子吾子其可得乎吾不可以苟射故也射連尹襄老獲之遂載其尸射公子穀臣因之以二者還穀臣楚王子。還射食亦反下同。疏不以至故也○正義曰言我不以好箭射楚貴人之子而質之吾之子其可得乎吾爲此計者不可用惡箭苟且爲射故也

及昏楚師軍於邲晉之餘師不能軍不能成營也宵濟亦終夜有聲言其兵衆將不能用。○將子匠反丙辰楚重至於邲重輜重也○重直勇反又直用反注邲上重字同輜側其反重也直用反疏注重輜重也○正義曰輜重載物之車也說文云輜一名軿前後蔽也蔽則後以載物謂之輜車載物必重謂之重車人挽以行謂之輦輜重輦一物也襄十年傳稱秦堇父輦重如役挽此車也輜重載器物粮食常在軍後故乙卯日戰丙辰始至於邲也周礼鄉師大軍旅會同正治其徒役與其輂輦鄭玄云輂加駕馬輦以輓行所以載任器也止以爲蕃營司馬法曰夏后氏謂

輂曰余車般曰胡奴車周曰輜輦輦一斧一斤一鑿一梩一鉏周輦加二版二築又曰夏后氏二十人而輦殷十八人而輂周十五人而輦說者以為夏出師不踰時殷踰時周歷時故前世輦少而後世輦多遂次于衡雍潘黨曰君盍築武軍築軍營以章武功○雍於用反盍戶臘反而收晉尸以為京觀積尸封土其上謂之京觀○觀古亂反注及下京觀同臣聞克敵必示子孫以無忘武功楚子曰非爾所知也夫文止戈為武文字武王克商作頌曰載戢干戈載櫜弓矢戢藏也櫜韜也詩美武王能誅滅暴亂而息兵○戢側立反櫜古刀反韜他刀反我求懿德肆于時夏允王保之肆遂也夏大也言武王既息兵又能求美德故遂大而信王保天下○夏戶雅反注同疏武王至保之○正義曰昔武王克商周公為之作頌曰武王誅紂之後則戢藏其干戈則櫜韜其弓矢言既誅暴亂則無復所用故韜藏之懿美也

肆遂也時是也夏大也允信也武王以天下既定又能求美
德之士而任用之故於是功業遂大信哉唯我武王保之美
武王能保天下也○注戢藏至息兵○正義曰戢訓爲斂聚
斂藏之義故爲藏也櫜一名韜盛弓矢之衣也干戈弓矢藏
而不復用是美武王能誅滅暴亂而息兵也此所引者周頌
時邁之篇也詩頌云頌者以其成功告於神明則頌詩功成
乃成乃作此傳言武王克商作頌者武王克商後世追爲作
頌頌其克商之功非克商之作也國語引此云周文公之頌
曰則此周公所作也傳言克商作頌者包下三篇皆述武王
之事○注肆遂至天下○正義曰肆之爲遂遂相傳爲此訓也
夏大釋詁文求美德謂求而任用之遂大者功業遂大也又作武其卒章曰耆定
爾功武頌篇名耆致也言武王誅紂致定其功○耆音旨注同【疏】又作至爾功○正義曰既作時邁又
作武篇也頌皆一章言其卒章者謂終章之句也言武王誅紂致定爾武之大功也其三曰鋪時
繹思我徂維求定其三三篇鋪布也繹陳也時是也思辭也頌美武王能布政陳教使
天下歸往求安定○鋪普吳反徐音敷繹音亦【疏】其三至求定○正義曰其三周頌賚之篇也鋪布也繹陳也徂

徂也言武王能布陳政教故其時之民歸武王者皆云我徂惟以求安定矣武王能安民故民歸之也○注其三至安定○正義曰鋪是布散之義故為布也繹陳釋詁文思是語之辭不為義也**其六曰綏萬邦屢豐年**其六六篇綏安也屢數也言武王既安天下數致豐年此三六之數與今詩頌篇次不同蓋楚樂歌之次第○屢力住反注同數所角反下數致同【疏】其六曰至豐年○正義曰其六周頌桓之篇也綏安也屢數也言武王伐紂安天下萬國數有豐熟之年矣武王能和衆國豐民財也○注其六六篇至次第○正義曰綏安釋詁文屢數常訓也杜以其三其六與今詩頌篇次不同故為疑辭蓋楚樂歌之第言楚之樂人歌周頌者別無次第故賚第三桓第六也劉炫以為其三其六者是楚子第三引鋪時繹思第六引綏萬邦今刪定知非者此傳若是舊文及傳家叙事容可言楚子第三引鋪時繹思第六引綏萬邦此既引楚子之言明知先有三六之語故楚子引之得云其三其六若楚子始第三引詩第六引詩豈得自言其三曰其六曰劉以其三其六為楚子引詩次第以規杜過何辟之甚沈氏難云襄二十九年季札觀樂篇次不同杜云仲尼未刪定此亦不同而云楚樂歌之次者襄二十九年雖少有篇次不同大畧不甚乖越

故云仲尼未刪定以前此之三六全與詩次不同故云楚樂歌之第今頌篇次桓第八賚第九也夫武禁暴戢兵保大定功安民和衆豐財者也此武七德

（疏）夫武至財者也○正義曰楚子既引四篇乃陳七德則四篇之內有此七者之義戢干戈櫜弓矢禁暴戢兵也時夏保之保大者耆定爾功定功也我徂求定安民也綏萬邦和衆也屢豐年豐財也我徂求定是能安民故徂求定也綏萬国由德能和衆故萬国安也故使子孫無忘其章著之篇章使子孫不忘

（疏）注著之至不忘○正義曰杜以不忘其章謂子孫不忘上四篇之詩故云著之篇章使子孫不忘必知然者以文承武王克商作頌之後文連四篇詩義故以爲著之篇章劉炫云能有七德故子孫不忘章明功業欲取下文京觀爲無忘其章明武功以規杜失非也今我使二國暴骨暴矣觀兵以威諸侯兵不戢矣暴而不戢安能保大猶有晉在焉得定功所違民欲猶多民何安焉無

德而強爭諸侯，何以和衆？利人之幾，幾虛豈反○縣胥蕭下反本或作縣爲得於處反強其丈反而安人之亂，以爲己榮，何以豐財？兵動則年荒武有七德，我無一焉，何以示子孫？其爲先君宮，告成事而已。礼先君告戰勝

（疏）注礼先君告戰勝

正義曰：礼記曾子問稱古者師行必以遷廟主行，戰于齊車，言必有尊也。尚書甘誓云"用命賞于祖"，謂遷廟之祖主也。爲先君宮，爲此遷主作宮，於此祀之，告成事，告戰勝也。礼大傳記云"牧之野，武王之大事也。既事而奠於牧室"，亦是新作室而奠祭也。曾子問又曰："無遷主，則何主？"孔子曰："天子諸侯將出，必以幣帛皮圭告于祖禰，遂奉以出，載于齊車以行。每舍奠焉而後就舍。"

武非吾功也。古者明王伐不敬，取其鯨鯢而封之，以爲大戮，於是乎有京觀以懲淫慝。鯨鯢，大魚名，以喻不義之人吞食小國○鯨其京反鯢五兮反懲直升反慝他得反

（疏）注鯨鯢大魚名

○正義曰裴淵廣州記云鯨鯢長百尺雄曰鯨雌曰鯢目即明月珠也故死即不見眼睛也周處風土記云鯨鯢海中大魚也俗說出入穴即為朝水今罪無所晉罪無所犯也而民皆盡忠以死君命又何以為京觀乎祀于河作先君宮告成事而還傳言楚莊有礼所以遂興○是役也鄭石制實入楚師將以分鄭而立公子魚臣辛未鄭殺僕叔及子服僕叔魚臣也子服石制也（疏）是役至魚臣○正義曰入楚師言入此楚師於鄭國服虔云入楚師使楚師來入鄭是也此石制引楚師入鄭將以分鄭國以半與楚取半立公子魚臣為鄭君已欲擅其寵也君子曰史佚所謂毋怙亂者謂是類也言恃人之乱以要利○佚音逸毋音無怙音戶要一遙反詩曰亂離瘼矣爰其適歸詩小雅離憂也瘼病也爰於也言禍乱憂病於何所歸乎歎之○瘼音莫（疏）注詩小至歎之○正義曰

詩小雅四月之篇也離憂瘼病爰於皆釋詁文言時世禍亂於有憂病者於何其所適歸乎歎此禍亂不知將何所歸也

歸於怙亂者也夫恃亂則禍歸之○夫音扶鄭伯許男如楚為十四年晉伐鄭傳秋晉師歸桓子請死晉侯欲許之士貞子諫曰不可貞子士渥濁○渥於角反（疏）桓子請死○正義曰檀弓云謀人之軍師敗則死之謀人之邦邑危則亡之今桓子將軍師敗故請死城濮之役晉師三日穀在僖二十八年○濮音卜文公猶有憂色左右曰有喜而憂如有憂而喜乎言憂喜失時公曰得臣猶在憂未歇也歇盡也○歇許竭反困獸猶鬬況國相乎及楚殺子玉子玉得臣○相息亮反下能相同公喜而後可知也喜見於顏色○見賢遍反曰莫余毒也已是晉再克而楚再

敗也楚是以再世不競成王至穆王○競其敬反今天或者大警晉也警戒也而又殺林父以重楚勝其無乃久不競乎林父之事君也進思盡忠退思補過社稷之衛也若之何殺之夫其敗也如日月之食焉何損於明晉侯使復其位言晉景所以不失霸○重直用反（疏）進思至補過○正義曰孝經有此二句孔安國云進見於君則必竭其忠貞之節以匡國事直道正辭有犯無隱退還所職思其事宜獻可替否以補王過此孔意進謂見君退謂還私賤也或當以此二句據臣心為文文既據臣君在其上施之於君則稍進內省其身則稍退盡忠者盡己之心以進獻於君補過者內脩己心以補君愆失故以盡忠為進補過為退耳非謂進見與退還也○冬楚子伐蕭宋華椒以蔡人救蕭蕭人囚熊相宜僚及公子丙

王曰勿殺吾退蕭人殺之王怒遂圍蕭蕭潰
申公巫臣曰師人多寒王巡三軍拊而勉之拊撫慰勉之○巡似遵反潰户内反拊芳甫反【疏】蕭潰○正義曰實未潰史以實王之意故言潰知者下云明日蕭潰是也
三軍之士皆如挾纊纊綿也言說以忘寒○挾户牒反纊音曠說音悅【疏】注纊綿也○正義曰玉藻云纊為繭縕為袍鄭玄云纊新緜也
遂傅於蕭還無社與司馬卯言號申叔展還無社蕭大夫司馬卯申叔展皆楚大夫也無社素識叔展故因卯呼之○傅音附還音旋卯馬鮑反號徐户到反一音户刀反呼也
叔展曰有麥麴乎曰無有山鞠窮乎曰無麥麴鞠窮所以禦濕欲使無社逃泥水中無社不解故曰無軍中不敢正言故謬語○麴去六反鞠起弓反禦魚呂反下同解音蟹下同【疏】注麥麴至謬語○正義曰麥麴鞠窮所以禦濕賈逵有此言則相傳為此說也尚書說命云若作酒醴爾惟麴糵則麥麴作酒之物

本草有芎藭者是藥草之名覲傳文勢欲使無社逃於泥水中而問有此物以否知是禦濕所用但不知若為用之耳。

河魚腹疾柰何叔展言無禦濕藥將病曰目於眢井而拯之無社意解欲入井故使叔展視虛廢井而求拯己出溺為拯○眢烏丸反眢井廢井也字林云井無水也一皮反拯拯救之拯注同（疏）河魚至拯之○正義曰上句是叔展之言曰下是無社對語無社頻答言無叔展乃言必須入井故以水厄告之云知以河中之魚久在水內則生腹疾無此二物其柰濕何無社乃解其意告叔展云當目視於眢井而拯出之出溺為拯方言文若為茅絰哭井則已叔展又欲結茅以表井須哭乃應以為信○絰直結反已音紀舊音以應應對之應（疏）若為至則已○正義曰此亦叔展之言也無社既解其意令展視井拯己但廢井必多不可知處故教無社令結茅為絰置於井上又恐無社錯應他人更教之云若號哭向井則是我之己身己展叔自謂也明日蕭潰申叔視其井則茅絰存焉號而出之號哭也傳言蕭人無守心○號戶刀反注同守手又反○晉原穀

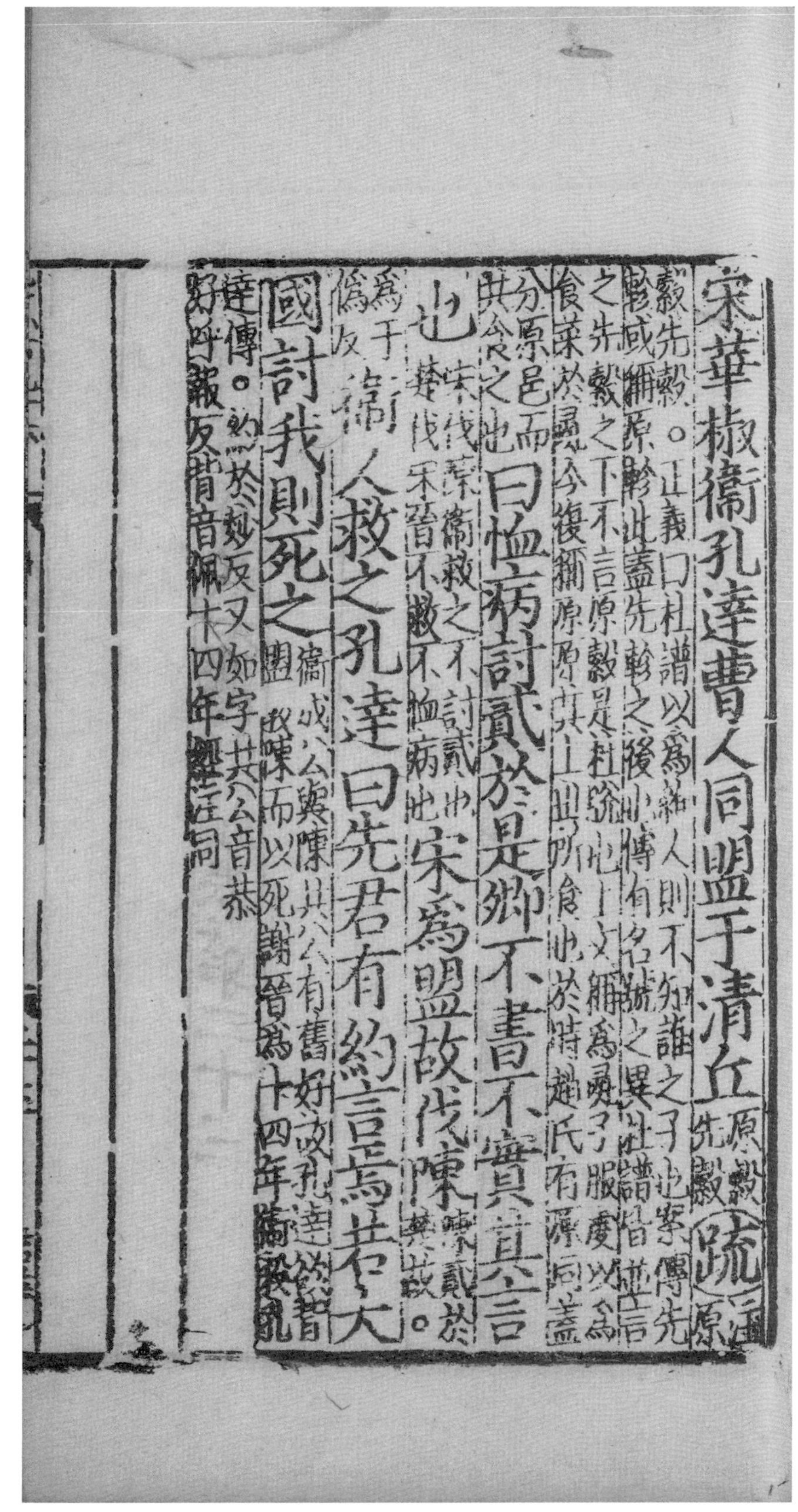

宋華椒、衛孔達、曹人同盟于清丘。原縠，先縠。

【疏】注原縠先縠。○正義曰：杜譜以爲絳人，則不知誰之子也。案傳先軫或稱原軫，此蓋先軫之後也。傳有名號之異，杜譜皆並言之。先縠之下不言原縠，是杜疏也。上文稱爲彘子，服虔以爲食菜於彘，今復稱原，原、原共止邑所食也。於時趙氏有原同，蓋分原邑而共食之也。

曰恤病討貳，於是卿不書，不實其言也。宋伐陳，衛救之，不討貳也。楚伐宋，晉不救，不恤病也。宋爲盟故伐陳。陳貳於楚故。○爲，于僞反。衛人救之。孔達曰：「先君有約言焉，若大國討，我則死之。」衛成公與陳共公有舊好，故孔達欲背盟救陳，而以死謝晉。爲十四年衛殺孔達傳。○約，於妙反，又如字。共公音恭。好，呼報反。背音佩。十四年經注同。

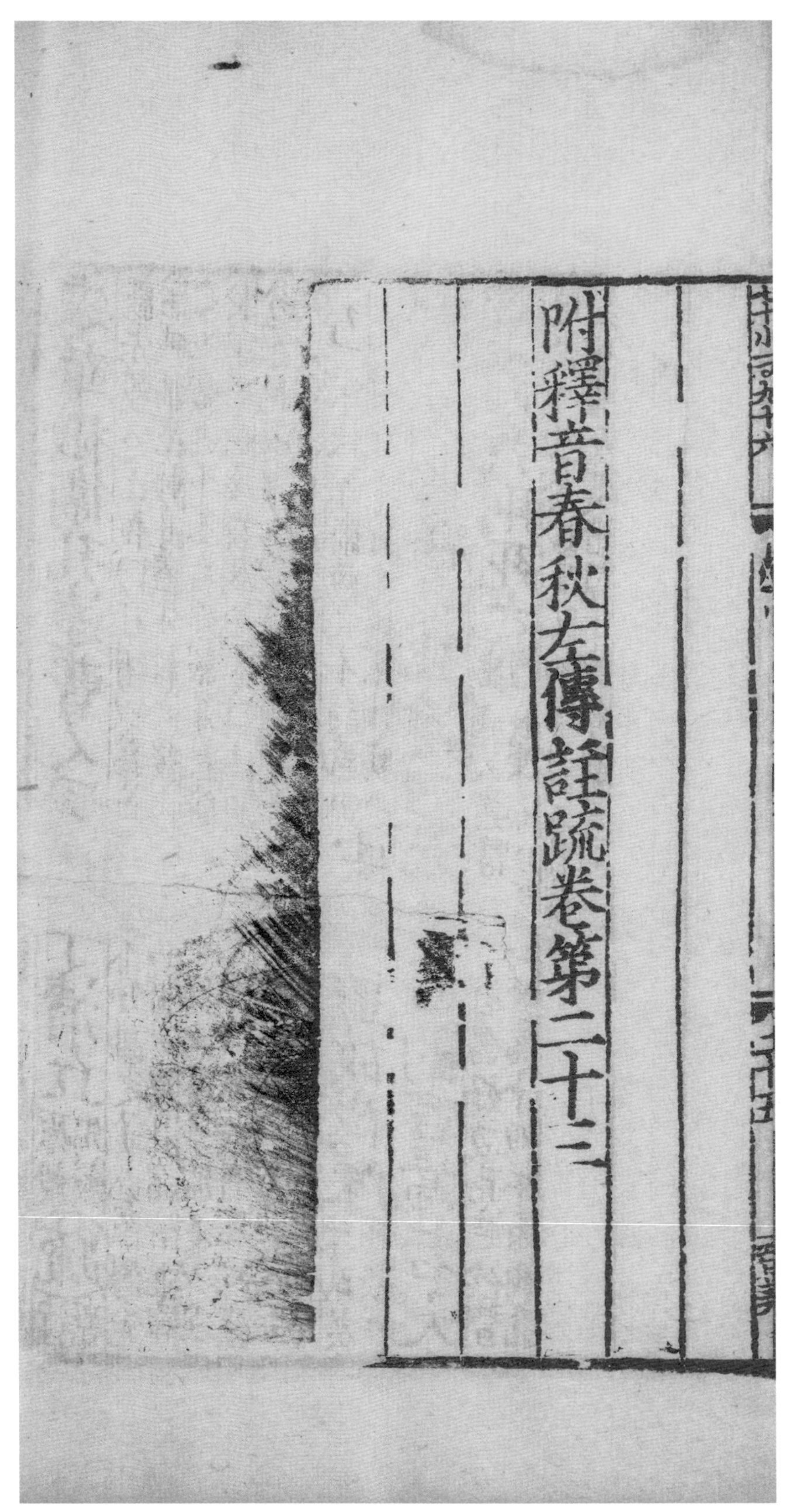

附釋音春秋左傳註疏卷第二十三

附釋音春秋左傳註疏卷第二十四 宣十三年至十八年

杜氏註　孔頴達疏

經十有三年春齊師伐莒○夏楚子伐宋○秋螽無傳為災故書冬晉殺其大夫先縠書名以罪討

傳十三年春齊師伐莒莒恃晉而不事齊故也○夏楚子伐宋以其救蕭也救蕭在前年君子曰清丘之盟唯宋可以免焉宋討陳之貳今宋見伐晉衛不顧盟以恤宋而經同貶宋大夫傳嫌華椒之罪累及其国故曰唯宋可以免○累劣偽反○【疏】注宋討至以免○正義曰往年清丘之盟宋卿亦貶傳稱不實其言此年宋被楚伐而晉衛不救即是不實之状於此發傳言唯宋可以免者意在責諸国耳嫌華椒之罪累及其国恐言宋亦有罪宜其不救但盟之不信唯椒身合貶宋国無罪言惟宋可以免見諸国皆合

責也○秋赤狄伐晉及清先縠召之也邲戰不得志故召狄欲為變清一名清原○冬晉人討邲之敗與清之師歸罪於先縠而殺之盡滅其族君子曰惡之來也已則取之其先縠之謂乎盡滅其族謂誅已甚故曰惡之來也〔疏〕注盡滅至來也○正義曰先縠之罪不合滅族盡滅其族為誅已甚亦是晉刑大過是為大惡君子既嫌晉刑大過又尤先縠自招故曰惡之來也已自取之惡之來也言大惡之事來先縠之家○清丘之盟晉以衛之救陳也討焉尋清丘之盟以責衛使人弗去曰罪無所歸將加而師孔達曰苟利社稷請以我說欲自殺以說晉○使所吏反我說如字又音悅以說音悅又如字罪我之由我則為政而亢大國之討將以誰任亢禦也謂禦宋討陳也○亢苦浪反

任音壬 我則死之為明年殺孔達傳

經十有四年春衞殺其大夫孔達書名背盟于大国罪之

夏五月壬申曹伯壽卒無傳文十四年盟新城○晉侯伐鄭○秋九月楚子圍宋○葬曹文公無傳○

冬公孫歸父會齊侯于穀

傳十四年春孔達縊而死衞人以說于晉而免以殺告故免于伐○縊一賜反遂告于諸侯曰寡君有不令之臣達搆我敝邑于大國既伏其罪矣敢告諸殺大夫亦皆告衞人以爲成勞復室其子以有平国之功故以女妻之○復扶又反妻七計反

（疏）注以有至妻之○正義曰釋詁以平為成則成平也男子謂妻為室故杜以為㣲

人以其父有平定国家之勞復以女妻之言衞侯以女妻之也劉炫以爲傳文無衞侯之女爲孔達之妻復室其子謂復以室家還其子謂達既被誅家當沒入官復以孔達財物家室還其子今知非者案後傳文止孔達云苟利社稷請以我說是孔達忠於衞国本實無罪所以告於諸侯逃欲虛以說晉衞人荷其功力何得沒其家資男子謂妻爲室則室者對夫之言故傳云女有家男有室今皆以孔達之妻而還其子便則以母還子不復云復室其子又諸国大夫之妻傳皆不載其氏姓何得獨責孔達之妻須言衞侯之女既言復室其子明孔達之妻則衞侯之女可知劉以孔達之妻爲衞侯之女於傳無文以規杜過於義非也

使復其位襲父祿位○夏晉侯伐鄭爲郲故也晉敗於郲鄭遂屬楚○爲于僞反告於諸侯蒐焉而還蒐簡閱車馬○蒐所留反閱音悅中行桓子之謀也曰示之以整使謀而來鄭人懼使子張代子良于楚十二年子良質於楚子張穆公孫○行户郎反質音致鄭伯如楚謀晉故也鄭

以子良為有禮故召之(有讓國之禮)○楚子使申舟聘于齊曰無假道于宋(申舟無畏)亦使公子馮聘于晉不假道于鄭申舟以孟諸之役惡宋(文十年楚子田孟諸無畏抶宋公僕○馮皮冰反惡烏路反抶勑乙反)曰鄭昭宋聾(昭明也聾闇也○聾力工反)【疏】(注昭明也聾闇也○正義曰人之聽視聰明唯在耳目而已鄭昭言其目明則宋不明也宋聾言其耳闇則鄭不闇也耳目各舉一事而對以相反言宋不解事必殺我也)晉使不害我則必死王曰殺女我伐之見犀而行(犀申舟子以子託王示必死○使所吏反使者同女音汝見賢遍反)及宋宋人止之華元曰過我而不假道鄙我也鄙我亡也(以我比其邊鄙是與亡國同○過古臥反又古禾反)殺其使者必伐我伐我亦亡也亡一

也乃殺之楚子聞之投袂而起投振也袂袖也○袂面世反袖
徐又反屨及於窒皇窒皇寢門闕○屨九具反窒直結反疏注窒皇寢門闕○正義曰
下云劒及於寢門之外則屨之所及未至於外故以窒皇為寢門之闕謂至門逐及也莊十九年鬻拳葬於經皇注云經
皇冢前闕者亦以此而知也經傳通謂兩觀為闕唯指雉門高大為縣舊章而使民觀之故雉門之觀特得闕名名為闕
者以其在門兩旁而中央闕然為道雖則小門亦如此耳故杜於寢門冢門皆以闕言之此作窒彼作經字異音同未知
孰是其名為窒皇及市名蒲胥其義皆未聞劒及於寢門之外車及於
蒲胥之市秋九月楚子圍宋○冬公孫歸父
會齊侯于穀見晏桓子與之言魯樂桓子告
高宣子桓子晏嬰父宣子高固○樂音洛疏與之言魯樂○正義曰樂謂樂居高位也曰
子家其亡乎懷於魯矣子家歸父字懷思也懷必貪貪

必謀人謀人人亦謀己一國謀之何以不亡為十八年歸父奔齊傳疏懷於至不亡○正義曰懷思也謂思高位於魯也既思高位必貪貪必計謀他人既謀去他人他人亦謀去已一國之人謀去之何以不至亡也○孟獻子言於公曰臣聞小國之免於大國也聘而獻物物玉帛皮幣也疏

孟獻至公說○正義曰臣聞小國之免罪於大國也使卿往聘大國而獻其玉帛皮幣之物於是主人亦禮待之庭前所實籩豆醯醢有百品也君自親朝於牧伯之國而献其治國之功若征伐之功於是主人敬以待之主人之身有威儀容貌車服之飾有物采文章嘉淑皆善也有善言辭善稱讚燕而送賓有加增賄貨言賓往既共則主報亦厚禮使小國如此朝聘大國者謀其不免於罪也若不往朝聘待其被誅責而始薦賄貨則无及於好事矣今楚子在宋君其圖之勸君使往聘也劉炫以為皆是賓事聘而獻物謂獻其國內之物於是所獻之物庭中實之有百品謂聘享之禮龜金竹箭之屬有百品也朝而獻功言治國有功故上饒物產於是玄纁璣組羽毛齒革乃得為容貌之物采文章嘉淑謂美善之物

袁寀校

吳一

加貨謂賄賂之多多獻賄賂以謀其不免於罪也○注物玉帛皮幣也○正義曰聘禮賓執圭以致命享用束帛加璧夫人聘用璋享用玄纁束帛加琮其享幣又有皮馬是聘所獻物有玉帛皮幣也**於是有庭實旅**

百主人亦設籩豆百品實於庭以荅賓【疏】注主人至荅賓○正義曰聘禮君使卿韋弁服歸饔餼五牢有司入陳鼎豆簠鉶醢醢百甕米百筥黍稷稻粱皆設於中庭是主人設籩豆百品實於庭以荅賓也劉炫謂治國有功土饒云云炫以杜注莊二十二年庭實旅百奉之以玉帛諸侯朝王陳贄幣之象則朝聘陳幣亦實百品於庭非獨主人也

朝而獻功獻其治國若征伐之功於牧伯**於是有容貌采章嘉淑而有加貨**容貌威儀容顏也采章車服文章也嘉淑令辭稱讚也加貨命宥幣帛也言往共則來報亦備【疏】注容貌至亦備○正義曰杜謂於是有者皆主人之事故以容貌為威儀容顏當謂善為威儀容顏以接賓也采章車服文章謂主人陳設物采文章以接賓周禮車逆之類也嘉淑皆訓為善容貌文章以外別言善善故以為令辭稱讚謂接賓之時善言辭善稱讚也加貨謂好貨加增於常若僖二十九年介葛盧來朝禮之加燕好成十三

年孟獻子爲介王重賄之之類故以加貨爲命有幣帛也劉炫云案此勸君行聘唯當論聘之義深不宜言主之禮備豈慮楚不禮而言此迎君之威儀無時可舍豈待朝聘賓至乃始審威儀正顏色無容貌則驕容儀容儀亦報賓之物何言報禮備又獻其治國劉炫云傳稱朝以正班爵之儀率長幼之序則不名獻功成二年王禮鞏伯如侯伯克敵使大夫告慶之禮則侯伯克敵秖合使大夫告王征伐之功何故親朝獻牧伯禮小國朝大國不合專征復有何功可獻炫謂采章加貨則聘享獻國所有玄纁璣組羽毛齒革皆充衣服之盛亦飾可以爲容貌物采文章嘉淑謂美善之物加貨言賂之多皆實所獻亦庭實也於聘惣言庭實於朝指其所有詳於君略於臣也案莊二十二年傳庭實旅百覲朝者庭實以成二年傳云侯伯克敵使大夫告慶之禮據此文則聘賓有庭實文庭實旅百與容貌采章相對杜何知庭實容貌之等非是賓之所有必爲主人之物又君無獻征伐之功何以知獻功於牧伯今知劉說非者僖二十二年楚子入享于鄭庭實旅百加籩豆六品又昭五年燕有好貨饔有陪鼎僖二十九年爲盧來朝禮之加燕好此傳云嘉淑而有加貨敬飾加貨庭實之等皆是主人待賓之物禮傳賓之於主無加貨之文故杜爲此解襄八年鄭伯親獻蔡捷于邢丘是足獻征伐之

功於敎伯也劉苟違杜義以爲庭實旅百及客貌采章嘉淑加貨之等並爲賓物又以諸侯親朝無獻征伐之功以規杜氏違經背傳於義非也謀其不免也誅而薦賄則無及也薦進也見責而往則不足解罪○賄呼罪反今楚在宋君其圖之公說爲明年歸父會楚子傳○說音悅

經十有五年春公孫歸父會楚子于宋○夏五月宋人及楚人平平者總言二國和故不書其人疏注平者至其人○正義曰平者和也言其先不平而今始平小服大弱下彊之意昭七年暨齊平燕與齊平也定十年及齊平十一年及鄭平魯與平也諸言平者皆舉國言平總言二國和同之意故不書其人謂不書公卿也燕暨齊平不言人此言宋人楚人史異辭耳穀梁傳曰人者衆辭也平稱衆上下欲之也賈逵云稱人衆辭善其與衆同欲然則彼不稱人者豈唯國君欲平而在下不欲平乎傳載盟辭則此平有盟不書盟者釋例曰宋人及楚人平實盟書平從赴辭也○六月

癸卯晉師滅赤狄潞氏以潞子嬰兒歸（潞赤狄之別種潞氏國故稱氏子爵也林父稱師從告○潞音路種章勇反）【疏】注潞赤至從告○正義曰狄有赤狄白狄就其赤白之間各自別有種類此潞是國名赤狄之內別種一國夷狄祖其雄豪者子孫則稱豪名為種者中國之始封君世謂之赤白甚義未聞蓋其俗尚赤衣白衣也傳稱天子建德因生以賜姓胙之土而命之氏者即以國名為氏但華夏之須言夏國名不以氏配赤狄既須言狄單國不復成文故以氏配之潞氏甲氏皐落氏皆是也杜言以國故稱氏諸前解此狄而中國亦然劉炫云狄稱種者周禮內宰注云上春王后種稑之種賤之同之草木故稱種林父尊卿當稱帥師今從將卑師衆之例直稱師者從告也○秦人伐晉（無傳）○王札子殺召伯毛伯（稱殺者名兩下相殺之辭兩下相殺則殺者有罪王札子王子札也蓋經文倒札字○札側八反徐又側乙反召上照反倒丁老反）【疏】注稱殺至札字○正義曰穀梁傳曰不言其兩下相殺也言兩臣下自相殺非君殺

自不得言其大夫也釋例曰大臣相殺死者無罪則兩稱名氏以示殺者之罪王札子殺召伯毛伯是也若死者有罪不

弑殺者名氏晉殺其大夫陽處父是也傳稱出入爲王子虎
捷札一人而札左右上故疑經文倒札字出公羊傳曰王札
子者何長庶之號也何休云天子之庶兄也左傳言札爲王
孫蘇所使非是尊貴不得爲王子之庶兄故譜以爲雜人不知
何王之子○秋螽無傳。螽音終○仲孫蔑會齊高固于無
婁無傳。無婁邾邑○初稅畝公田之法十取其一今又履其餘畝復十收其一故哀公曰二吾猶
不足遂以爲常故曰初○稅舒銳反復扶又反【疏】注公田至曰初○正義曰公羊傳曰古者什一而藉古者曷爲
什一而藉什一者天下之中正也多乎什一大桀小桀寡乎
什一大貉小貉什一者天下之中正也什一行而頌聲作矣
何休云多取於民比於桀蠻貉無百官制度之費稅薄穀梁
傳亦云古者什一而藉孟子云夏后氏五十而貢殷人七十而
助周人百畝而徹其實皆什一也趙岐注云民耕五十畝者
貢上五畝耕七十畝者以七畝助公家耕百畝者徹取十畝
以爲賦雖異名而多少同故云皆什一也書傳言十一者多
矣故杜言古者公田之法十取其一謂十畝內取一舊法既
已十畝取一矣今又履其餘畝更復十收其一乃是十取其
二故論語云哀公曰二吾猶不足謂十內稅二猶尚不足則

從此之後遂以十二爲常故曰初言初稅十二自此始也諸書皆言十一而周禮載師云凡任地近郊十一遠郊二十而三甸稍縣都皆無過十二潦林之征二十而五者彼謂王畿之内所共多故賦稅重諸書所言十一皆謂畿外之國故鄭玄云十一而稅謂之徹徹通也爲天下之通法言天下皆十一耳不言畿内亦十一也孟子又曰方里爲井井九百畝其中爲公田八家皆私百畝同養公田公事畢然後敢治私事漢書食貨志取彼意而爲之文云井田方一里是爲九夫八家共之各受私田百畝公田十畝是爲八百八十畝餘二十畝爲廬舍諸儒多用彼爲義如彼所言則家別一百一十畝是爲十外稅一也鄭玄詩箋云井稅一夫其田百畝則九而稅一其意異於漢書不以志爲說也又孟子對滕文公云請野九一而助國中什一使自賦鄭玄周禮匠人注引孟子此言乃云是邦國亦異外内之法則鄭玄以爲諸侯郊外郊内其法不同郊内十一使自賦其一郊外九而助一是爲二十而稅二故鄭玄又云諸侯謂之徹者通其率以十一爲正言郊内郊外相通其率爲十稅一也杜今直云十取其一則又異於鄭雖謂一夫百畝以十畝歸公今又履其餘畝稅之更十取一耳履畝穀梁傳文也趙岐不解夏五十殷七十之意盖古者人多田少一夫難得五十七十畝耳五十而貢貢

畝七十而助助七畝好惡於此鄭注考工記云周人畿內用夏之貢法邦國用殷之助法○冬蝝生螽子以冬生遇寒而死故不成螽○蝝悅全反字林尹絹反劉歆云蚍蜉子也董仲舒云蝗子疏注螽子至成螽○正義曰釋虫云草螽負蠜蜇螽蜙蝑李巡云皆分別蝗子異方之語也釋虫又云蝝蝮蜪李巡云蝮蜪一名蝝蝝蝗子也郭璞云蝗子未有翅者劉歆以爲蚍蜉有翅者非也如李郭之說是蝝爲螽子也上云秋螽秋而生子於地至冬其子復生遇寒而死故不成災傳稱凡物不爲災不書此不爲災而書之者傳云幸之也此年既飢若使蝝早生更爲民害則其困甚矣喜其冬生以爲國家之幸故喜而書之公羊傳亦云蝝生不書此何以書幸之也○饑風雨不和五稼不豐疏注風雨至不豐○正義曰此年秋螽知不爲螽而饑者春秋書螽多矣有螽之年皆不書飢而此獨書饑知年飢不專爲螽故云風雨不和五穀不豐也

傳十五年春公孫歸父會楚子于宋終前年傳○宋人使樂嬰齊告急于晉晉侯欲救之伯宗曰

不可伯宗晉大夫古人有言曰雖鞭之長不及馬腹言非所擊天方授楚未可與爭雖晉之彊能違天乎諺曰高下在心度時制宜○度待洛反川澤納汙受汙濁○汙音烏注同山藪藏疾山之有林藪毒害者居之○藪素口反

疏川澤至藏疾○正義曰周禮虞之官有大澤大藪小澤小藪爾雅十藪皆是大澤則藪是澤類鄭玄周禮注云澤水所鍾也水希曰藪是藪者澤之少水之名也川澤山藪相配為文者川是流水澤是聚水俱是水故揔云納汙言其納汙濁也山有木藪有草毒螫之虫在草在木故俱云藏疾言其藏毒害也藪是澤類而杜云山之有林藪者藪雖澤類傳文與山相連藪是草木積聚之處近山近澤皆得稱藪上既有川澤之文下別云山藪之事此藪近山故杜云山之有林藪也劉炫以為澤旁之藪以規杜氏非也

瑾瑜匿瑕○匿亦藏也雖美玉之質亦或居藏瑕穢○瑾其靳反瑜羊朱反匿女力反

疏注匿亦至瑕穢○正義曰瑾瑜玉之美名聘義曰瑕不揜瑜瑜不揜瑕鄭玄云瑕玉之病也瑜其中間美

（若玉之性善惡不相揜此云匿瑕似以美匿惡故云匿亦藏也言玉質雖美亦瑕藏其中不言瑜能揜蓋瑕也）國君含垢（忍垢恥○垢古口反本或作詬音同）天之道也（晉侯恥不救宋故伯宗為說小惡不損大德之瑜○為于偽反）君其待之（待楚衰）乃止使解揚如宋使無降楚曰晉師悉起將至矣鄭人囚而獻諸楚楚子厚賂之使反其言（反言晉不救○解音蟹降戶江反）不許三而許之登諸樓車使呼宋而告之（樓車車上望櫓○櫓音魯）遂致其君命楚子將殺之使與之言曰爾既許不穀而反之何故非我無信女則弃之速即爾刑對曰臣聞之君能制命為義臣能承命為信信載義而行之為利謀不失利

以衛社稷民之主也義無二信欲爲義者不行兩信○女音汝下注
而女也同信無二命欲行信者不受二命君之賂臣不知命也受
命以出有死無霣霣隊也○霣于敏反隊直類反又可賂乎
臣之許君以成命也成其君命死而成命臣之祿
也寡君有信臣已不廢命下臣獲考考成也死又何
求楚子舍之以歸○夏五月楚師將去宋在宋積九
月不能服宋故申犀稽首於王之馬前曰毋畏知死而
不敢廢王命王棄言焉王不能答未服宋而去故曰棄言○
申叔時僕僕御也曰築室反耕者宋必聽命從
之築室於宋分兵歸田示無去志王從其言宋人懼使華元夜入楚

命登子反之牀起之曰寡君使元以病告兵法因其鄉人而用之必先知其守將左右謁者門者舍人之姓名因而利道之華元蓋用此術得以自通○守手又反將子匠反道音導曰敝邑易子而食析骸以爨爨炊也○析星歷反骸戶皆反本又作骨公羊傳作骸何休注云骸骨也爨七亂反雖然城下之盟有以國斃不能從也寧以國斃不從城下盟○斃婢世反去我三十里唯命是聽子反懼與之盟而告王退三十里宋及楚平華元為質盟曰我無爾詐爾無我虞楚不詐宋宋不備楚盟不書不告○質音致【疏】子反懼與之盟○正義曰服虔云與華元私盟許為退師而後任質與公羊異公羊明盟下云盟曰是兩國平後共盟而楚人為此辭耳非此華元子反私盟之辭也○潞子嬰兒之夫人晉景公之姊也酆舒為政而殺之

又傷潞子之目酆舒潞相○酆芳忠反相息亮反晉侯將伐之諸大夫皆曰不可酆舒有三儁才儁絶異也言有才藝勝人者三○儁音俊

疏注儁絶至者三○正義曰辨名記云倍人曰茂十人曰選倍選曰儁千人曰英倍英曰賢萬人曰傑倍傑曰聖是儁爲絶異之稱也有三儁才而是有才藝勝人者三事也不知三者何事也

不如待後之人伯宗曰必伐之狄有五罪儁才雖多何補焉不祀一也耆酒二也棄仲章而奪黎氏地仲章潞賢人也黎氏黎侯國上黨壺關縣有黎亭○耆市志反黎力兮反國名三也虐我伯姬四也傷其君目五也

疏不祀至五也○正義曰此五者從輕至重祀雖爲大罪發祀者是害物故先言之耆酒則亂政事有害於民故次之棄賢人而侵鄰國其害已大又次之殺夫人傷君目罪之大者故後言之棄仲章而奪黎氏地是爲二事而并數爲一者賢是爲政之本惡政并數之奪黎氏地已盡奪之使黎侯

[illegible]失位故下云立黎侯而還要復其國也怙其儁才而不以茂德茲益罪也後之人或者將敬奉德義以事神人而申固其命毋由其政令若之何待之不討有罪曰將待後後有辭而討焉毋乃不可乎夫恃才與眾亡之道也商紂由之故滅由用也【疏】商紂由之故滅○正義曰史記殷本紀云帝紂資辯捷疾聞見甚敏材力過人手格猛獸知足以距諫言足以飾非矜人臣以能高天下以聲以為皆出己之下武王伐滅之是由恃才儁故滅也天反時為災寒暑易節地反物為妖羣物失性民反德為亂亂則妖災生故文反正為乏文字【疏】天反至災生○正義曰據其害物謂之災言其怪異謂之妖時由天物在地故屬災於天屬妖於地其實民有亂德感動天地天地為之見變妖災因民而生天地共為之耳非獨天為災而地為妖民罪

也感動天地皆是人君感之非庶民也昭七年傳曰國無政不用善則自取謫於日月之災言以政取謫是其由君不由民以民表人故釋例引此即改民為人是其民謂人也傳言天災地妖民亂歷序以尊卑為次更言亂則妖災生明妖災由民起妖災亦通言耳天雖四時氣唯寒暑故杜以反時為寒暑易節物則其數無窮故揔云羣物失性反其常性即是妖也釋例曰物者雜而言之則昆蟲草木之類也大而言之則歲時日月星辰之謂也歲者水旱饑饉也時者寒暑風雨雷電雪霜也日月者薄食夜明也星辰者彗孛霣錯失其次也山崩地震者陽伏而不能出陰迫而不能升也凡天反其時地反其物以害其物性皆為妖災是言妖災皆逼天地其為之也此傳地反物者唯言妖耳洪範五行傳則有妖孽禍痾眚祥六者之名以積漸為義漢書五行志說此六名云凡草物之類謂之妖妖猶夭胎言尚微也蟲豸之類謂之孽孽則牙孽矣及六畜謂之禍言其著也及人謂之痾痾病類言浸深也甚則異物生謂之眚自外來謂之祥是六名以漸為稱唯眚祥有外內之異耳大旨皆是妖也。○故文反正為乏○正義曰許慎說文序云蒼頡之初作書蓋依類象形謂之文其後形聲相益謂之字文者物象之本字者孳乳而生是文謂之字也制字之躰文反正為乏服虔云言人反正者皆

乏絶之道也〻反德則妖災生妖災生則國滅亡是乏絶之道也盡在狄矣晉侯從

之六月癸卯晉荀林父敗赤狄于曲梁辛亥

滅潞曲梁今廣平曲梁縣也書癸卯從赴疏盡在狄矣○正義曰言盡在狄矣則狄皆有之其反德爲亂則五罪是也天地災妖傳不指斥不知於時潞国有何災何妖也酆舒奔衛衛人歸

諸晉晉人殺之○王孫蘇與召氏毛氏爭政三人皆王卿士使王子捷殺召戴公及毛伯衛王子捷即王札子卒

立召襄襄召戴公之子疏卒立召襄○正義曰卒終也謂後終立之非此時即立毛氏後亦不滅但傳不言之耳○秋七月秦桓公伐晉次于輔氏晉地壬

午晉侯治兵于稷以略狄土略取也稷晉地河東聞喜縣西有稷山立黎

午七月二十九日晉特新破狄土地未安權秦師之弱故別遣魏顆距秦而東行定狄也○顆苦果反

侯而還狄奪其地故晉侯還立之。復扶又反及雒魏顆敗秦師于輔氏晉侯還及雒也雒晉地。雒音洛獲杜回秦之力人也初魏武子有嬖妾無子武子疾命顆曰必嫁是武子魏犨顆之父。嬖必計反疾病則曰必以為殉及卒顆嫁之曰疾病則亂吾從其治也及輔氏之役顆見老人結草以亢杜回亢禦也。殉似俊反本或作徇以殉治直吏反下治命同亢苦浪反杜回躓而顛故獲之夜夢之曰余而所嫁婦人之父也而女也。躓陟吏反徐又丁四反爾用先人之治命余是以報傳舉此以示教。晉侯賞桓子狄臣千室千家亦賞士伯以瓜衍之縣士伯士貞子。瓜古華反衍以善反曰

吾獲狄土子之功也微子吾喪伯氏矣伯柏子字邲之敗晉侯將殺林父士伯諫而止○喪息浪反

羊舌職說是賞也職叔向父○說音悅向香丈反

曰周書所謂庸庸祗祗者謂此物也夫周書康誥庸用也祗敬也物事也言文王能用可用敬可敬○夫音扶

士伯庸中行伯言中行伯可用君信之亦庸士伯此之謂明德矣文王所以造周不是過也故詩曰陳錫哉周能施也錫賜也詩大雅言文王布陳大利以賜天下故能載行周道福流子孫○施式豉反

率是道也其何不濟○晉侯使趙同獻狄俘于周不敬劉康公曰不及十年原叔必有大咎劉康公王季子也原叔趙同也○俘芳扶反不敬一本作而傲

天奪之魄矣心之精爽是謂魄魄為成八年晉殺

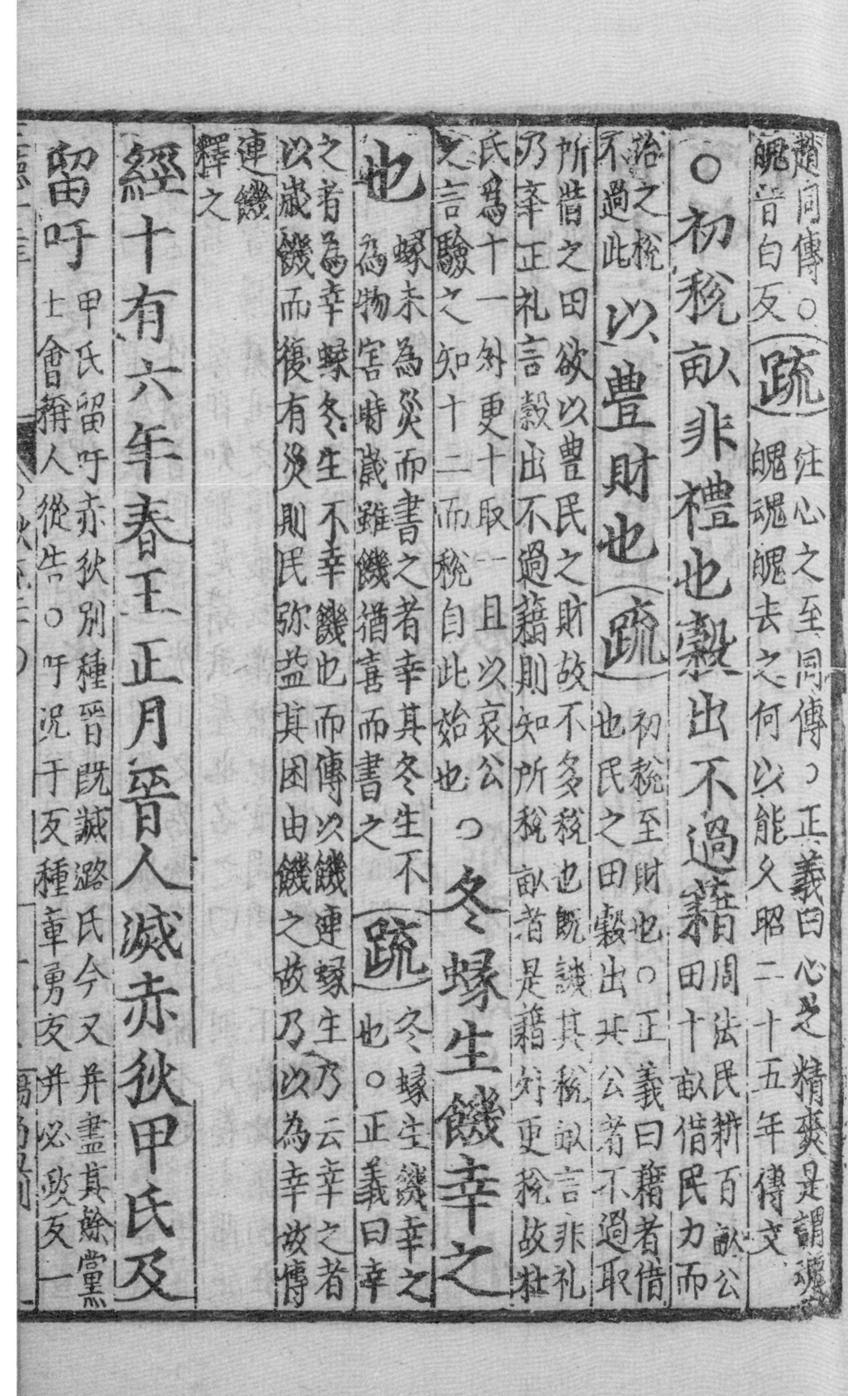

趙同傳。魄音白反

疏注心之至同傳。正義曰心之精爽是謂魂魄魂魄去之何以能久昭二十五年傳文

。初稅畝非禮也穀出不過藉周法民耕百畝公田十畝借民力而治之稅不過此以豐財也

疏初稅至財也。正義曰藉者借也民之田穀出其公者不過取所借之田欲以豐民之財故不多稅也既譏其稅畝言非礼乃奪正礼言穀出不過藉則知所稅畝者是藉外更稅故杜氏為十一外更十取一且以哀公之言驗之知十二而稅自此始也。

冬蝝生饑幸之也蝝未為災而書之者幸其冬生不為物害時歲雖饑猶喜而書之

疏冬蝝生饑幸之也。正義曰幸之者為幸蝝冬生不幸饑也而傳以饑連蝝生乃云幸之者以歲饑而復有災則民弥益其困由饑之故乃以為幸故傳連饑釋之

經十有六年春王正月晉人滅赤狄甲氏及留吁甲氏留吁赤狄別種晉既滅潞氏今又并盡其餘黨士會稱人從告。吁況于反種章勇反并必政反

音如字○夏成周宣榭火傳例曰人火之也成周洛陽宣榭講武屋別在洛陽者爾雅曰無室曰榭謂屋歇前○榭本又作謝音同【疏】注傳例至歇前○正義曰楚語云先王之為臺榭也榭不過講軍實臺不過望氛祥知榭是講武屋也名之曰宣則其義未聞服虔云宣揚威武之處義或當然也成周周之下都此榭別在洛陽講習武事則往就之爾雅釋宮云無室曰榭又云闍謂之臺有木者謂之榭李巡曰臺積土為之所以觀望臺上有屋謂之榭則榭是臺上之屋居臺而臨觀講武故無室而歇前歇前者無壁也如今廳是也公羊以為宣宮之榭謂宣王之廟也以其中興其廟不毀與左氏異也○秋郯伯姬來歸○冬大有年無傳○郯音談

傳十六年春晉士會帥師滅赤狄甲氏及留吁鐸辰鐸辰不書留吁之屬○鐸待洛反三月獻狄俘獻于王也晉侯請于王戊申以黻冕命士會將中軍且為大

傳代林父將中軍且加以大傳之官黻冕命卿之服入傳孤卿○黻音弗將子匠反大音泰注同[疏]注代林至孤卿○正義曰晉之中軍之將執政之上卿也大傳又尊於上卿且加大傳以褒顯之禮命臣者皆賜之以服使服而受命傳言以黻冕者黻冕是命孤卿之服故以之命士會也論語稱禹惡衣服而致美乎黻冕鄭玄云黻祭服之衣冕其冠也此云黻冕亦當然也黻韍韠也祭服謂之黻其他服謂之韠俱以韋爲之祭同而色異韠各從裳色黻則其色皆赤尊卑以深淺爲異天子純朱諸侯黄朱大夫赤而已大夫以上冕服悉皆有黻故禹言黻冕此亦云黻冕但冕服自有尊卑耳周礼司服孤之服自希冕而下此士會黻冕當是希冕也天子大傳三公之官也諸侯大傳孤卿之官也周礼典命云公之孤四命鄭衆云九命上公得置孤卿一人春秋時晉爲霸王侯亦置孤卿文六年有大傳陽子大師賈佗則晉嘗置二孤

於是晉國之盜逃奔于秦羊舌職曰吾聞之禹稱善人稱舉也不善人遠此之謂也夫詩曰戰戰兢兢如臨深淵如履薄冰善人在

上也言善人居位則無不戒懼。遠于萬反夫音扶兢居陵反本亦作矜善人在上則國無幸民諺曰民之多幸國之不幸也是無善人之謂也。諺音彥。夏成周宣榭火人火之也凡火人火曰火天火曰災【疏】凡火至曰災。正義曰人火從人而起人失火而為害本其火之所來故指火體而謂之為火天火則自然而起不能本其火體故以其所害言之謂之為災聖人重天變故異其名春秋天變多矣唯此言火耳。秋郯伯姬來歸出也。為毛召之難故王室復亂毛召難在前年。為于偽反難乃旦反注同復扶又反王孫蘇奔晉晉人復之毛召之黨欲討蘇氏故出奔。冬晉侯使士會平王室定王享之原襄公相禮原襄公周大夫相佐也。相息亮反注同殽烝烝升也升殽於俎。殽戶交反烝之承反【疏】注烝升至升殽於俎。正義曰：孔以殽於俎皆謂之烝，以殽烝爲升也。鄭玄《詩箋》云："凡非穀而食之曰殽。"則殽是可食之名，以肉爲殽，乃升於俎，故謂之殽烝。

武子私問其故。享當體薦而殽烝，故怪問之。武子，士會，謚季，其字。

疏注"享當"至"其字"。○正義曰：若公侯來朝，王爲設享，則當有體薦，薦其半體，亦謂之房烝。武子聞已以王享亦當房烝，今乃殽烝，故怪而問。

王聞之，召武子曰："季氏，而弗聞乎？王享有體薦，享則半解其體而薦之，所以示其儉。

疏注"享則"至"其儉"。○正義曰：王爲公侯設享，則半解其體而薦之，以爲不食，故不解折，所以示其儉也。享以示共儉，宴以示慈惠，成十二年傳文。

宴有折俎。體解節折，升之於俎，物皆可食，所以示慈惠也。○折，之設反，注同。

疏注"體解"至"惠也"。○正義曰：王爲公侯設宴禮，體解節折，升之於俎，即殽烝是也。其物解折，使皆可食，共食啖之，所以示慈惠也。其實飲殽烝，其數無文。若祭祀體解，案《特牲饋食禮》有九體，則有一脊、二脅、三脡、四胳、五正脊、六横脊、七長脅、八短脅、九此，謂士禮也。若大夫禮則十一體，加脡脊、代脅。其諸侯、天子無文，或同十一。

公當享，卿當宴，王室之禮也。"公謂諸侯。

疏 注公謂諸侯 ○正義曰五等諸侯摠名為公故云公謂諸侯言諸侯親來則為之設享又設燕也享用體薦燕用折俎若使卿來聘為設享仍用公之燕法亦用折俎是王室待賓之禮也周語說此事云王召士季曰子弗聞乎禘郊之事則有全烝王公立飫則有房烝親戚宴享則有殽烝今叔父使士季實來唯是先王之宴禮欲以貽爾體解節折而共飲食之於是乎有折俎以示容合好將安用全烝注國語者皆云禘祭宗廟郊祭天地則有全其牲體而升於俎謂之全烝王公立飫即享礼也礼之立成者名為飫十解其體而升於俎謂之房烝傳言體薦即房烝也親戚宴享則宴享礼同皆體解節折乃升於俎謂之殽烝此傳略而寫文猶是彼意故注皆取彼解之

武子歸而講求典禮以脩晉國之法傳言典礼之廢久

經十有七年春王正月庚子許男錫我卒無傳再與文同盟

疏 注再與文同盟 ○正義曰錫我以文六年即位七年盟于扈十四年于新城魯皆俱在是再同盟也

丁未蔡侯申卒無傳未同盟而赴以名丁未二月四日

○夏葬許

弔。公無傳葬蔡文公無傳○六月癸卯日有食之無傳不書朔官失之○己未公會晉侯衛侯曹伯邾子同盟于斷道斷道晉地○斷直管反一音短○秋公至自會無傳○冬十有一月壬午公弟叔肸卒傳例曰公母弟○肸許乙反

傳十七年春晉侯使郤克徵會于齊徵召也欲爲斷道會齊頃公帷婦人使觀之郤子登婦人笑於房跛而登階故笑之。頃音傾跛波可反【疏】注跛而登階○正義曰沈氏引穀梁傳云魯行父禿晉郤克跛衞孫良夫眇曹公子首傴故婦人笑之是以知郤克跛也穀梁傳定本作郤克眇衞孫良夫跛獻子怒出而誓曰所不此報無能涉河不復度河而東○復扶又反獻子先歸使欒京廬待命于齊曰不得齊事

無復命矣欒京廬郤克之介使得齊之罪乃復命○廬音盧又力於反郤子至請伐齊晉侯弗許請以其私屬又弗許私屬家衆也爲成二年戰于鞌等○鞌音安齊侯使高固晏弱蔡朝南郭偃會晏弱桓子○朝如字及斂盂高固逃歸聞郤克怒故○斂徐音廉一音力漸反盂音于夏會于斷道討貳也盟于卷楚卷楚即斷道○卷音權一音居免反辭齊人晉人執晏弱于野王執蔡朝于原執南郭偃于溫執三子不書非卿野王縣今屬河內苗賁皇使見晏桓子賁皇楚鬭椒之子楚滅鬭氏而奔晉食邑于苗地晏弱時在野王故因使而見之○賁扶云反使所吏反注及下同歸言於晉侯曰夫晏子何罪昔者諸侯事吾先君皆如不逮言汲汲也○逮音代或大計反汲音急舉言羣

臣不信，諸侯皆有貳志。齊亦皆也。齊君恐不得禮，不見禮待。故不出，而使四子來。左右或沮之，沮，止也。○沮，在呂反。曰：「君不出，必執吾使。」故高子及斂盂而逃。夫三子者曰：「若絕君好，寧歸死焉。」為是犯難而來。吾若善逆彼，彼，齊二人。○好，呼報反。為，于偽反。難，乃旦反。以懷來者。吾又執之，以信齊沮，吾不既過矣乎？過而不改，而又久之，以成其悔，何利之有焉？使反者得辭，反者，高固。謂得不當來之辭。

【疏】「以信齊沮」。○正義曰：使沮者之言信也。○「而又」至「有焉」。○正義曰：晏桓子等懼晉之命，不得已而來，恨郤侯之使也。今晉不以禮待之，而又久執之，以成其悔恨，言本恨齊公，又恨晉。郤克見晉如此，將有背晉之心。齊若叛晉，何利之有？言此者，勸晉侯免之耳。

而害來者，以懼

諸侯將焉用之晉人緩之逸緩不拘執使得逃去也傳言晉不能脩禮諸侯所以貳○焉於虔反拘九于反○秋八月晉師還○范武子將老老致仕初受隨故曰隨武子後更受范復爲范武子○復扶又反召文子曰燮乎吾聞之喜怒以類者鮮文子士會之子燮其名○燮素協反鮮息淺反易者實多易遷怒也詩曰君子如怒亂庶遄沮君子如祉亂庶遄已詩小雅也遄速也沮止也祉福也○遄市專反祉音恥君子之喜怒以已亂也弗已者必益之郤子其或者欲已亂於齊乎不然余懼其益之也余將老使郤子逞其志庶有豸乎豸解也欲使郤子從政快志以止亂○豸本又作鳩直是反或音居牛反非也解注豸解也○正音蟹此訓見方言跡義曰方言文爾從二三子唯敬

宣十七

二三子晉諸大夫乃請老郤獻子爲政○冬公弟叔肸卒公母弟也凡大子之母弟公在曰公子不在曰弟以兄爲尊凡稱弟皆母弟也此策書之通例也庶弟不得稱公弟而母弟或稱公子若嘉好之事則仍舊史之文惟相殺害然後據例以示義所以篤親親之恩崇友于之好釋例論之備矣○好呼報反【疏】凡大至弟也○正義曰此例再言凡者前凡明稱母弟之人適子及妾子之等後凡明策書稱弟者皆母弟之義公之母弟見經者鄭叚魯公子友衛叔武實母弟而不稱弟陳公子招昭元年稱公子八年稱弟釋例曰弟之寵異於衆弟蓋緣自然之情以養母氏之志公在雖俱稱公子其兄爲君則特稱弟殊而異之親而睦之既以隆友于之恩亦以獎爲人弟之敬成相親之益也通庶子爲君故不言夫人之子而曰母弟母弟之見於經者二十而傳之所發六條而已凡稱弟皆母弟此策書之通例也庶弟不得稱弟而母弟得稱公子故傳之所發隨而釋之諸稱弟者不言皆必稱弟也秦伯之弟鍼適晉女叔齊曰秦公子必歸此公子亦國之常言得兩通之證也仲尼因母弟之例據例以

興義鄭伯懷害弟之心天王縱羣臣以殺其弟夫子探書其
志故顯稱二兄以首惡佞夫稱弟不闘反謀也鄭段去弟身
爲謀首也然則兄而害弟稱弟以章兄罪弟又害兄則去弟
以罪弟身也推此以觀其餘秦伯之弟鍼陳侯之弟黄衛侯
之弟縶出奔皆是兄害其弟也秦伯有千乘之國而不能容
其母弟傳曰罪秦伯歸罪秦伯則鍼罪輕也陳侯不能制禦
臣下使逐其弟傳曰非罪非黄之罪則罪在陳侯此互舉之
文也至於陳招殺兄之子宋辰率羣卿以背宗國披大邑以
成叛逆然不推及於其兄故以首惡稱弟稱名從兩下相殺
也統論其義兄弟二人交相殺害各有曲直存弟則示兄曲
也鄭伯既云失教若依例存弟則嫌善段故特去弟兩見其
義也若夫朝聘盟會嘉好之事此乃兄弟之篤睦非義例之
所興故仍舊史之策或稱弟或稱公子踐土之盟叔武不稱
弟此其義也莒挐非卿非卿則不應書今嘉獲故特書特書
猶不稱弟明諸書弟者皆卿也先儒説母弟善惡褒貶既多
相錯謬又云稱弟皆謂公子不爲大夫者得以君爲尊寵傳
莒挐非卿乃法所不書書而不言弟非得以君爲尊也凡聘
享嘉好之事於是使卿故夷仲年之聘皆以卿稱弟而行此
例所謂兄稱弟皆母弟左傳明文而自違之潁氏又曰臣無
竟外之交故云弟以貶季友子招欒憂故去弟以懲過鄭段

去弟唯以名通故謂之貶今此二人皆稱公子公子者名號之美稱以非貶所也劉炫云甫言凡者前月據適妻子爲文後凡無妾子爲君母弟不得稱弟故更言凡也

經十有八年春晉侯衛世子臧伐齊○臧子郎反○公伐杞無傳○夏四月○秋七月邾人戕鄫子于鄫傳例曰自外曰戕邾大夫就鄫殺鄫子○戕在良反徐又在精反鄫才陵反疏注傳例至鄫子○正義曰杜以會盟之例卿則書名氏大夫則稱人此稱邾人故云邾大夫耳所以遠亦云邾使大夫往殘賊之○甲戌楚子旅卒未同盟而赴以名吳楚之葬僭而不典故絶而不書同之夷蠻以懲求名之僞○僭子念反懲直升反止也又作徵如字明也疏注未同至之僞○正義曰諸侯之葬魯不會則不書知吳楚之葬爲僭不書者襄二十九年傳稱葬楚康王公親送葬經亦不書故知其不爲魯不會也禮坊記曰天無二日国無二王示民有君臣之別春秋不稱楚越之王喪恐民之惑也鄭玄云楚越之君僭號稱王不稱其喪謂不書葬也公羊傳曰吳楚之

君不書葬辟其僭號也辟其號者五等諸侯卒則稱爵書卒及葬則從彼臣子之辭皆稱爲公若書楚葬亦宜從彼所稱當云葬楚王以此僭而不典不得稱王故遂絕之而不書其葬同之蠻夷言其不足紀錄以懲創自求名號之僞同之蠻夷昔蠻夷卒亦不書言其不書似之也○公孫歸父如晉○冬十月壬戌公薨于路寢○歸父還自晉至笙遂奔齊大夫還不書春秋之常也今書歸父還奔善其能以禮退不書族者非常所及今特書略之笙魯竟也故不言出○笙音生徐又敕貞反一本又作檉亦作朾案徐後音是依二傳文竟音境

傳十八年春晉侯衛大子臧伐齊至于陽穀齊侯會晉侯盟于繒以公子彊爲質于晉晉師還蔡朝南郭偃逃歸晉師與齊盟守者解緩故得逃○繒才陵反質音致解佳買反○夏公使如楚乞師欲以伐齊公不事齊齊與晉盟故懼

而乞師于楚，不書，微者行。

秋，邾人戕鄫子于鄫。凡自虐其君曰弒，自外曰戕。弒戕皆殺也，所以別内外之名。弒者積微而起，所以相測量，非一朝一夕之漸；戕者卒暴之名。○弒音試，注同。弒字從式，殺字從殳，不同，他皆放此。別，彼列反。朝，如字。卒，寸忽反。

疏注"弒戕"至"之名"。○正義曰：弒者，試也，言臣下伺候間隙，試犯其君。戕者，殘也，言外人卒暴而來，殘賊殺害也。弒、戕皆是殺也，所以別内外之名耳。釋例曰：列國之君而受害於臣子，其所由者積微而起，所以相測量，非一朝一夕之漸，故改殺爲弒。戕者，卒暴之名，有國之君，當重門設險，而輒近暴客，變起倉卒，亦因事而見賊也。臣弒其君，子弒其父，此之惡逆，君子難言，故春秋諸自内虐其君，皆以弒爲文也。春秋弒君多矣，其戕唯此一事。自弒其君，凡明無道臣罪之例。戕者，外人所殺，爲無防禦，言皆是君自招之，縱使君或無道，其惡不加外國，不得從弒君之例也。若戰死則書滅。此謂在國見殺耳。○楚莊王卒。楚師不出，既而用晉師，成二年，戰于鞌是。楚於是乎有蜀之役。在成二年冬。蜀，魯地，泰山博縣西北有蜀亭。○公孫歸父以襄仲之立公也有寵（歸父襄仲子）欲去三桓以張公室（時三桓強公室弱故欲去之以張大公室○去起呂反下注將去並同張如字一音陟亮反）與公謀而聘于晉欲以晉人去之冬公薨季文子言於朝曰使我殺適立庶以失大援者仲也夫（適謂子惡齊外甥襄仲殺之而立宣公南通於楚既不能固又不能堅事齊晉故云失大援也○適丁歷反注同援于眷反又音袁）臧宣叔怒曰當其時不能治也後之人何罪子欲去之許請去之（宣叔文仲子武仲父許其名也時為司寇主行刑言子自以歸父為害己欲去者許請為子去之○請為于偽反）遂逐東門氏（襄仲居東門故曰東門氏）子家還及笙（子家歸父字）壇帷復命於介（除地為壇而張帷介副也將去使介反命於君○壇音善介音界）

【疏】復命於介　正義曰聘禮

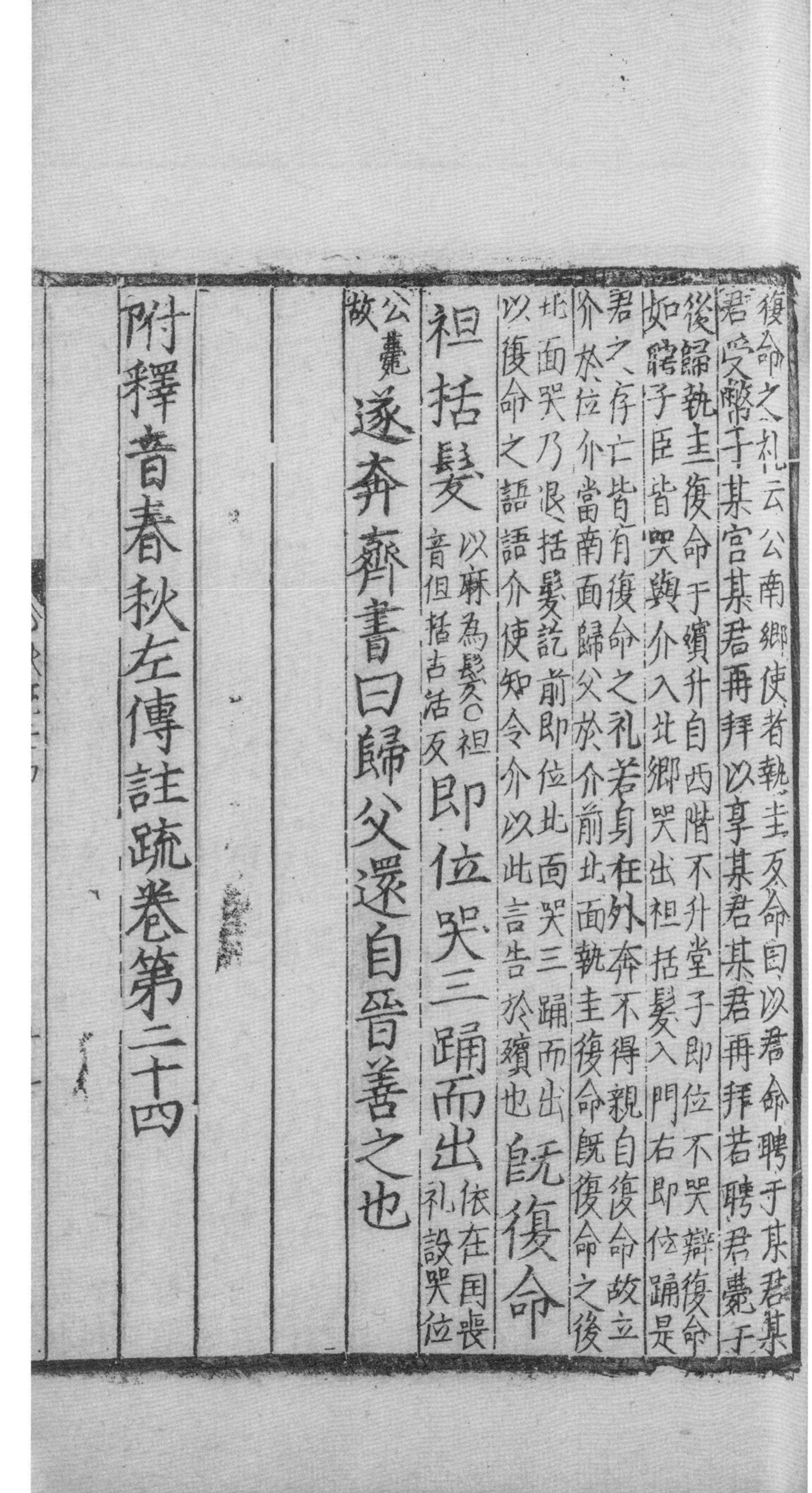

復命之禮云公南鄉使者執圭反命曰以君命聘于某君某君受幣于某宮某君再拜以享某君某君再拜若聘君薨于後歸執圭復命于殯升自西階不升堂子即位不哭辯復命如聘子臣皆哭與介入北鄉哭出袒括髮入門右即位踊是君之存亡皆有復命之禮若身在外奔不得親自復命故立介於位介當南面歸父於介前北面執圭復命既復命之後北面哭乃退括髮訖前即位北面哭三踊而出以復命之語語介使知令介以此言告於殯也既復命袒括髮以麻為髮反○袒音但括古活反即位哭三踊而出依在周喪礼設哭位公薨故遂奔齊書曰歸父還自晉善之也

附釋音春秋左傳註疏卷第二十四

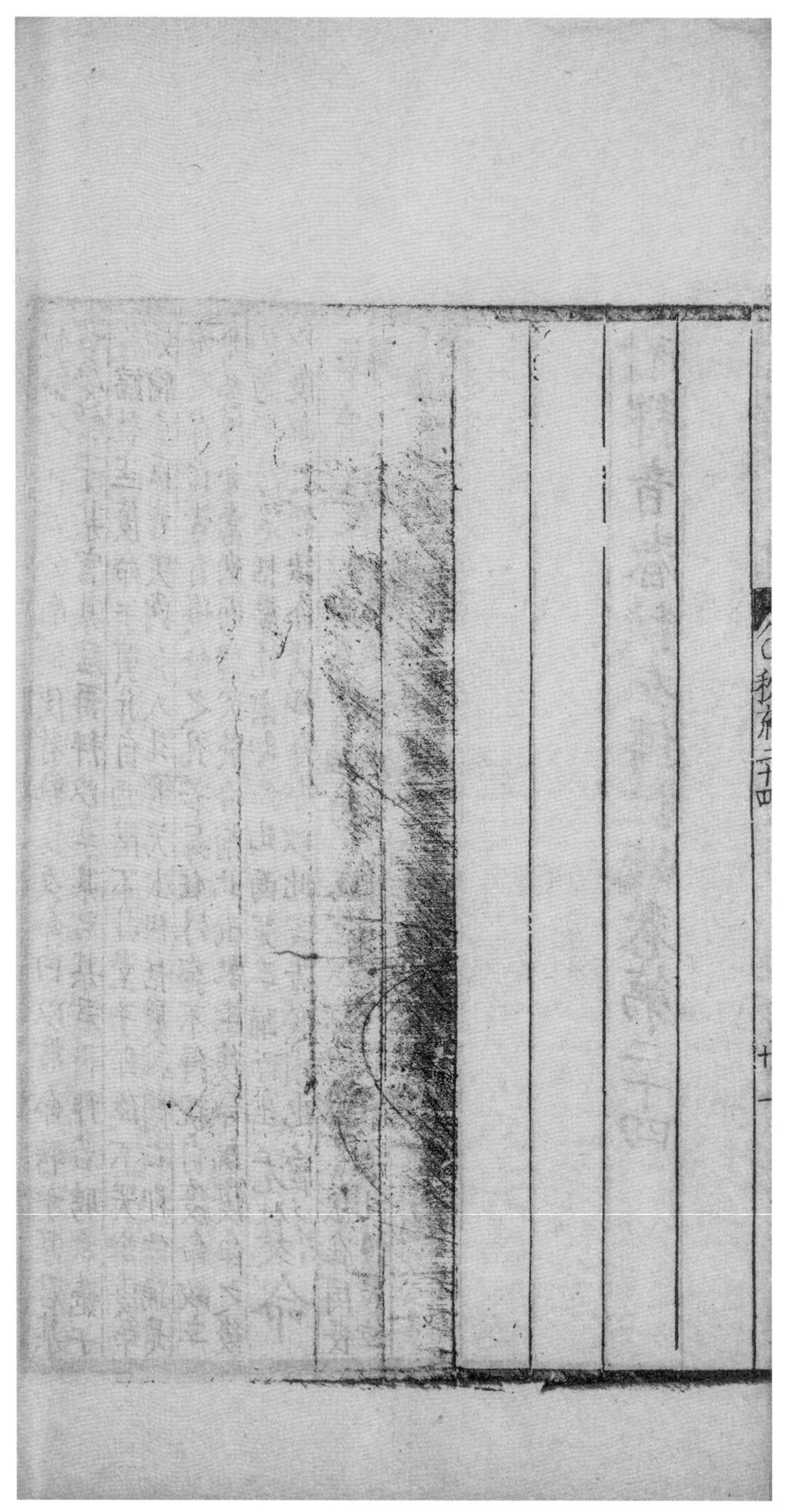

附釋音春秋左傳註疏卷第二十五 成元年至二年

杜氏註　孔穎達疏

成公○陸曰成公名黑肱宣公子謚法安民立政曰成【疏】正義曰魯世家云成公名黑肱宣公之子穆姜所生以定王十七年即位謚法安民立政曰成釋例曰宣公薨之年成公又非穆姜所生不知其母何氏也案宣元年夫人婦姜至自齊即穆姜也至此始十八年耳二年傳稱公衡為質於楚公衡成公子也既堪為質則其年已長成公若是穆姜之子未得有成長之男

經元年春王正月公即位無傳○二月辛酉葬我君宣公無傳○無冰無傳周二月今之十二月而無冰書冬溫【疏】注周二至冬溫○正義曰襄二十八年春無冰彼春無月則是竟春無冰此亦竟春無冰而書在二月下者以盛寒之月書之也穀梁傳曰終時無冰則志此未終時而言無冰何也終無冰矣加之寒之辭也其意言此月寒最甚此月無冰則終無冰

矣杜言今之十二月首見此意也冬
而無冰是時之失故書之記冬温也○
三月作丘甲
周
礼
九夫爲井四井爲邑四邑爲丘丘十六井出戎馬一匹牛三
頭四丘爲甸甸六十四井出長轂一乘戎馬四匹牛十二頭
甲士三人步卒七十二人此甸所賦今魯使丘出之譏重斂
故書○甸徒練反一音繩證反乘繩證反卒尊忽反斂力驗
反
【疏】周礼至故書○正義曰周礼九夫爲井四井爲邑四
邑爲丘四丘爲甸小司徒職文也司馬法六尺爲步
步百爲畝畝百爲夫夫三爲屋屋三爲井四井爲邑四邑爲
丘丘有戎馬一匹牛三頭是曰匹馬丘牛四丘爲甸甸六十
四井出長轂一乘馬四匹牛十二頭甲士三人步卒七十二
人戈楯具謂之乘馬然則杜之此注多是司馬法文而獨以
周礼冠之者以司馬法祖述周礼其所陳者即是周法言此
是周之舊法耳不言周礼有此文也鄭注論語云司馬法成
方十里出革車一乘與此不同者鄭注小司徒云方十里爲
成縁邊一里治溝洫實出稅者方八里八十四井[illegible]鄭注小
司徒又引司馬法云成出革車一乘甲士十人徒二十人十
成爲終終、千井革車十乘甲士百人徒二百人十終爲同萬井
革車百乘甲士千人徒二千人與此車一乘甲士三人步卒
[illegible]二人不同者小司徒辨畿内都鄙之地域鄭注引士十

人淅二十人者謂公卿大夫畿內采地之制此之所謂諸侯
御國出軍之法故不同也古者用兵天子先用六鄉六鄉不
足取六遂六遂不足取公卿采邑及諸侯邦國若諸侯出兵
先盡三鄉三遂鄉遂不足然後總徵竟內之兵案此一車甲
士步卒總七十五人周禮大司馬五人為伍五伍為兩四兩
為卒五卒為旅五旅為師五師為軍大數不同者大司馬所
云謂鄉遂出軍及臨時對敵布陳用兵之法此甲士三人步
卒七十二人謂徵課邦國出兵之時所徵之兵既至臨陳還
同鄉遂之法必知臨敵用鄉遂法者以桓五年戰于繻葛先
偏後伍又宣十二年傳有一卒卒偏之兩及尚書牧誓云千
夫長百夫長是臨時對敵皆用卒兩師旅也長轂馬牛甲兵
戈楯皆一甸之民同共此物若鄉遂所用車馬甲兵之屬皆自
國家所共知者以一鄉出一軍則是家出一人其物不可私
備故也此言四丘為甸並據上地言之若以上中下地相通
則二甸共出長轂一乘耳甸即乘也六十四井出車一乘是
故以甸為名也一乘甲兵甸之所賦今魯使丘出甸賦乃四
倍於常譏其重斂故書之也穀梁傳曰作為也丘為甲也丘
甲国之事也丘作甲非正也古者立国家百官具農工皆有
職以事上古者有四民有士民有商民有農民有工民丘作
甲非正也其意以為四邑共丘使一丘農民皆作甲以農[illegible]

工夫其本業故譏之今左氏經傳並言作丘甲耳重斂之事傳無明文而知必異穀梁以爲丘作甸甲者以傳云爲齊難故作丘甲以爲有齊難而多作甲丘知使丘爲甸甲而倍作之也士卒牛馬悉倍於常而獨言甲者甲是新作之物其餘歛充之耳非作之也譏其新作故舉甲言之初稅畝言初此不言初者此備齊難暫爲之耳非是終用故不言初然則築城備難非時不譏此亦備難而譏之者魯是大国甲兵先多僖公之世猶云公車千乘昭公之蒐傳稱革車千乘此時不應然也其甲足以拒敵而又加之重斂故譏之○夏臧孫許及晉侯盟于赤棘晉地○秋王師敗績于茅戎茅戎別種也不言戰王者至尊天下莫之得校故以自敗爲文不書敗地而書茅戎明爲茅戎所敗書秋從告○茅戎亡交反史記及三傳皆作貿戎種章勇反○冬十月

傳元年春晉侯使瑕嘉平戎于王平文十七年邥垂之役詹嘉處瑕故謂之瑕嘉○邥音審詹之廉反單襄公如晉拜成單襄公王卿士謂晉爲平

戎○單音善爲于僞反下文同**劉康公徼戎將遂伐之**康公王季子也

戎平还欲要其無備○徼古堯反要也要一遥反【疏】注康公至無備○正義曰宣十年經書王季子來聘傳言

刘康公知即王季子也傳言平戎于王戎必遣使詣周受平但康公要戎者非要戎平還之使單使來平不足伐也欲伐

其國耳以未平之日設備禦周今既平矣戎必無備要其無備將遂往伐之故下云遂伐茅戎起兵伐其國也**叔**

服曰背盟而欺大國此必敗叔服周内史○背音佩下音同**背**

盟不祥欺大國不義神人弗助將何以勝不

聽遂伐茅戎三月癸未敗績于徐吾氏徐吾氏茅

戎之別也【疏】敗績于徐吾氏○正義曰敗于徐吾之地也茅戎已是戎内之别徐吾又是茅戎之内聚落之名王

師與茅戎戰之處○**爲齊難故作丘甲**前年魯乞師於楚欲以伐齊楚師不出故

懼而作丘甲○難乃旦反下同○**聞齊將出楚師夏盟于赤棘**與晉

盟擢齊楚○秋王人來告敗解經所以秋乃書○冬臧宣叔令

脩賦繕完治完城郭○繕完市戰反下和端反具守備曰齊楚結

好我新與晉盟晉楚爭盟齊師必至雖晉人

伐齊楚必救之是齊同我也同共也○守手又反好呼報反知

難而有備乃可以逞逞解也爲二年齊侯伐我傳○解音蟹

經二年春齊侯伐我北鄙○夏四月丙戌衛

孫良夫帥師及齊師戰于新築衛師敗績新築

衛地皆陳曰戰大崩曰敗績四月無丙戌丙戌五月一日○築音竹陳且覲反○六月癸酉季

孫行父臧孫許叔孫僑如公孫嬰齊帥師會

晉郤克衛孫良夫曹公子首及齊侯戰于鞌

齊師敗績魯乞師於晉而不以與謀之例若從盟主之令上行於下非匹敵和成之類例在宣十年曹大夫常不書而書公子首者首命於國備於禮成為卿故也。鞌齊地。○僑其驕反注同郤去逆反鞌音安與音預敵如字本或作適亦音敵

疏注魯乞至齊地。○正義曰此云盟主之令故不從與謀釋例云乞師不得從與謀所以不同者以事得兩通故互言之魯當於聘與盟會雖二卿並行止書一使至於行師用兵則並書諸將此書四卿昭定之世或書三卿或書二卿皆謂重兵故書之其地国雖書元帥詳內畧外也書曹公子首者釋例曰公侯伯子男及卿大夫士命數周官具有等差當春秋時漸以變改是故仲尼丘明據時之宜從而然之不復與周官同也命者其君正爵命之於朝其宮室車旗衣服禮義各如其命數皆以卿禮書於經衛之於晉不得比次国則邾莒杞鄫之屬国以微矣此等諸国當時附隨大國不得列於會者甚衆及其得列上不能自通於天子下無暇於備礼成制故與於盟會戰伐甚多唯曹公子首得見經其餘或命而礼儀不備或未加命數故皆不書之是言首成為卿故書。○秋七月齊侯使國佐如師己酉及國佐盟于袁婁穀梁曰鞌

去齊五百里袁婁去齊五十里【疏】注穀梁至十里○正義曰齊之四竟不應過遠且穀已是齊地未必竟上之邑豈得去齊有五百里乎穀梁又云壹戰緜地五百里則是甚言之耳釋例土地名鞌與袁婁並闕不知其處遠近無以驗之。

○八月壬午宋公鮑卒未同盟而赴以名○鮑步卯反○庚寅衛侯速卒宣十七年盟于斷道據傳庚寅九月七日○取汶陽田晉使齊還魯故書取不以好得故不言歸○汶音問好呼報反【疏】注晉使至言歸○正義曰晉使齊還魯魯不用力故直書取哀八年齊人歸讙及闡此不言齊人歸者不以好得非齊歸我故不言歸○冬楚師鄭師侵衛子重不書不親伐【疏】注子重不書不親伐○正義曰僖二十五年楚人圍陳注云子玉稱人從告此云子重不書不親伐者彼以路遠或當不以實告此傳言侵衛遂侵我道路既近告當以實經傳皆言楚師例是將卑師衆故以為子重不稱伐所以弘通其義也○十有一月公會楚公子嬰齊于蜀公與大夫會不貶嬰齊者時有許蔡之君故【疏】注公與至君故○正義曰傳稱在礼卿不

會公侯會公侯則貶之而稱人翟泉之盟是也此嬰齊會公乃稱公子而不貶者爲其會有蔡許之君蔡侯許男與公相敵嬰齊不與公敵故不貶也傳稱孟孫賂楚楚人許平即云十一月公及楚公子嬰齊蔡侯許男秦右大夫説宋華元陳公孫寧衛孫良夫鄭公子去疾及齊國之大夫盟于蜀凡會盟觀者必先會而後盟盟時蔡許在列會時必亦在焉以二君乘楚車謂之失位經雖抑而不書會時其身實在且二君與楚同行無容不列於會故知二君在會嬰齊不敵公也或以爲於時兵將嬰齊爲主蔡許爲王左右隷屬嬰齊則二君卑於嬰齊何由得與公敵斯不然矣征伐以主兵爲先盟會以尊卑爲序春秋之常也僖二十七年楚人陳侯蔡侯鄭伯許男爲宋楚既稱人必非貴者爲其主兵猶序於上文七年公會諸侯晉大夫盟于扈傳曰齊侯宋公衛侯陳侯鄭伯許男曹伯會晉趙盾盟于扈於時晉爲盟主召諸侯使集會而趙盾猶序於下文不先諸侯則知此時行兵楚爲其主會則蔡許在先故二君自敵公明嬰齊不敵公也襄二十六年公會晉人鄭良霄宋人曹人于澶淵傳曰公會晉趙武宋向戌鄭良霄曹人于澶淵趙武不書尊公也於是衛侯會之然則時有衛侯猶貶趙武者於時衛侯雖在晉將執之不得與會而趙武敵公故貶之也彼傳又曰晉人執甯喜北宮遺使女

齊以先歸衛侯如晉人執之於會已執其卿衛侯如晉晉即執之明其不得與會公無所敵故趙武敵公與此異也○

丙申公及楚人秦人宋人陳人衛人鄭人齊人曹人邾人薛人鄫人盟于蜀齊在鄭下非卿傳曰卿不書匱盟也然則楚卿於此始與中國準自此以下楚卿不書皆貶惡也○匱其位叉

【疏】注齊在至惡也○正義曰諸會盟同地而間無他事者例不重序其人此會盟序者前會之時唯公會楚耳蔡許從楚而行唯應蔡許在列秦宋以下諸國未至會盟人別故別序也諸征伐會盟實卿而貶稱人者傳皆言其名氏實是大夫而本合稱人者則傳皆言大夫此傳鄭公子去疾以上言其名氏則皆是卿也齊国之大夫則實是大夫故齊在鄭下為非卿故也傳曰卿不書匱盟也謂匱盟之故并貶楚卿楚卿於是盟上始與中國相準釋例曰楚之君臣最多混錯舊說亦隨文強生善惡之狀混瀆無已其不能得辭則皆言惡蠻夷得志然當齊桓之盛而經以屈完敵之若必有褒貶非抑楚也此乃楚之初興未閑周之典礼告命之書自生同異猶秦之僻陋不與中国準故春秋抑秦以存例也楚之熊繹始封於楚僻在荊山蓽路藍縷以居

俗爲及武王熊達始居江漢之間然未能自同於列國故經稱荊敗蔡師荊之來聘從其所居之號而總其君臣至於魯僖始稱楚人而班次在於蔡下僖二十一年當楚成王之世能遂其業内列於公侯會于盂楚之君爵始與中國列然其臣名氏猶多參錯至于魯成二年楚公子嬰齊始乃具列傳曰卿不書匱盟也兼爲楚臣亦例也自此以上春秋未以入例自此以下從取之義可得而論之也杜言兼爲楚臣亦例言解傳言匱盟之意傳言卿不書者非獨言諸侯之卿不書兼言楚卿亦不書是兼言其卿亦不例

傳二年春齊侯伐我北鄙圍龍龍魯邑在泰山博縣西南頃公之嬖人盧蒲就魁門焉攻龍門也○頃音傾嬖必計反魁苦回反龍人囚之齊侯曰勿殺吾與而盟無入而封封竟○竟音境弗聽殺而膊諸城上膊磔也○膊音普各反磔陟百反（疏）注膊磔也○正義曰周禮掌戮掌斬殺賊諜而搏之鄭玄云搏當爲膊諸城上之膊字之誤也膊謂去衣磔之方言云膊暴也

齊侯親鼓士陵城三日取龍遂南侵及巢丘取龍侵巢丘不書其義未聞疏注取龍至未聞○正義曰外取內邑非魯之罪無所可諱而此獨不書故杜云其義未聞賈逵云殺盧蒲就魁不與齊盟以亡其邑故諱不書耳案楚子滅蕭與齊入莒皆殺楚人而經不變文以加罪此何當改文以諱惡也哀八年齊人取讙及闡以淫女見取猶同書之此豈獨見取何以當諱知諱義不通故不從也

○衞侯使孫良夫石稷甯相向禽將侵齊與齊師遇衞伐齊還相遇於衞也良夫孫林父之父石稷石碏四世孫甯相甯俞子○相息亮反向舒亮反碏七略反俞羊朱反石子欲還孫子曰不可以師伐人遇其師而還將謂君何言無以荅君若知不能則如無出今既遇矣不如戰也夏有闕文失新築戰事石成子曰師敗矣子不少須衆懼盡成子石稷也衞師已敗而孫子

夫復欲戰故成子欲使須救。復扶又反子喪師徒何以復命皆不對又曰子國卿也隕子辱矣隕見禽獲。喪息浪反隕于敏反【疏】皆不對。正義曰子者指斥孫子其言並告諸將言皆不對者孫子與齊相向禽皆不對又曰子國卿也乃專與孫子言耳子以衆退我此乃止我於此止禦齊師。禦魚呂反且告車來甚衆新築人救孫桓子故並告令軍中齊師乃止次于鞫居鞫居衛地。鞫居六反新築人仲叔于奚救孫桓子桓子是以免于奚守新築大夫【疏】注于奚守新築大夫。正義曰大夫守邑以邑冠之呼為某人孔子父鄒邑大夫傳稱鄒人紇論語謂孔子為鄒人之子即此類也既衛人賞之以邑賞于奚辭請曲縣軒縣也周禮天子樂宮縣四面諸侯軒縣闕南方。縣音玄注同【疏】注軒縣至南方。正義曰周禮小胥正樂縣之位王宮縣諸侯軒縣大夫判縣士特縣鄭衆云宮縣四面縣軒縣去其一面判縣又去一面特縣又去一面四面象宫室四面有牆故謂之宫縣軒縣三面其形曲故春秋傳曰請曲縣繁纓以朝諸侯之礼也鄭玄云樂縣謂鍾磬之屬縣於笋簴者軒縣去南面辟王也判縣左右之合又空北面特縣縣於東方或於階間而已是先儒皆以爲南方故曲也家語説此事云請曲縣之樂繁纓以朝王肅云軒縣闕一面故謂之曲縣

繁纓以朝許之

繁纓馬飾皆諸侯之服○繁步干反注同

（疏）注繁纓至之服○正義曰周礼巾車掌王之五路王路樊纓十有再就以祀金路樊纓九就同姓以封象路樊纓七就異姓以封革路條纓五就以封四衛木路前樊鵠纓以封蕃国鄭玄云樊讀如鞶帶之鞶謂今馬大帶也纓今馬鞅也玉路金路象路其樊及纓皆以五彩罽飾之就成也玉路十二成金路九成象路七成革路樊纓以條絲飾之而五成木路以淺黑飾韋爲樊鵠色飾韋爲纓亦五成是言天子諸侯樊纓之飾繁即鞶也字之異耳巾車又云孤乘夏篆卿乘夏縵大夫乘墨車士乘棧車其飾皆無樊纓是繁纓爲馬之飾皆諸侯之服也案儀礼既夕士薦馬纓三就又諸侯之卿有受革輅木輅之賜皆有繁纓而云諸侯之服者以與曲縣相對又于奚所請故云諸侯之服且諸侯之卿特賜乃有大輅士喪礼爲送葬設盛服耳皆非正法所有

仲尼聞之曰惜也不如多與之邑唯器與名不可以假人（器車服名爵號）君之所司也名以出信（名位不愆為民所信○愆起虔反）信以守器（動不失信則車服可保）器以藏禮（車服所以表尊卑）禮以行義（尊卑有礼各得其宜）義以生利（得其宜則利生）利以平民政之大節也若以假人與人政也政亡則國家從之弗可止也已

疏（仲尼至止也已）

○正義曰仲尼在後聞之曰此曲縣繁纓可惜也不如多與之邑唯車服之器與爵號之名不可以借人也此名號車服是君之所主也名位不愆則為下民所信此名所以出信也動不失信然後車服可保此信所以守車服之器也礼則尊卑之別車服以表尊卑車服之器其中所以藏礼言礼藏於車服之中也義者宜也尊卑各有其礼上下乃得其宜此礼所以行其物宜也物皆得宜然則是利生焉此義所以生利益也利益所以成民此乃政教之大節也若以名器借人則

是與人政也政教既亡則国家從之而亡不復可救止也已言利以平民者平成也每事有利所以成就下民使国益民皆是利也此以曲縣繁纓與人假人器耳名器俱是可重故并言也孫栢子還於新築不入不入國遂如晉乞師○臧宣叔亦如晉乞師皆主郤獻子宣十七年郤克至齊為婦人所笑遂怨故魯衛因之孫栢子臧宣叔皆不以国命名自器郤克故不書晉侯許之七百乘五萬二千五百人○乘繩證反下同郤子曰此城濮之賦也城濮在僖二十八年○濮音卜有先君之明與先大夫之肅故捷克於先大夫無能為役無能為之役使請八百乘許之六萬人郤克將中軍士燮將上軍范文子代荀庚○將子匠反【疏】注范文子代荀庚○正義曰宣十二年邲之戰傳稱荀林父將中軍先縠佐之士會將上軍郤克佐之趙朔將下軍欒書佐之十三年晉殺先縠當以是士會佐中軍郤克將上軍不

趙朔代郤克佐上軍疑是荀首爲之十六年士會將中軍則林父卒矣當是郤克佐中軍疑是荀首將上軍荀庚佐之十七年士會請老郤克將中軍當是荀首佐中軍荀庚將上軍所以知者此年傳稱楚巫臣對楚王云知罃之父中行伯之季弟也新佐中軍則荀首於莊王之世已佐中軍明士會去後郤克還而荀首代也荀首於邲之戰尚爲大夫不應宣之末年得佐中軍故疑先穀死後代郤克佐上軍也明年荀庚來聘傳稱中行伯之於晉也其位在三則此時荀庚將上軍矣林父卒來已久不應尚用荀庚故疑林父卒後荀庚即佐上軍士會老後荀庚轉將上軍故杜以爲士燮代荀庚也邲戰以來趙朔無代今欒書將下軍則趙朔卒矣故知欒書代趙朔不知此時誰代欒書佐下軍也

欒書將下軍代趙朔韓厥爲司馬以救魯衛臧宣叔逆晉師且道之季文子帥師會之及衛地韓獻子將斬人郤獻子馳將救之至則既斬之矣郤子使速以徇告其僕曰吾以分謗也不欲使韓

氏獨受誘○道音導徇似俊反師從齊師于莘莘齊地○莘所巾反六月壬申

師至于靡笄之下靡笄山名○靡笄如字又音摩笄音雞齊侯使

請戰曰子以君師辱於敝邑不腆敝賦詰朝

請見詰朝平旦○腆他典反詰起吉反朝如字注及下朝夕朝食同見賢遍反對曰晉與

魯衛兄弟也來告曰大國朝夕釋憾於敝邑

之地大國謂齊敝邑魯衛自謂○憾胡暗反本又作感寡君不忍使羣臣

請於大國無令輿師淹於君地輿衆也淹久也○令力呈反師

如字下無令輿師同一音所類反能進不能退君無所辱命言自欲戰

不復須君命○復扶又反齊侯曰大夫之許寡人之願也若

其不許亦將見也齊高固入晉師桀石以投

人（桀擔也。○擔丁甘反）禽之而乘其車（既獲其人，因釋己車而載所獲者車。繫）桑本焉以徇齊壘（將至齊壘，以桑樹繫車而走，欲自異。○壘力軌反）曰：欲勇者賈余餘勇。（賈，賣也。言己勇有餘，欲賣之。○賈音古，注同。賣，莫懈反）癸酉，師陳于鞌。邴夏御齊侯，逢丑父爲右。晉解張御郤克，鄭丘緩爲右。齊侯曰：余姑翦滅此（而後）朝食。（姑，且也。翦，盡也。○陳，直覲反。邴音丙，又彼命反。夏，戶雅反。解張，音蟹，下如字，一音直亮反）不介馬而馳之。（介，甲也）郤克傷於矢，流血及屨，未絕鼓音，（中軍將自執旗鼓，故雖傷而擊鼓不息。○將，子匠反，下「將在左」同）

【疏】注「中軍」至「不息」。○正義曰：以郤克爲中軍之將，言己之傷而未絕鼓音，明是法當自執旗鼓也。周禮大僕：「軍旅田役，贊王鼓。」鄭玄云：「王通鼓，佐擊其餘面。」上云齊侯親鼓，則天子諸侯自將兵者亦親執旗鼓以令衆。

曰：余病矣。張侯曰：

自始合而矢貫余手及肘余折以御左輪朱殷豈敢言病吾子忍之張侯解張也朱血色血色久則殷殷音近烟今人謂赤黑為殷色言血多汙車輪御猶不敢息○貫古亂反下注同肘竹九反折之設反殷於閑反徐於根反注同近附近之近汙汙者之汙字恭一故反緩曰自始合苟有險余必下推車子豈識之然子病矣以其不識己推車○推昌誰反又他回反注及下推車同張侯曰師之耳目在吾旗鼓進退從之此車一人殿之可以集事殿鎮也集成也○殿多練反注同若之何其以病○絶句敗君之大事也擐甲執兵固即死也擐貫也即就也○擐音患【疏】注甚之至也○正義曰郤克云余病言已不堪擊鼓欲有退軍之意故責之云何其以身病以病而敗君之大事也病未及死吾子勉之左

并轡，右援枹而鼓，馬逸不能止，師從之。晉師從郤克車。○并，必政反。轡，方聘反。援音爰。枹音浮。鼓槌也。字林云：擊鼓柄也。本亦作桴。【疏】援桴而鼓。○正義曰：說文云：援，引也。枹，擊鼓杖也。援枹而鼓，謂引杖以擊之。齊師敗績，逐之，三周華不注。華不注，山名。○華，如字，又户化反。注，之住反。韓厥夢子輿謂己曰：「旦辟左右。」子輿，韓厥父。故中御而從齊侯。居中代御者。自非元帥，御者皆在中，將在左。○帥，所類反。【疏】注居中至在左。○正義曰：韓厥為司馬，亦是軍之諸將也。以夢之故，乃居中為御，明其本不當中。先非御者，若御不在中，又不須云代御。以此知自非元帥，其餘軍之諸將皆御者在中，將在左。邴夏曰：「射其御者，君子也。」公曰：「謂之君子而射之，非禮也。」齊侯不知戎禮。○射，食亦反，下并注皆同。【疏】注齊侯不知戎禮。○正義曰：僖二十二年傳曰：雖及胡耇，獲則取之，明恥教戰，求殺敵也。宣二年傳曰：戎昭果毅以聽之之謂禮。殺敵為果，致果為毅。是戎事以殺敵爲禮齊侯謂射君子爲非禮者以是齊侯不知戎禮也射其左越于車下越隊也○隊直類反射其右斃于車中綦毋張喪車從韓厥曰請寓乘綦毋張晉大夫寓寄也○綦毋音其下音無喪息浪反乘繩證反從左右皆肘之使立於後以左右皆死不欲使立其處○處昌慮反〔疏〕皆肘之正義曰說文云肘臂節也謂左右爲凶處故以肘排退之韓厥俛定其右俛俯也右被射仆車中故俯安隱之○俛音勉仆音赴又蒲北反〔疏〕韓厥俛定其右○正義曰言此若公爲下丑父入處公易位由厥之俯故不見其易綦毋張蓋助厥定右故並不見之逢丑父與公易位居公處將及華泉驂絓於木而止驂馬絓也○華戶化反絓二卦反一音卦驂七南反丑父寢於轏中轏士車○轏士產反又仕板反字林仕諫反云臥車也〔疏〕注轏士車○正義曰周禮中車士乘棧車鄭玄云棧車不革鞔而漆之考工記輿人云棧車欲弇鄭玄云爲其無革鞔不堅易坼壞然則

弁者謂上狹下闊也轏與棧字異音義同耳蛇出於其下以肱擊之傷而匿之故不能推車而及爲韓厥所及丑父欲爲右故匿其傷○肱古弘反匿女力反注同韓厥執縶馬前縶馬絆也執之示脩臣僕之職○縶張立反絆音半再拜稽首奉觴加璧以進進觴璧亦以示敬○觴式羊反

疏韓厥至以進○正義曰襄二十五年鄭公孫舍之帥師入陳傳曰陳侯免擁社子展執縶而見再拜稽首承飲而進獻事與此同唯無璧耳蓋古者有此禮彼雖敗績猶是國君故戰勝之將示之以臣禮事之不忍即加屈辱所以申貴賤之義晉語云鞌之役郤獻子伐齊侯來獻之以得殞命之禮也服虔引司馬法其有殞命以行禮如會所用儀也若殞命則左結旗司馬授飲右持苞壺左承飲以進杜不引之者蓋彼此不甚相當故也

曰寡君使羣臣爲魯衛請曰無令輿師陷入君地本但爲二國救請不欲乃過入君地謙辭○爲于僞反注同令力呈反下臣不幸屬當戎行無所逃隱

屬適也○屬音燭注同行下郎反且懼奔辟而忝兩君臣辱戎士若奔辟則為辱晉君并為齊侯羞故言二君此蓋韓厥自處臣僕謙敬之飾言○辟音避注同徐扶臂反服氏扶赤反敢告不敏攝官承乏言欲以已不敏攝承空乏從君俱還○從才用反又如字丑父使公下如華泉取飲鄭周父御佐車宛茷為右載齊侯以免佐車副車○宛紆元反茷扶廢反韓厥獻丑父郤獻子將戮之呼曰自今無有代其君任患者有一於此將為戮乎郤子曰人不難以死免其君我戮之不祥赦之以勸事君者乃免之齊侯免求丑父三入三出重其代已故三入晉軍求之○呼火故反任音壬難乃旦反【疏】注重其至求之○正義曰劉炫以齊侯三入齊軍又三出齊軍以求丑父每出之時

齊之將帥敗而懼以師而退不待齊侯致使齊侯入于狄卒今知不然者以傳文三入在前三出在後君用此說齊侯免在晉軍今入齊軍得以三入在前今齊侯既先在齊軍欲出求丑父應先出後入不應先入後出且初時二出容有二入在後之出遂入狄卒有出無入何得云三入又以傳文師帥兩字分明故杜以為齊侯每出齊師以帥厲退者每出之文別自為義不計上之三出劉君不達此盲妄規杜失非也每出齊師以帥退入于狄卒齊師大敗皆有退心故齊侯輕出其衆以帥厲退者遂逆入狄卒狄卒者狄人從晉討齊者○卒子忽反注及下同輕遣政反逆補諍反狄卒皆抽戈楯冒之以入于衛師衛師免之狄衛畏齊之強故不敢害齊侯皆共免護之○楯食準反又音允冒亡報反遂自徐關入齊侯見保者曰勉之齊師敗矣所過城邑皆勉勵其守者○守手又反辟女子使辟君也齊侯單還故婦人不辟之○辟音避注皆同一音扶赤反單音丹女子曰君免乎曰免矣曰鋭司徒免乎

曰免矣銳司徒主銳兵者○銳悅歲反曰苟君與吾父免矣可

若何言餘人不可復如何○復扶又反乃奔走辟君齊侯以爲有禮

先問君後問父故也旣而問之辟司徒之妻也辟司徒主壘壁者○辟音壁必

亦反注同徐甫亦反予之石窌石窌邑名濟北盧縣東有地名石窌○窌力救反一音力到反晉

師從齊師入自丘輿擊馬陘丘輿馬陘皆齊邑○陘音刑齊

侯使賓媚人賂以紀甗玉磬與地媚人国佐也甗玉甗皆滅

紀所得○媚美異反賂音路甗魚輦反徐音彥又音言字林牛健反甗子孕反又慈陵反〔疏〕注媚人至所得正義

曰經書齊侯使國佐如師故知賓媚人即国佐也杜譜云国佐賓媚人武子三事互見於經傳不知賓媚人是何等名號

也鄭衆注考工記云甗無底甑方言云甗自關而東謂之甗知甗是甑也下云子得其国宝知甗亦以玉爲之傳文玉在

甗磬之間明二者皆是玉也莊四年紀侯大去其国不言齊滅而云滅紀所得者紀侯彼偪而去後齊侯收其民人又取

其国宝此則與滅無異故為此解不可則聽客之所爲賓媚人致

賂晉人不可曰必以蕭同叔子爲質同叔蕭君之字齊侯外祖父子女也難斥言其母故遠言之○質徐音致下同難乃旦反而使齊之封內盡

東其畝使壟畝東西行○盡津忍反壟力勇反行戶郎反又如字對曰蕭同叔子

非他寡君之母也若以匹敵則亦晉君之母

也吾子布大命於諸侯而曰必質其母以爲

信其若王命何言違王命且是以不孝令也詩曰

孝子不匱永錫爾類詩大雅言孝心不乏者又能以孝道長賜其志類若

以不孝令於諸侯其無乃非德類也乎不以孝德賜同

類（疏）蕭同至類也乎○正義曰蕭同叔子非他人是寡君之母也若以匹敵言之則亦晉君之母也吾子布大

命於諸侯而曰必質其諸侯之母以為信其若王命何先王之命諸侯也使之孝於母親其類今輕慢其母不愛同類即是違王命也柰此王命何乎今輕齊侯之母亦是輕晉侯之母自輕其母即是不孝且告吾諸侯云以母為質是此者以不孝之事令諸侯也詩之意言孝子所以行孝不為匱乏之道故以孝道長賜女之族類諸侯皆晉侯之類晉侯皆以孝德賜同類若以不孝之事號令諸侯其無乃非是以孝德賜同類乎責其違孝道也所引詩者大雅既醉之篇 先王疆理天下物土之宜而布其利 疆界也理正物土之宜播殖之物各從土宜。疆居良反注下皆同 故詩曰我疆我理南東其畝 詩小雅或南或東從其土宜 （疏）詩曰至其畝。正義曰此詩小雅信南山之篇 今吾子疆理諸侯而曰盡東其畝而已唯吾子戎車是利 晉之伐齊循壟東行易。易以豉反 無顧土宜其無乃非先王之命也乎反先王則不義何以為盟主其齊晉實有闕闕失四王之王也禹湯文武。○之王于況反樹德而濟同欲焉樹立也濟成也五伯之霸也夏伯昆吾商伯大彭豕韋周伯齊桓晉文。○或曰齊桓晉文宋襄秦穆楚莊疏注夏伯至晉文。○正義曰鄭語云祝融能昭顯天地之光明其後八姓昆吾爲夏伯矣大彭豕韋爲商伯論語云管仲相桓公霸諸侯服虔云九十傳曰政之伯也言能政物是三代有伍伯矣伯者長也言爲諸侯之長也鄭玄云天子衰諸侯興故曰霸霸把也言把持王者之政教故其字或作伯或作霸也勤而撫之以役王命役事也今吾子求合諸侯以逞無疆之欲疆竟也。○竟如字又音境疏注四王至之欲。○正義曰禹湯文武四王之王天下也立德於民而成其同欲民有所欲上則同之東畝南畝皆順民意五伯之霸諸侯也唯勤勞其功而撫順之以奉事王命而已不敢王之制度也吾子求合諸侯以快其無疆界之欲止求自快己欲不與民同是違王霸之政也詩曰布政優優百祿是遒詩頌殷湯布政優和故百祿來聚遒聚也。○遒在由反徐子由反子實不優而弃百禄諸侯何害焉言不能為諸侯害䟽詩曰至害焉。正義曰詩商頌言成湯布政優優然而寛故百種福禄於是聚歸之子實不能優寛而自棄福禄於諸侯何害言不能為諸侯害也所引詩者商頌長發之篇不然不見許寡君之命使臣則有辭矣曰子以君師辱於敝邑不腆敝賦以犒從者戰而曰犒為孫辭。使所吏反犒苦報反從才用反䟽注戰而曰犒為孫辭。正義曰士卒之勞於外師衆枯槁以酒食勞之謂之犒師此以師非戰非犒勞之義而亦稱犒者言以此師衆往當待之如以酒食餉之然為孫順之辭耳是君之震師徒橈敗震動橈曲也。橈乃教反吾子惠徼齊國之福不泯其社稷使繼舊好唯是先君之敝器土地不敢愛子又不許請收合餘燼燼火餘木。泯彌忍反好呼報反合如字一音閤燼似刃反背城借一欲於城下復借戰○背音佩後扶又反敝邑之幸亦云從也況其不幸敢不唯命是聽言完全之時尚不敢違晉今若不幸則從命疏注言完至從命○正義曰言於先完全福幸之時尚不違晉故言亦云從也是指其實事劉炫以爲齊人請戰言敝邑脫或有幸戰勝亦云從也盡稱未然之事乖違文勢上下尚異杜氏而規其過非也魯衛諫曰齊疾我矣諫郤克也其死亡者皆親暱也子若不許讎我必甚唯子則又何求子得其國寶謂甗磬○暱女乙反我亦得地齊歸所侵而紓於難矣齊服則難緩○紓音紓緩也音直呂反難乃旦反注同其榮多矣齊晉亦唯天所授豈必晉晉人許之對曰羣臣帥賦輿賦輿猶兵車以爲魯衛請若苟有以藉口而復於寡君藉薦猶白也○爲于僞反藉在夜反注同疏注藉

薦復白也○正義曰礼承玉之物名爲繅藉藉是承薦之言故爲薦也復者報命於君故爲白也言無物則空口以爲報

少有所得則與口爲藉故曰藉口服虔云今河南俗語治生求利少有所得皆言可用藉手矣君之惠也

敢不唯命是聽禽鄭自師逆公禽鄭魯大夫歸逆公會晉師

秋七月晉師及齊國佐盟于爰婁使齊人歸

我汶陽之田公會晉師于上鄍上鄍地闕公會晉師不書史闕○鄍

覓經反〔疏〕注上鄍至史闕○正義曰定八年經書公會晉師于瓦此獨不書故云史闕謂舊史先闕故仲尼一脩

經無之賜三師先路三命之服三帥郤克士燮欒書已嘗受王先路之賜今改

而易新并此車所建所服之物○帥所類反注及下同〔疏〕賜三至之服○正義曰周礼典士命公之孤四命其

卿三命其大夫再命其士一命侯伯之卿大夫士亦如之此三帥皆卿也本國三命故魯賜以三命之服司馬司空輿帥

侯正亞旅皆大夫本國一命故皆受一命之服於卿言賜於大夫言受互相足也周礼大夫再命此司馬司空等皆一命

者春秋之時其事已異於周禮故大夫一命○注三帥至之物○正義曰三帥各統一軍故總稱三帥魯君之賜晉臣正知其出所得服改新以與之耳不得特命他臣發初賜以此物且彼君先無此物則無由敢受魯賜故杜以爲此三帥已嘗受王先路之賜今改而易新并此車所建之旌旗所著之衣服皆賜之也宗釋例先路者革路若木路或云先或云次蓋以就數爲差其受之於王則稱大杜言革路若木路者國用革或用木也知受之於王則稱大者魯子蟜叔孫穆子受之於王皆稱大是也革木是卿大夫車之尊者故云大路金路是諸侯車之尊者亦稱大則定四年大路大旂是也王路天子車之尊者亦稱大故顧命云大路在賓階面是也言所建所服之物者周禮巾車革路建大白以即戎司服云凡兵事韋弁服巾車又云木路建大麾以田司服又云凡田冠弁服然則此車所建或是大白大麾所服或是韋弁冠弁劉炫以爲既言先路則是晉君之賜杜云受王先路之賜非其義也今知不然者杜以穆叔子蟜嘗受王路故杜據而言之釋例應云受王大路之賜言先路者順傳先路之文故也劉以爲嘗受晉君賜而規杜氏非也

司馬司空輿帥候正亞旅皆受一命之服言司馬司空皆大夫輿帥主兵車賦

正主斥候亞旅亦大夫也皆魯侯賜

疏注晉司至侯賜〇正義曰司馬司空本是卿官之名但晉之諸卿皆以三軍將佐爲號其司馬司空皆爲大夫之官仍有爲卿之嫌故云晉司馬司空皆大夫也明他國以爲卿晉以爲大夫也傳帥至亞旅本是大夫官名故又云亦大夫也軍行有此大夫從者司馬主甲兵司空主營壘輿帥主兵車候正主斥候亞旅次於卿是衆大夫也無專職掌散共軍事故後言之直言受服嫌非魯賜故云皆魯侯賜〇

八月宋文公卒始厚葬用蜃炭益車馬始用殉燒蛤爲炭以瘞壙多埋車馬用人從葬〇蜃市忍反蛤也炭吐旦反蛤古沓反瘞於例反壙苦晃反一音曠

疏注燒蛤至從葬〇正義曰晉語云雀入于海爲蛤雉入于淮爲蜃月令孟冬雉入大水爲蜃鄭玄云大水淮也大蛤曰蜃則蜃是蛤之類也周禮掌蜃掌斂互物蜃物以共闉壙之蜃鄭玄云互物蚌蛤之屬闉猶塞也將井椁先塞下以蜃禦濕也是用蜃以瘞壙也禮檀弓記曰塗車芻靈自古有之鄭玄云芻靈束茅爲人馬謂之靈者神之類也不解塗車當是用泥爲車也傳言益車馬者謂用此塗車芻馬益多於常故云多埋車馬也鄭玄云殺人以衞死者曰殉言殉還其左右

也言始用蜃則自此以後宋君葬常用蜃故謂此爲始也劉炫以爲用蜃炭者用蜃復用炭知不然者杜以傳用蜃炭共文故知燒蛤爲炭又且炭亦灰之類雖灰亦得稱炭劉君以爲用蜃復用炭而規杜氏非也

重器備

重猶多也○重直恭反注同

（疏）注重猶多也○正義曰重謂重疊之故猶多多爲盛器也言器備者士喪禮下篇陳明器云用器弓矢耒耜敦杅槃匜役器甲冑干笮燕器杖笠翣其器有其用之器有備樂之器故言器備

椁有四阿棺有翰檜

四阿四注椁也翰旁飾檜上飾皆王禮○椁音郭翰戶旦反一音韓檜古外反徐音會

（疏）注四阿至王禮○正義曰周禮匠人云殷人四阿重屋鄭玄云阿棟也四角設梀也是爲四注椁也士喪禮下篇陳明器云抗木横三縮二謂於椁之上設此木從二横三以負土則士之椁上平也今此椁上四注而下則其上方而尖也禮天子椁題湊諸侯不題湊不題湊則無四阿釋詁云楨翰幹也舍人曰楨正也築牆所立兩木也翰所以當牆兩邊障土者也翰在牆之旁則知此翰亦在旁也詩云會弁如星鄭玄云會謂弁之縫中言其際會之處也會在弁之上知此檜亦在上棺有此物明是其飾故以爲旁飾上飾也言椁有棺有則是本不當有言其厚葬識其

奢僭宋公所僭必僭天子明此四同翰檜皆是王之礼也蜃炭言用亦本不當用其蜃炭蓋亦王之礼也車馬器備法得有之言益言重但譏其多耳殉則本不得然非譏其僭君子謂華元樂舉於是乎不臣臣治煩去惑者也是以伏死而爭今二子者君生則縱其惑謂文十八年殺母弟須○去起呂反下去之同爭諍闘之爭死又益其侈是弃君於惡也何臣之為昔言何用為臣○侈昌紙反又式氏反【疏】注言何用為臣○正義曰言何用為臣是不成臣也言雖有若無闘君還以為不成臣與杜義無別而規杜氏非也○九月衛穆公卒晉二子自役弔焉哭於大門之外師還過衛故因弔之未復命故不敢成礼○過古禾反又古卧反衛人逆之逆於門外設喪位婦人哭於門內喪位婦人哭於堂貴在門外故移在門內送亦如之遂常以葬至葬行此礼

【疏】哭於至以葬○正義曰哭於大門之外謂大門外之西東面踊人逆之謂大門外之東西面各從賓主之位婦人哭於門内謂門内之西東面以堂上一在西東面故也至哀三子之去當人送之其位亦如之自此有鄰國弔者當行此禮以至於葬○沈氏云鄰國弔者即位于門西東面主孤西面擯者受命曰孤某使請事客曰寡君使某如何不淑相者入告出曰孤某須矣弔者入主人升堂西面弔者升自西階東面致命此臣奉君命行弔之禮今三子帥行經竟不敢成禮故於大門之外○注喪位至於堂○正義曰喪大記云君之喪夫人坐于西方内命婦姑姊妹子姓立于西方外命婦率外宗哭于堂上北面又曰婦人迎客送客不下堂是喪位婦人哭於堂○楚之討陳夏氏也在宣十一年○夏戶雅反下同莊王欲納夏姬申公巫臣曰不可君召諸侯以討罪也今納夏姬貪其色也貪色爲淫淫爲大罰周書曰明德慎罰周書康誥文王所以造周也明德務崇之之謂也慎

罰務去之之謂也(疏)罰書至謂也○正義曰周書康誥之篇周公述文王之事以告康叔云惟乃丕顯考文王克明德慎罰亞臣既引其言乃申其意言文王能為此行故所以造周國也務崇之謂務欲崇益道德務去之罰務欲去其刑罰　若與諸侯以取大罰非慎之也君其圖之王乃止子反欲取之巫臣曰是不祥人也是夭子蠻子蠻鄭靈公夏姬之兄殺死無後○殺申志反下文殺靈侯同殺御叔御叔夏姬之夫亦早死○御魚據反(疏)夭子蠻殺御叔○正義曰子蠻御叔自以短命死耳以天鍾美於是致使物無刑也大故以二事為夏姬之罪殺靈侯靈侯陳靈公也戮夏南夏姬子徵舒出孔儀孔寧儀行父喪陳國楚滅陳○喪息浪反下以而喪同何不祥如是人生實難其有不獲死乎言死易得無為取夏姬以速之○易以豉故天下多美婦人何必是子反乃止王以

予連尹襄老襄老死於邲不獲其尸邲戰在宣十二年

其子黑要烝焉黑要襄老子○要一遙反烝之承反巫臣使道焉曰

歸吾聘女道夏姬使歸鄭○道音導注同聘匹正反下音汝【疏】歸吾聘女○正義曰禮記內則云聘則為妻奔則為妾道之云女歸鄭國吾依禮聘女以為妻也又使自鄭召之曰

尸可得也襄老尸必來逆之姬以告王王問諸

屈巫屈巫巫臣○屈居勿反對曰其信知罃之父成公之

嬖也而中行伯之季弟也知罃父荀首也中行伯荀林父也邲之戰楚人

囚知罃○知音智罃於耕反新佐中軍而善鄭皇戌甚愛此

子愛知罃也其必因鄭而歸王子與襄老之尸以

求之王子楚公子穀臣也邲之戰以荀首囚也鄭人懼於邲之役而欲

求媚於晉，其必許之。王遣夏姬歸，將行，謂送者曰：不得尸，吾不反矣。巫臣聘諸鄭，鄭伯許之。（聘夏姬）及共王即位，將為陽橋之役，（楚伐魯至陽橋在此年冬。○共音恭）使屈巫聘于齊，且告師期。巫臣盡室以行。（室家盡去）申叔跪從其父將適郢，遇之，（叔跪申叔時之子。○跪其委反，一音居委反。從才用反。郢以井反，又以政反）曰：異哉！夫子有三軍之懼，而又有桑中之喜，宜將竊妻以逃者也。（桑中，衛風淫奔之詩）及鄭，使介反幣，而以夏姬行。（介副也。幣聘物。○介音界）將奔齊，齊師新敗，曰：吾不處不勝之國。遂奔晉，而因郤至，（郤至郤克族子）

疏　注至郤克族子○正義曰：世本郤豹生冀芮，芮生缺，缺生克二云豹生義義生出以揚揚生蒲城鵲居居生至如世本克是豹之曾孫至是豹之玄孫於克為二從兄弟子 以臣於晉晉人使為邢大夫 邢晉邑。邢音刑 ○子反請以重幣錮之 禁錮勿令仕。○錮音固，令力呈反 【疏】注禁錮勿令仕。○正義曰：說文云：錮，鑄塞也。鐵器穿穴者，鑄鐵以塞之，使不漏。禁人使不得仕宦者，其事亦似之，故謂之禁錮，今世猶然。王曰：止。其自為謀也則過矣，其為吾先君謀也則忠。忠，社稷之固也，所蓋多矣。蓋，覆也。○自為，于偽反，又如字。為吾，于偽反。且彼若能利國家，雖重幣，晉晉將可乎？言不許。若無益於晉，晉將棄之，何勞錮焉？為七年楚滅巫臣族、晉南通吳張本。○晉師歸，范文子後入。武子曰：無為吾望爾也乎？武子，士會，文子之父。對曰：師有功，國人喜以逆之，先入必屬

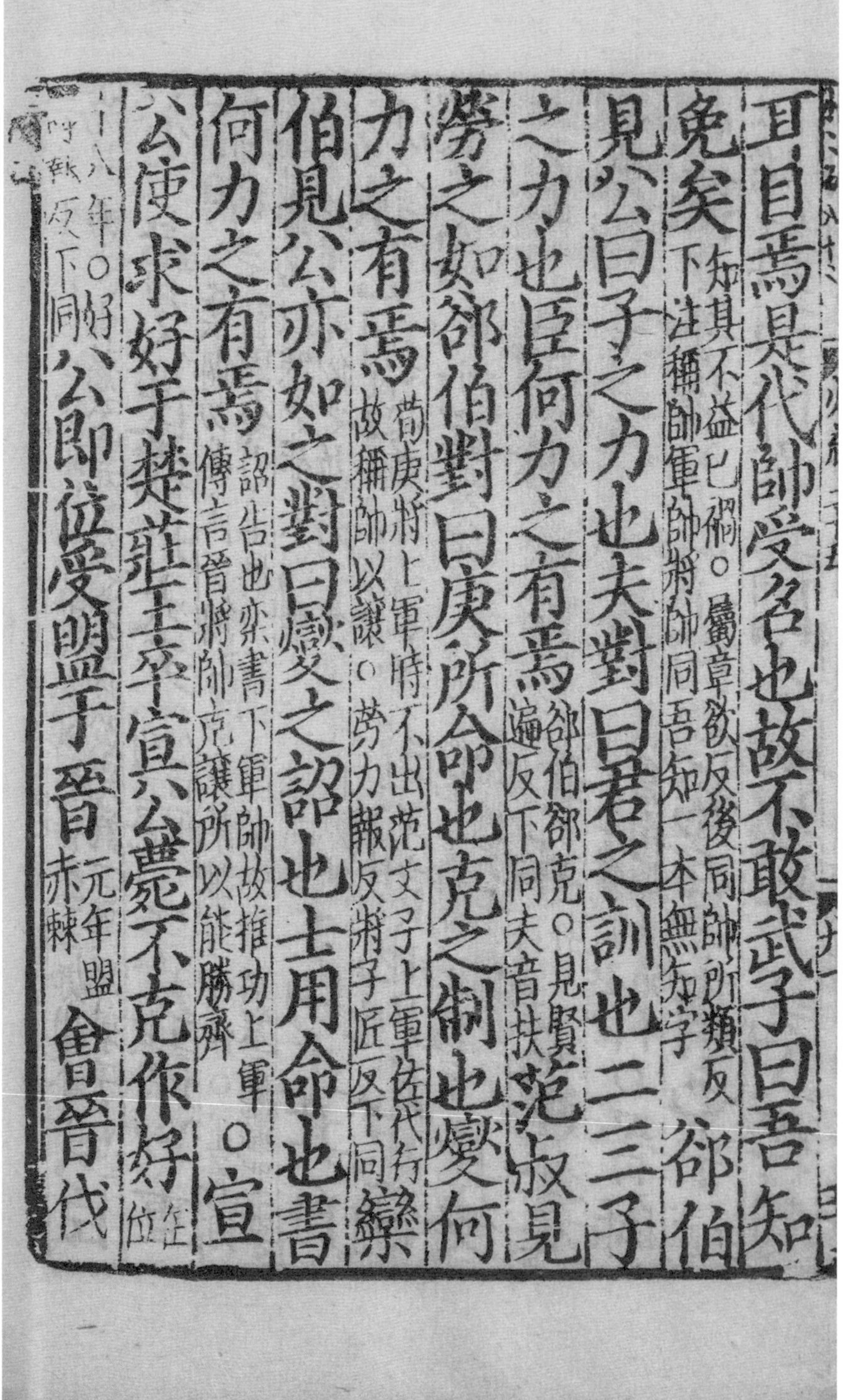
耳目焉是代帥受名也故不敢武子曰吾知免矣知其不益已禍○屬章欲反後同帥所類反郤伯見公曰子之力也夫對曰君之訓也二三子之力也臣何力之有焉郤伯郤克○見賢遍反下同夫音扶范叔見勞之如郤伯對曰庚所命也克之制也燮何力之有焉荀庚將上軍時不出范文子上軍佐代行故稱帥以讓○勞力報反將子匠反下同欒伯見公亦如之對曰燮之詔也士用命也書何力之有焉詔告也欒書下軍帥故推功上軍○傳言晉將帥克讓所以能勝齊宣公使求好于楚莊王卒宣公薨不克作好在位十八年○好呼報反下同公即位受盟于晉元年盟赤棘會晉伐

齊衛人不行使于楚不聘楚○使所吏反而亦受盟于晉
從於伐齊故楚令尹子重爲陽橋之役以救
齊將起師子重曰君弱傳曰寡人生十年而喪先君共王即位至是二年蓋年十
二三羣臣不如先大夫師衆而後可詩曰濟濟
多士文王以寧詩大雅言文王以衆士安○濟子禮反夫文王猶用
衆況吾儕乎儕等○儕仕皆反且先君莊王屬之曰無
德以及遠方莫如惠恤其民而善用之乃大
戶閱民戶口○閱音悅已責弃逋責○逋補吾反逮鰥施及老鰥○鰥古頑反施始豉反
救乏赦罪悉師王卒盡行彭名御戎蔡景公
爲左許靈公爲右王卒盡行故王戎車亦行雖無楚王令二君當左右之位○卒子忽

反注同令力呈反 疏 注王卒至之位。正義曰諸言御戎皆御君之戎車此云彭名御戎知王戎車亦行也若君親在軍則君當車中御者在左勇力之士在右故御戎戎右常連言之此王車雖行王身不在故不云戎右使御者在中令蔡許二君居王車上當左右之位君若衛王然下注云乘楚王車爲左右是二君皆在車之上也

二君弱皆強冠之。冬楚師侵衛遂侵我師于蜀公略之而退故不書侵。強其丈反冠古亂反

使臧孫往臧孫宣叔也辭曰楚遠而久固將退矣無功而受名臣不敢不敢虛受退楚名

楚侵及陽橋陽橋魯地孟孫請往賂之楚侵遂深故孟孫請以賂往孟孫獻子也以執斲執鍼織紝執斲匠人執鍼女工織紝織繒布者。斲竹角反鍼之林反紝女金反徐而鴆反皆百人公衡爲質公衡成公子。質音致以請盟楚人許平十一月公及楚公子嬰齊蔡侯

許男、秦右大夫説、宋華元、陳公孫寧、衛孫良夫、鄭公子去疾及齊國之大夫盟于蜀。齊大夫不書其名，非卿也。○説音悦，去起呂反。【疏】注齊大至卿也。○正義曰：諸大夫盟會，經稱之稱人，或摠言大夫。若賈是國卿，本合書名者，傳即顯其名氏；若本是大夫，不合書名者，傳自言其大夫，見其貶與不貶俱當稱人，故不復言其名氏。此傳言齊國之大夫，傳不顯其名，爲非卿故也。襄十六年湨梁之會，經書「戊寅，大夫盟」，傳云「於是叔孫豹、晉荀偃、宋向戌、衛甯殖、鄭公孫蠆、小邾之大夫盟」。於時會上鄭之下有曹、莒、邾、薛、杞，而小邾之大夫最處其下，舉小邾而上包之。此盟鄭人之下有齊、曹、邾、薛、鄫，俱是大夫，最在上，舉齊而下摠之。此爲齊若是卿，則亦且言名氏，此會非卿，故舉齊也。卿不書，匱盟也。於是乎畏晉而竊與楚盟，故曰匱盟。匱乏也。【疏】注匱乏也。○正義曰：私竊爲盟，盟終不固，此盟是匱乏之道也。傳既言匱盟以解經，又自解名曰匱盟之意，於是乎畏晉而竊與楚盟，故曰此是匱乏之之盟也。諸侯之卿竊與楚盟，而仲尼貶之，言其不應背晉故責之也責諸侯之從晉是成晉為盟主也哀十二年公會吳于橐皋吳子請尋盟公不欲使子貢辭之而私與衛侯宋皇瑗盟後畏吳而竊相與盟不貶者不與吳為盟主言其私盟可許但魯自畏吳不書其盟其情無可責也釋例曰諸侯畏晉而竊與楚盟畏楚盟而貶其卿此所以成晉為盟主也吳之强大陵於會鄫然於黃池凡三會三伐三盟唯書會伐而不書盟者吳以盟主自居而行其夷礼礼儀不典則盟神不蠲非所以結信義而明德故不錄其盟不與其成為盟主也既不與吳之為盟主則宋魯衛三國私盟可許故無貶文是也若然僖二十一年公會諸侯盟于薄二十七年公會諸侯盟于宋彼二者皆與楚盟並無貶責此竊與楚盟而貶之者當僖公之時齊桓既卒晉文未興中國無伯唯强是與遠共楚盟無所可責異此時晉為盟主甚率諸侯私竊為盟心實畏晉故貶之耳然諸侯之卿畏晉容可貶之楚之强盛首與晉敵非是畏晉卿亦貶者楚既强盛顯然作盟今私竊受盟不敢宣露非是畏晉之義且成晉為伯事須貶楚

蔡侯許男不書乘楚車也謂之失位乘楚王車為左右則非其位也卿不書則爾諸侯不書皆不見經君臣之別○見賢遍反別彼列反

疏注乘楚至之別○正義曰小國之從

六國其征伐也皆自乘其車自率其軍至戰陳之時與同也力耳此二君棄己之車乘楚之乘乃為楚王左右則是失位既失其位非復國君故侵與盟二會並皆不序經書楚師鄭師侵衛於時蔡許在矣公會楚公子嬰齊于蜀蔡許亦在也乃盟又蔡許之君在焉侵也會也盟也三事並失其位經悉不書故傳於盟下釋之明上侵衛會蜀皆失位也舊說諸侯之貶亦書為人杜意謂諸侯之貶不至於人故因此而又明之卿不書則稱人諸侯不書則全不見經此是君臣之別明貶諸侯無稱人之法也 君子曰位其不可不慎也乎蔡許之君一失其位不得列於諸侯況其下乎詩曰不解于位民之攸塈詩大雅言在上者勤正其位則國安而民息也攸所也塈息也○解佳賣反塈許器反 疏詩曰至攸塈○正義曰此大雅假樂之篇 其是之謂矣○楚師及宋公衡逃歸臧宣叔曰衡父不忍數年之不宴宴樂也○數所主反樂音洛 以棄魯國國將若之

何誰居後之人必有任是夫國棄矣居辭也言後人必有當此患。居音基任音壬夫音扶是行也晉辟楚畏其衆也君子曰衆之不可已也大夫爲政猶以衆克況明君而善用其衆乎大誓所謂商兆民離周十人同者衆也大誓周書萬億曰兆民離則弱合則成衆言殷以散亡周以衆興（疏）大誓至衆也。○正義曰泰誓云受有億兆夷人離心離德予有亂臣十人同心同德此言大誓所謂者引其意非本文也。○

晉侯使鞏朔獻齊捷于周王弗見使單襄公辭焉曰蠻夷戎狄不式王命式用也。捷在妾反淫湎毀常王命伐之則有獻捷王親受而勞之所以懲不敬勸有功也兄弟甥舅侵敗王略兄弟同姓

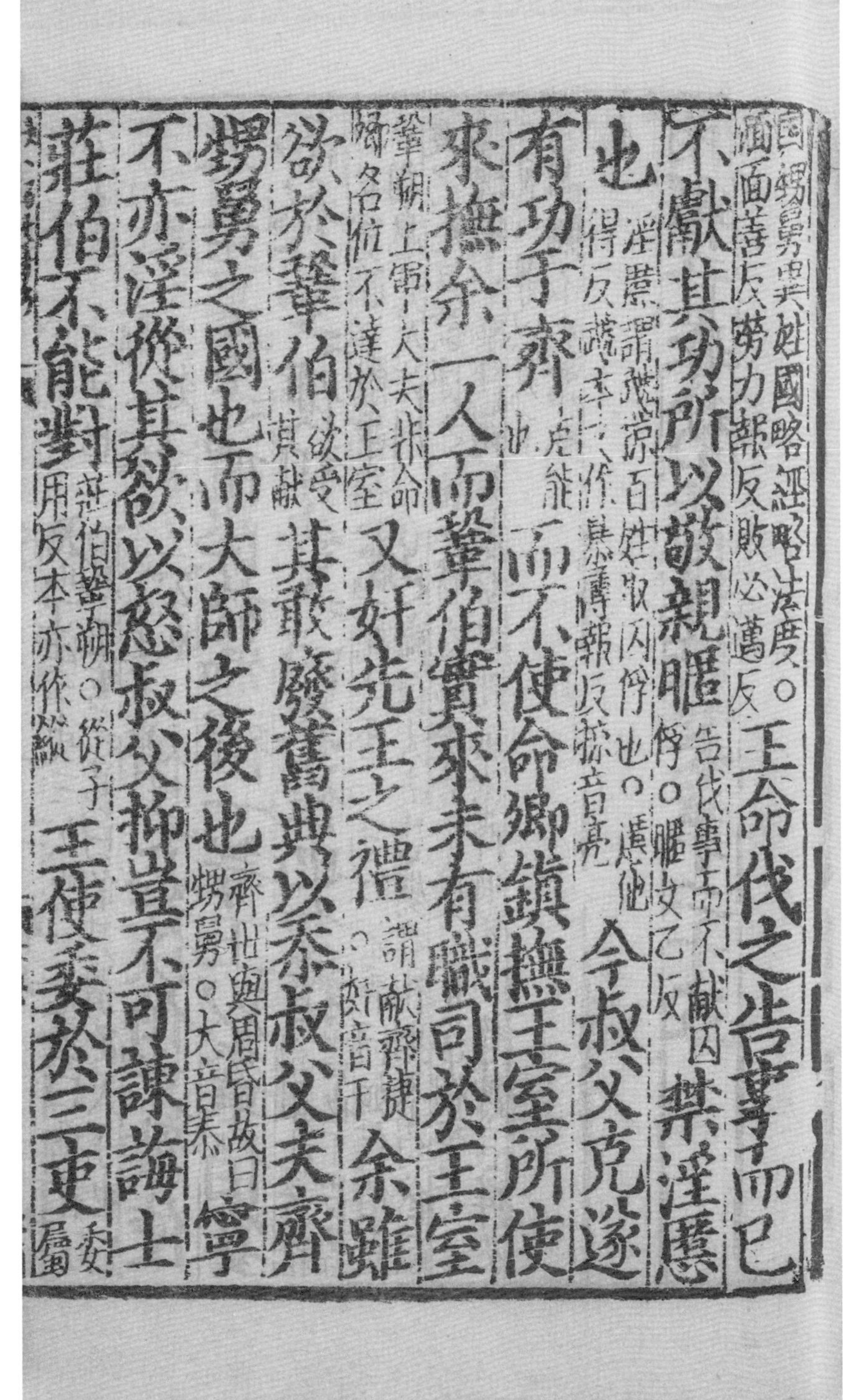

國甥舅異姓國略經略法度。○靣面善反勞力報反敗必邁反王命伐之告事而已不獻其功所以敬親暱告伐事而不獻囚俘○暱女乙反禁淫慝也淫慝謂滅棄百姓叛因俘也○慝他得反蔑本亦作懱慕傳報反掠音亮今叔父克遂有功于齊克能也而不使命卿鎮撫王室所使來撫余一人而鞏伯實來未有職司於王室鞏朔上軍大夫非命卿名位不達於王室又奸先王之禮謂獻齊捷○奸音干余雖欲於鞏伯欲受其獻其敢廢舊典以忝叔父夫齊甥舅之國也而大師之後也齊世與周昏故曰甥舅○大音泰寧不亦淫從其欲以怒叔父抑豈不可諫誨士莊伯不能對莊伯鞏朔○從子用反本亦作縱王使委於三吏委屬

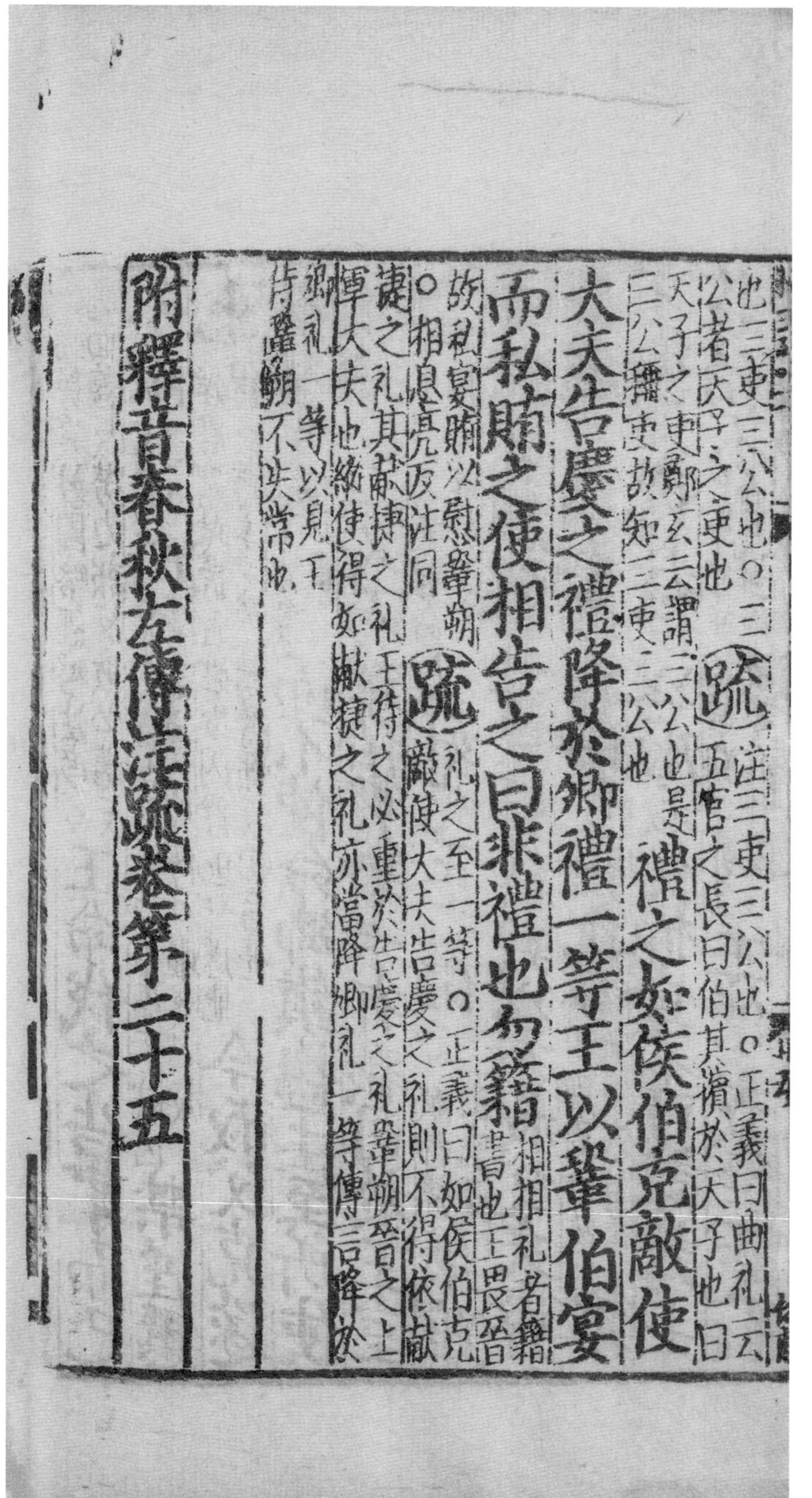

也三吏三公也○三公者天子之吏也疏注三吏三公也○正義曰曲礼云五官之長曰伯其擯於天子也曰天子之吏鄭玄云謂三公也是三公稱吏故知三吏三公也禮之如侯伯克敵使大夫告慶之禮降於卿禮一等王以鞏伯宴而私賄之使相告之曰非禮也勿籍相相礼者籍書也王畏晉故私宴賄以慰鞏朔○相息亮反注同疏礼之至一等○正義曰如侯伯克敵使大夫告慶之礼則不得依献捷之礼其献捷之礼王待之必重於告慶之礼鞏朔晉之上軍大夫也縱使得如献捷之礼亦當降卿礼一等傳言降於卿礼一等以見王待鞏朔不失常也

附釋音春秋左傳注疏卷第二十五

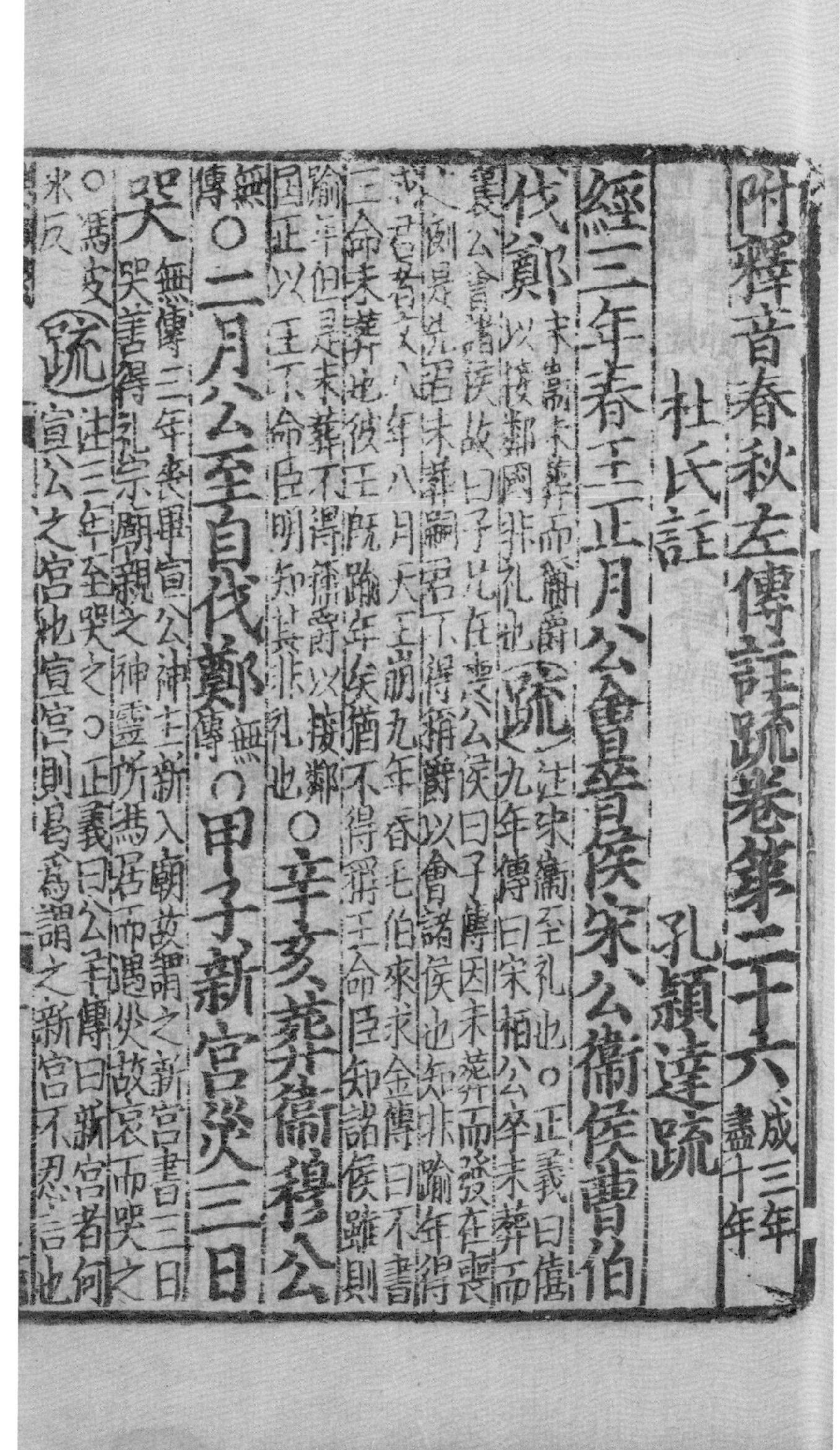

附釋音春秋左傳註疏卷第二十六 成三年盡十年

杜氏註　孔穎達疏

經三年春王正月公會晉侯宋公衛侯曹伯伐鄭宋衛未葬而稱爵以接鄰國非禮也【疏】注宋衛至禮也○正義曰僖九年傳曰宋桓公卒未葬而襄公會諸侯故曰子凡在喪公侯曰子傳因未葬而發在喪之例是先君未葬嗣君不得稱爵以會諸侯也知非踰年得成君者文八年八月天王崩九年春毛伯來求金傳曰不書王命未葬也彼王既踰年侯猶不得稱王命臣知諸侯雖則踰年但是未葬不得稱爵以接鄰國正以王不命臣明知其非禮也○辛亥葬衛穆公無傳○二月公至自伐鄭無傳○甲子新宮災三日哭無傳三年喪畢宣公神主新入廟故謂之新宮書三日哭善得禮宗廟親之神靈所馮居而遇災故哀而哭之○馮皮冰反【疏】注三年至哭之○正義曰公羊傳曰新宮者何宣公之宮也宣宮則曷為謂之新宮不忍言也

其言三日哭何朝災三日哭禮也穀梁傳曰新宮者祢宮也
三日哭哀也其哀禮也迫近不敢稱謚恭也二傳皆以新宮
爲宣宮三日哭爲得禮故杜預用之宣公以其十八年冬十
月薨至二年十月而大祥祥而禫禫祭神主新始入廟故謂之
新宮禮檀弓記曰有焚其先人之室則三日哭故曰新宮火
亦三日哭鄭玄云謂人燒其宗廟新宮火人火也記稱新宮
火者指此新宮災耳傳例曰天火曰災人火曰火三家經傳
有五字皆爲災鄭玄以爲人火歸罪其義要天火人火其哭
皆當三日是其言得禮也哀三年桓宮僖宮災不言哭而此
言三日哭者釋例曰新宮者宣公之廟父廟也諒闇始闋而
遇天災故感而哭之以致哀異於餘廟也○乙亥葬宋文公無傳七月而葬緩○
夏公如晉○鄭公子去疾帥師伐許○公至
自晉無傳○秋叔孫僑如帥師圍棘棘汶陽田之邑在濟北蛇
丘縣○蛇以支反一音如字○大雩無傳以過時書○晉郤克衛孫良
夫伐廧咎如赤狄別種○廧在良反咎古刀反種章勇反○冬十有一

月晉侯使荀庚來聘。○衛侯使孫良夫來聘。

○丙午，及荀庚盟。【疏】及荀庚盟。○正義曰：隱元年及宋人盟于宿，魯之微者及之也。此言及荀庚盟、及孫良夫盟，十一年及郤犨盟，皆是公自及之，非臣及之也。知者，僖二十八年傳晉欒枝入盟鄭伯，襄十一年傳晉趙武入盟鄭伯，鄭子展出盟晉侯，臣對君者皆書，自與盟。知此使來亦公自與盟也。上言來聘，盟又不地，盟於國都，公親可知，故不言公。○丁未，及孫良夫盟。先晉後衛，尊霸主。

鄭伐許。無傳。不書將帥，告辭略。○將，子匠反。帥，所類反。【疏】傳不書至辭略。○正義曰：直舉國名，傳無其說，知是告辭略，故史異文耳。賈逵云：鄭小國，與大國爭諸侯，仍伐許，不稱將帥，夷狄之，剌無知也。此年夏鄭公子去疾帥師伐許，明年冬鄭伯伐許，先後並無罪責，何獨此伐偏剌之？

傳三年春，諸侯伐鄭，次于伯牛，討邲之役也。伯牛，鄭地。邲役在宣十二年。遂東侵鄭。晉潛軍深入。鄭公子偃帥師

禦之偃穆公子使東鄙覆諸鄤覆伏兵也○覆扶又反注同鄤亡表反又莫干
反徐武旦反一音萬敗諸丘輿鄤丘輿皆鄭地晉偏軍爲鄭所敗故不書皇戌如楚
獻捷○夏公如晉拜汶陽之田前年晉使齊歸魯汶陽田故○
許恃楚而不事鄭鄭子良伐許○晉人歸楚
公子穀臣與連尹襄老之尸于楚以求知罃
邲之戰楚獲知罃於是荀首佐中軍矣荀首知罃父故楚人許
之王送知罃曰子其怨我乎對曰二國治戎
臣不才不勝其任以爲俘馘執事不以釁鼓
以血塗鼓爲釁鼓○勝音升下注同俘芳夫反馘古獲反釁許覲反疏注以血至釁鼓○正義曰說文云釁血祭也
礼雜記釁廟之礼云雍人舉羊升屋自中中屋南面刲羊血流于前乃降釁廟以血塗廟知釁鼓以血塗鼓也使

歸即戮君之惠也臣實不才又誰敢怨王曰然則德我乎【疏】然則德我乎○正義曰德加於彼彼荷其恩故謂荷恩爲德論語以德報德傳稱王德狄人皆是也對曰二國圖其社稷而求紓其民紓緩也○紓音舒各懲其忿以相宥也宥赦也○懲直升反宥音又兩釋纍囚以成其好纍繫也○纍力追反好呼報反下同二國有好臣不與及其誰敢德言二国本不爲己○與音預爲于僞反王曰子歸何以報我對曰臣不任受怨君亦不任受德無怨無德不知所報王曰雖然必告不穀對曰以君之靈纍臣得歸骨於晉寡君之以爲戮死且不朽戮其不勝任○任音壬下亦不任同【疏】死且不朽○正義曰懷荷君恩

身雖死而朽腐此恩不朽腐也死尚不朽以示其至死不忘也若從君之惠而免之以賜君之外臣首稱於異国君曰外臣首其請於寡君而以戮於宗亦死且不朽若不獲命君不許戮而使嗣宗職嗣其祖宗之位職次及於事而帥偏師以脩封疆雖遇執事遇楚將帥○彊居良反將子匠反帥所類反其弗敢違違辟也其竭力致死無有二心以盡臣禮所以報也王曰晉未可與爭重爲之禮而歸之○秋叔孫僑如圍棘取汶陽之田棘不服故圍之僑如叔孫得臣子○晉郤克衛孫良夫伐廧咎如討赤狄之餘焉宣十五年晉滅赤狄潞氏其餘民散入廧咎如故討之〔疏〕注宣十五至討之○正

義曰謂赤狄餘民散入咎如之內今伐咎如者來就咎如之內討彼赤狄餘黨然廧咎如容赤狄餘民則咎如亦赤狄矣劉炫以爲廧咎如之國即是赤狄之餘今知不然者以赤狄之國種類極多潞氏甲氏鐸辰皋落氏等皆是其類並爲建國假令路氏甲氏鐸辰皋落雖滅自外猶存則是不滅者多止應言討赤狄之類不得稱餘且伐者聲其鍾鼓討者責其罪狀以廧咎如容受赤狄餘黨故伐而討責若以廧咎如即是赤狄之餘應取土地與兵絕滅何當唯伐討而已劉以廧咎如即是赤狄之餘而規杜非也

廧咎如潰上失民也此傳釋經之文而經無廧咎如潰蓋經闕此四字○潰戶內反

疏注此傳至四字○正義曰傳言上失民也釋經潰文若經無潰文則傳無所解故疑經闕此四字釋例曰傳文廧咎如潰上失民也今經但言伐廧咎如無廧咎如潰之文若經本無此文則丘明爲橫益經文而加失民之傳也是言知經闕之意也三年潰逃已有例矣復發傳者嫌夷狄異於中國故重發也○冬

十一月晉侯使荀庚來聘且尋盟尋元年赤棘盟○荀庚林父之子

衛侯使孫良夫來聘且尋盟尋宣七年盟公問諸

臧宣叔曰仲行伯之於晉也其位在三下卿【疏】其位在三○正義曰於時郤克將中軍荀首佐之荀庚將上軍是其位在三也注云下卿者傳稱小国之上卿當大国之下卿又言衛在晉不得為次国則以衛為小国荀庚若是中卿自然當先晉矣乃云晉為盟主其將先之直以盟主先晉明是二人位等以此知荀庚是下卿也晉立三軍將佐有六第三猶為下卿則其餘皆下卿也盖以諸侯之礼唯命三卿三是其正故定以三人為上中下餘皆從下卿也卿有上下往年賜晉三帥皆以三命之服者侯伯之卿礼皆三命上卿下卿命不異也孫子之於衛也位為上卿將誰先對曰次國之上卿當大國之中中當其下下當其上大夫降一等小國之上卿當大國之下卿中當其上大夫下當其下大夫降大国二等上下如是古之制也古制公為大国侯伯為次国子男為小国衛在晉不得為

次國春秋時以強弱為大小故衛雖侯爵猶為小國（疏）注春秋至小國○正義曰古制公為大國侯伯為次國子男為小國以土地之大小令數為等差也春秋之世疆陵弱大吞小爵雖不能自改地則以力并降諸侯聚會疆者為雄史書時事大小為序此事不可改易仲尼即而用之宋公在齊侯之下許男在曹伯之上不復計爵之尊卑故衛雖侯爵猶為小國以地狹小故也襄二十五年傳子產語晉曰今大國多數圻矣圻方千里是晉有方千里者三四也昭五年十三年傳皆言晉有革車四千乘計衛比於晉不過當五六分之一耳故不得為次國其為次國者當齊秦乎

晉為盟主其將先之計等則二人位敵以盟主故先晉丙午盟晉丁未盟衛禮也○十二月甲戌晉作六軍為六軍僭王也萬二千五百人為軍○僭子念反韓厥趙括鞏朔韓穿荀騅趙旃皆為卿賞鞌之功也韓厥為新中軍趙括佐之鞏朔為新上軍韓穿佐之荀騅為新下軍趙旃佐之晉舊自有三軍今增此故為六軍○騅音隹（疏）注韓厥至六軍○正義曰杜知

韓厥爲新中軍及上下新軍將佐者以下六年傳云韓厥將新中軍且爲僕大夫時晉更增置新中上下三軍韓厥將新中軍名居其首故杜依名配其將佐○**齊侯朝于晉將授玉**行朝礼（疏）將授玉○正義曰玉謂所執之圭也凡諸侯相朝升堂授玉於兩楹之間於此時郤克趨進故記之也史記齊世家曰頃公十一年晉初置六軍頃公朝晉欲尊王晉景公景公不敢當晉世家云景公十二年齊頃公如晉欲上尊景公爲王景公讓不敢然此時天子雖微諸侯並盛晉文不敢請隧楚莊不敢問鼎又齊弱於晉所較不多豈爲一戰而勝便即以王相許準時勢理必不然竊原馬遷之意所以有此說者當讀此傳將授玉以爲將授王遂飾成爲此謬辞耳**郤克趨進曰此行也君爲婦人之笑辱也寡君未之敢任**言齊侯之來以謝婦人之笑非爲脩好故云晉君不任當此惠○君爲于僞反下爲兩君同任音壬**晉侯享齊侯齊侯視韓厥韓厥曰君知厥也乎齊侯曰服改矣**戎朝異服也言服改明識其人（疏）注戎朝異服

正義曰周禮司服凡兵事韋弁服禮玉藻記云諸侯皮弁以聽朔朝服以日視朝聘禮賓皮弁聘公皮弁迎賓迎聘客尚以皮弁迎朝賓必皮弁矣在朝君臣同服公當皮弁則韓厥於時亦皮弁也鄭玄云韋弁以韎韋爲弁又以爲衣裳春秋傳曰晉郤至衣韎韋之跗注是也皮弁之服十五升白布衣素積以爲裳是戎朝異服也韓厥登舉爵曰臣之不敢愛死爲兩君之在此堂也○荀罃之在楚也鄭賈人有將寘諸褚中以出既謀之未行而楚人歸之賈人如晉荀罃善視之如實出己賈人曰吾無其功敢有其實乎吾小人不可以厚誣君子遂適齊傳言知罃之賢○賈音古下同寘之豉反褚中呂反

經四年春宋公使華元來聘○三月壬申鄭

伯堅卒無傳二年大夫盟于蜀壬申二月二十八日○杞伯來朝○夏四

月甲寅臧孫許卒無傳○公如晉○葬鄭襄公

無傳○秋公至自晉○冬城鄆無傳公欲叛晉故城而爲備○鄆音運

疏冬城鄆○正義曰釋例土地名魯有二鄆文十二年城諸及鄆杜云此東鄆莒魯所爭者城陽姑幕縣南有員亭或曰鄆即員也成十六年傳晉人執季文子公待于鄆杜云此西鄆昭公所出居者東郡廩丘縣東有鄆城然則此爲公欲叛晉故城鄆以爲備當西鄆也○鄭伯伐許

傳四年春宋華元來聘通嗣君也宋共公即位○共音恭

疏通嗣君也○正義曰文元年公孫敖如齊傳曰始聘焉禮也凡君即位卿出並聘踐脩舊好要結外援好事鄰國以衛社稷忠信卑讓之道也其事與此一也謂君初即位聘鄰國耳在魯而出謂之始聘自外而來謂之通嗣君言彼君嗣位以來未與魯通於此始通之也○杞伯來朝歸叔姬故也

將出叔姬先脩禮朝魯言其故○夏公如晉晉侯見公不敬季文子曰晉侯必不免言將不能壽終也後十年陷厠而死詩曰敬之敬之天惟顯思命不易哉詩頌言天道顯明受其命甚難不可不敬以奉之○易以豉反夫晉侯之命在諸侯矣可不敬乎敬諸侯則得天命○秋公至自晉欲求成于楚而叛晉季文子曰不可晉雖無道未可叛也國大臣睦而邇於我邇近也諸侯聽焉未可以貳聽服也史佚之志有之周文王大史○大音泰曰非我族類其心必異楚雖大非吾族也與魯異姓其肯字我乎公乃止字愛也○冬十一月鄭公孫申帥師疆許田前年鄭伐許侵其田

今正其衆○疆居良反許人敗諸展陂鄭伯伐許取鉏任泠敦之田展陂亦許地○陂彼皮反鉏仕居反任音壬泠力丁反○晉欒書將中軍伐郤克○將子匠反荀首佐之士爕佐上軍以救許伐鄭取汜祭汜祭鄭地成皐縣東有汜水○汜音几注同或音祀祭側介反疏注汜祭至汜水○正義曰杜注熒陽中牟縣有東汜襄城縣有西汜知此汜祭非彼二汜而以成皐縣東有汜水者以傳爲晉伐鄭取汜祭既爲晉人所取當是鄭之西北界即今之汜水也字書水旁巳爲汜水旁㔾爲氾字相亂也漢書音義亦爲汜今汜水上源謂汜谷楚子反救鄭鄭伯與許男訟焉於子反前爭曲直皇戌攝鄭伯之辭代之對子反不能決也曰君若辱在寡君寡君與其二三臣共聽兩君之所欲成其可知也欲使自屈在楚子前決之不然側不

足以知二國之成側子反名爲明年許恕鄭於楚張本○恕音素○晉趙嬰

通于趙莊姬趙嬰趙盾弟莊姬趙朔妻朔盾之子

經五年春王正月杞叔姬來歸出也傳在前年疏杞叔姬來

歸○正義曰杞既出之猶稱杞者雜記曰諸侯出夫人夫人

比至于国以夫人之礼行至以夫人入鄭玄云行道以夫人

之禮者棄妻致命其家乃義絕不用此爲始○仲孫蔑如宋○夏叔孫僑

如會晉荀首于穀穀齊地○梁山崩記異也梁山在馮翊夏陽縣北

疏注記異也○正義曰公羊傳曰梁山崩何以書記異也公羊以爲非常爲異害物爲災此山崩無所害故爲異

也○秋大水無傳○冬十有一月己酉天王崩○

十有二月己丑公會晉侯齊侯宋公衛侯鄭

伯曹伯邾子杞伯同盟于蟲牢蟲牢鄭地陳留封丘縣北有桐牢

傳五年春原屏放諸齊放趙嬰也原同屏季嬰之兄○屏步丁反嬰曰我在故欒氏不作我亡吾二昆其憂哉且人各有能有不能言己雖淫而能令莊姬護趙氏○令力丁反舍我何害弗聽嬰夢天使謂己祭余余福女使問諸士貞伯貞伯曰不識也既而告其人自告貞伯從人○舍音捨又音赦聽吐丁反女音汝使才用反【疏】注云句告貞伯從人○正義曰嫌告趙嬰使人故云曰告貞伯從人也若告趙嬰嬰人不得云神福仁而禍淫曰神福仁而禍淫淫而無罰福也祭其得亡乎以得放逐為福祭之之明日而亡為八年晉殺趙同趙括○孟獻子如宋報華元也前年宋華元來聘○夏晉荀首如齊逆女故宣伯餫諸穀野饋曰餫運糧饋之穀齊地○餫

音軍饋其媿反（疏）注野饋至大國。正義曰釋詁云饁饋也孫炎曰饁野之饋也彼言野饋饋田農在野之人此言野饋饋在野路之人俱是在野言之謂之饁者言其道糧餉之彼運逆女而往饋之者欲大國也。梁山崩，晉侯以傳召伯宗，傳驛。○傳中戀反注及下同驛音亦伯宗辟重，曰：辟傳。重載之車。○辟重匹亦反徐扶亦反本又作避曰辟音避重人曰：待我，不如捷之速也。捷邪出。○捷在接反邪似嗟反（疏）注捷邪出。正義曰捷亦速也方行則遲邪出則速捷辟謂邪行不遵道爲捷徑是捷爲邪出問其所，曰：絳人也。問絳事焉，曰：梁山崩，將召伯宗謀之。問將若之何，曰：山有朽壤而崩，可若何？國主山川，主謂所主祭。○絳古巷反壤如丈反故山崩川竭，君爲之不舉，去盛饌。○爲于僞反去起呂反徹直列反降服，損盛服乘縵，車無文。○縵武旦反又莫半反（疏）注車無文正義曰周禮巾車掌王之五路皆不言車有文飾其下服車五乘孤乘夏篆卿乘夏縵大夫乘墨車鄭玄云夏篆五采畫轂約也夏縵亦五采畫無瑑耳墨車不畫也孤之車尚有瑑約明諸侯之車必有瑑約詩所謂約軝錯衡是其事也乘縵車無文畫乘大夫墨車也覲禮侯氏乘墨車乃朝鄭玄云墨車大夫制也乘之者入天子之國車服不可盡同也彼爲適王尚乘墨車明此山崩降服亦乘墨車也

徹樂（息八音）出次（舍於郊）

疏注舍於郊○正義曰僖三十三年傳秦伯以師敗于殽素服郊次此言出次降服明亦次於郊也文四年傳楚人滅江秦伯爲之降服出次注云辟正寢與此文互相見也

祝幣（陳玉帛）史辭（自罪責）以禮焉（禮山川）其如此而已雖伯宗若之何伯宗請見之（見之於晉君○見賢遍反注皆同）不可（不肯見）遂以告而從之（從重人言○）

許靈公愬鄭伯于楚（前此年鄭伐許故）六月鄭悼公如楚訟不勝楚人執皇戌及子國（以鄭伯不直故也子國鄭穆公子）

故鄭伯歸，使公子偃請成于晉。秋八月，鄭伯及晉趙同盟于垂棘。垂棘，晉地。○宋公子圍龜為質于楚而歸，圍龜，文公子。○質音致，下注同。華元享之，請鼓譟以出，鼓譟以復入，出入，卑辱華元。○譟，素報反。復，扶又反，下同。曰習攻華氏。宋公殺之。蓋宣十五年宋楚平，後華元使圍龜代己為質，故怨而欲攻華氏。○冬，同盟于蟲牢，鄭服也。諸侯謀復會，宋公使向為人辭以子靈之難。子靈，圍龜也。宋公不欲會，以新誅子靈故為辭，為明年侵宋傳。○向，舒亮反。難，乃旦反。一本無之難二字，子靈為辭。一本無為辭二字。○十一月己酉，定王崩。經在蟲牢盟上，傳在下月，倒錯。衆家傳悉無此八字，或衍文。○倒，丁老反。疏注經在至衍文○正義曰：傳不盡舉經文，此無所明，又上下倒錯，諸家之傳又悉無此言，必是衍文。此注以疑事毋質，不敢輒去之耳。

經六年春王正月公至自會傳無○二月辛巳

立武宮魯人自鞌之功至今無患故築武軍又作先君武公宮以告成事欲以示後世疏注魯人至

後世○正義曰杜以傳稱季文子以鞌之功立武宮故云魯

以自鞌之功至今無患追思鞌戰以爲已功故築武軍又作

先君武公之廟以告戰勝之事欲以章示後世明已之功也

其意言築爲武軍入作武公之廟公羊傳曰武宮者何武公

之宮也是立宮爲武公廟也武公是成公九世之祖其廟毀

已久矣今復立之以爲不毀之廟礼明堂位曰魯公之廟文

世室也武公之廟武世室也世室言其世世不毀劉炫以爲

直立武公之宮不築武軍今知不然者以下傳云聽於人以

救其難不可以立武立武由已非由人也是立明證魯立武

以章武功明非徒築宮而已又宣十二年潘黨請築武軍楚

子云武有七德我無一焉武非吾功遂不敢築武軍以明武

功此則立明識魯章武功明亦築武軍也其其唯築武宮傳

稱云不可以立武宮不得單稱武也○取鄟附庸国也○

劉以爲唯築武公之宮而規杜非也鄟徐音專又

徒緣反○衛孫良夫帥師侵宋○夏六月邾子來

朝（無傳）○公孫嬰齊如晉（嬰齊，叔肸子）○壬申，鄭伯費卒（前年同盟蟲牢○費音祕）秋，仲孫蔑、叔孫僑如帥師侵宋○楚公子嬰齊帥師伐鄭○冬，季孫行父如晉○晉欒書帥師救鄭

傳六年春，鄭伯如晉拜成（謝前年再盟）子游相（子游，公子偃○相，息亮反，下注相同）授玉于東楹之東（禮，授玉兩楹之間，鄭伯行疾，故東過）【疏】注禮授至東過○正義曰：聘禮云：公受玉于中堂與東楹之間。鄭玄云：中堂，南北之中也。入堂深，尊賓事也。東楹之間，亦以君行一，臣行二也。聘禮大夫奉命來聘，君臣不敵，故授玉于東楹之謂。亞君來朝，尊卑禮敵。傳言東楹之東，以譏鄭伯行速，明禮當授玉于兩楹之間。士貞伯曰：鄭伯其死乎！自棄也已。視流而行速，不安其位，宜不能久（視流不端諦○諦音

帝○二月季文子以鞌之功立武宮非禮也宣十二年潘黨勸楚子立武軍楚子答以武有七德非己所堪其為先君宮告成事而已今魯倚晉之功又非霸主而立武宮故譏之○倚於綺反[疏]注宣十至譏之○正義曰服虔云鞌之戰禱武公以求勝故立其宮案定元年傳昭公出故季平子禱于煬公立煬宮此若為禱而立何以不言禱也無驗之說故不可從聽於人以救其難不可以立武立武由己非由人也言請人救難勝非己功○難乃旦反注同○取鄟言易也○易以豉反○三月晉伯宗夏陽說衛孫良夫甯相鄭人伊雒之戎陸渾蠻氏侵宋夏陽說晉大夫蠻氏戎別種也河南新城縣東南有蠻城經唯書衛孫良夫獨衛告也○夏戶雅反說音悅下文注同渾戶門反種章勇反以其辭會也辭會在前年師于鍼衛人不保不守備○鍼其廉反一音針說欲襲衛曰雖

成六

不可入多俘而歸有罪不及死伯宗曰不可衛唯信晉故師在其郊而不設備若襲之是弃信也雖多衛俘而晉無信何以求諸侯乃止師還衛人登陴聞說謀故陴婢支反晉人謀去絳○晉復命新田為絳故謂此故絳○復扶又反諸大夫皆曰必居郇瑕氏之地郇瑕古國名河東解縣西北有郇城○郇音旬解音蟹沃饒而近盬盬鹽也猗氏縣盬池是○近附近之近下及注近寶皆同盬音古猗於宜反

【疏】沃饒至失也○正義曰土田良沃五穀饒多民豐則國利財多則君樂其處不可失也○注盬鹽至池是○正義曰說文云盬河東鹽池袤五十一里廣七里周摠百一十六里字從鹽省古聲然則盬是鹽之名盬雖是鹽唯此池之鹽獨名為盬餘鹽不名盬也

國利君樂不可失也韓獻子將新中軍且為僕大夫兼大

僕○樂音洛下謂樂同將子匠反下注軍將同大僕音泰公揖而入獻子從公立於寢庭路寢之庭疏注路寢之庭○正義曰禮玉藻云君日而視朝退適路寢聽政知寢庭是路寢之庭也沈氏云大僕職云王視燕朝則正位掌擯相鄭注云燕朝朝於路寢之庭韓獻子既為僕大夫故知寢庭路寢之庭也其路門之外朝則司士掌焉玹司士掌治朝之儀治朝則路門之外每日治朝庫之朝也其庫門之外朝則朝士掌焉故朝士云掌外朝之法此是詢衆庶問罪人之處也凡人君內朝二外朝一內朝二者路門內外之朝也外朝一者庫門外之朝也若諸侯三門皐應[illegible]外朝則在應門外魯之三門庫雉路則外朝在雉門外謂獻子曰何如問諸大夫言是非對曰不可郇瑕氏土薄水淺土薄地下其惡易覯惡疾疢覯成也○易以豉反下注同覯古豆反疢勑覲反本或作疹同疏注惡疾疢覯成也○正義曰下云土厚水深居之不疾此云土薄水淺必居之多疾以此知惡是疾疢也尔雅訓覯為見杜以惡為疾疢疾疢非難見之物唯苦其病成耳故訓覯為成言其病易成由水土惡故也易覯則

民愁民愁則墊隘墊隘羸困也○墊丁念反隘於賣反羸劣僞反疏易覯至墊隘○正義曰疾疢易成則下民愁苦民既愁苦則必羸困羸困而謂之墊隘者方言云墊下也地之下濕狹隘猶人之羸瘦困苦故杜以墊隘爲羸困也於是乎有沉溺重膇之疾沉溺濕疾重膇足腫○溺乃歷反膇治僞反一音直㿉反足腫章勇反一音常勇反不如新田今平陽絳邑縣是土厚水深居之不疚高燥故有汾澮以流其惡汾水出大原經絳北西南入河澮水出平陽絳縣南西入汾惡垢穢○汾扶云反澮古外反垢古口反且民從教无災患十世之利也疏且民至利也○正義曰民有災患則不暇從上无災患則從教化十者數之小成故云十世之利也夫山澤林鹽國之寶也國饒則民驕佚財易致則民驕侈○佚音逸疏注財易至驕侈○正義曰魯語敬姜云昔者聖王之處民也擇瘠土而居之勞其民而用之故長王天下夫民勞則思思則善心生逸則淫淫則忘善忘善則惡心

生沃土之民不材逸也瘠土之民莫不向義勞也敬姜此語自是激發之辭未必聖王盡然要亦有此理也大史公書稱武王克殷患殷民富侈大史公曰奢昬厚葬以破其産為其富而驕佚故設法以貧之也管子曰倉廩實而知禮節衣食足而知榮辱讓生於有餘爭生於不足論語稱孔子適衛欲先富而後教為其貧而無恥欲營生以富之也此皆觀民設教故其理不同若遷都近鹽則民皆商販則富者彌富驕侈而難治貧者益貧飢寒而犯法且貧者資富而致貧富者削貧而為富惡民之富乃是慼民之貧欲使貧富均而勞逸等也

近寶公室乃貧不可謂樂近寶則民不務本【疏】注近寶則民不務本○正義曰農業人之本也商販事之末也若民居近寶則棄本逐末廢農為商則貧富兼并若貧富兼并則貧多富少貧者無財以共官富者不可以倍稅賦稅少則公室貧也

公說從之夏四月丁丑晉遷于新田為季孫如晉傳說音悅○六月鄭悼公卒終士貞伯之言○子叔聲伯如晉命伐宋晉人命聲伯秋孟獻子叔孫宣伯侵宋

晉命也○楚子重伐鄭鄭從晉故也前年楚晉盟○
冬季文子如晉賀遷也○晉欒書救鄭與楚
師遇於繞角繞角鄭地楚師還晉師遂侵蔡楚公
子申公子成以申息之師救蔡申息楚二縣○成音城○禦
諸桑隧汝南朗陵縣東有桑里在上蔡西南○禦魚呂反隧音遂趙同趙括欲戰
請於武子武子將許之武子欒書知莊子荀首中軍佐○范
文子士燮上軍佐○韓獻子韓厥新中軍將諫曰不可吾來
救鄭楚師去我吾遂至於此此蔡地○是遷戮也
戮而不已又怒楚師戰必不克遷戮不義怒敵難當故不克○
雖克不令成師以出而敗楚之二縣何榮之

有焉六軍悉出故曰成師以大勝小不足爲榮若不能敗爲辱已甚不如還也乃遂還於是軍師之欲戰者衆或謂欒武子曰聖人與衆同欲是以濟事子盍從衆盍何不也○帥所類反下注帥盍戶臘反子爲大政中軍元帥將酌於民者也酌取民心以爲政○子之佐十一人六軍之卿佐○(疏)子之佐十一人○正義曰服虔云是時欒書將中軍荀首佐之荀庚將上軍士燮佐之郤錡將下軍趙同佐之韓厥將新中軍趙括佐之鞏朔將新上軍韓穿佐之荀騅將新下軍趙旃佐之其不欲戰者三人而已知范韓也欲戰者可謂衆矣商書曰三人占從二人衆故也商書洪範(疏)注商書洪範○正義曰武王克殷此作洪範今見在周書傳謂之商書者以箕子商人所陳故也○武子曰善鈞從衆鈞等也○夫善衆之

主也三卿爲主可謂衆矣三卿皆晉之賢人○從之不亦可乎傳善欒書得從衆之義且爲八年晉侵蔡傳○

經七年春王正月鼷鼠食郊牛角改卜牛鼷鼠又食其角乃免牛无傳稱牛未卜日免放也免牛可也不郊非礼也○鼷音兮○

疏鼷鼠至免牛○正義曰釋獸鼷鼠李巡曰鼱鼩鼠一名鼷鼠孫炎曰有螫毒者蓋如今鼠狼改卜牛下重言鼷鼠又食其角不重言牛者何休云言角牛可知後食牛者未必故鼠故重言鼠改卜彼食角者言乃免牛則前食角者亦免之矣從下免省文也○注稱牛至非礼也○正義曰僖三十一年傳曰牛卜日曰牲今稱牛是未卜日也免放也放不殺遂之不郊也○

吳伐郯○郯音談○夏五月曹伯來朝○不郊猶三望无傳書不郊間有事三望非礼○秋楚公子嬰齊帥師伐鄭○公會晉侯齊侯宋公衛侯曹伯莒子邾

子杞伯救鄭八月戊辰同盟于馬陵馬陵衛地陽平元城縣東南有地名馬陵公至自會无傳○吳入州來州來楚邑淮南下蔡縣是也○○冬大雩無傳書過○衛孫林父出奔晉

傳七年春吳伐郯郯成季文子曰中國不振旅蠻夷入伐而莫之或恤振整也旅衆也無弔者也夫言中國不能相愍恤故夷狄內侵○夫音扶○詩曰不弔昊天亂靡有定其此之謂乎詩小雅刺在上者不能弔愍下民故號天告亂○昊戶老反號戶刀反（疏）詩曰至有定○正義曰此詩小雅節南山之篇有上不弔其誰不受亂上謂霸主吾亡無日矣君子曰知懼如是斯不亡矣○

鄭子良相成公以如晉見且拜師謝前年晉救鄭之師爲楚

伐鄭張本。○相，息亮反；見，賢遍反。○夏，曹宣公來朝。【疏】「曹宣公來朝」○正義曰：此文及八年傳召桓公來賜公命，並无所解釋而盡載經文者，釋例曰：此其經傳事同而文異者，或告命之辭有詳畧，異或氏族名號當須互見，此蓋須互見名號，故舉之也。○秋，楚子重伐鄭，師于氾。氾，鄭地，在襄城縣南。○氾，音凡。諸侯救鄭。鄭共仲、侯羽軍楚師，二子，鄭大夫。○共，音恭。○囚鄖公鍾儀，獻諸晉。八月，同盟于馬陵，尋蟲牢之盟，且莒服故也。蟲牢盟在五年。莒本屬齊，齊服，故莒從之。○鄖，本亦作員，音云，邑名。○晉人以鍾儀歸，囚諸軍府。軍藏府也。為九年晉侯見鍾儀張本。○藏，才浪反。○楚圍宋之役，在宣十四年。○師還，子重請取於申、呂以為賞田，分申、呂之田以自賞。王許之。申公巫臣曰：「不可。此申、呂所以邑也，是以為

賦以御北方若取之是無申呂也（言申呂賴此田成邑耳不
得此田則無以出兵賦而二邑壞也○分以邑也一本作分邑也御魚呂反○）晉鄭必至于漢
王乃止子重是以怨巫臣子反欲取夏姬巫
臣止之遂取以行子反亦怨之及共王即位
（楚共王以魯成公元年即位○共音恭○）子重子反殺巫臣之族子閻
子蕩及清尹弗忌（皆巫臣之族○閻音鹽○）及襄老之子黑
要（以夏姬故并怨黑要○要一遙反○）而分其室子重取子閻之
室使沈尹與王子罷分子蕩之室子反取黑
要與清尹之室巫臣自晉遺二子書（子重子反○罷音皮）
（下同遺唯季反）曰爾以讒慝貪惏事君而多殺不辜余

必使爾罷於奔命以死巫臣請使於吳晉侯許之吳子壽夢說之乃通吳于晉壽夢季札父○罷他得反枺力舍反請使所吏反夢莫公反說音悦扎側八反以兩之一卒適吳舍偏兩之一焉司馬法百人爲卒二十五人爲兩車九乘爲小偏十五乘爲大偏蓋留九乘車及一兩二十五人令吳習之○卒子忽反注同舍音赦舊音捨乘繩證反下注同令力呈反○疏以兩至一焉○正義曰以兩之一謂將二十五人也又言卒謂更將百人也言之者嫌句耳凡將一百二十五人也舍偏謂舍一偏之車九乘也兩之一焉又舍二十五人適吳也凡舍九乘車二十五人與吳矣發首言兩之一者爲舍此兩之一故先言之又言卒者見巫臣所將非唯有一兩也司馬法車九乘爲小偏十五乘爲大偏傳言偏不言大當是留九乘車矣唯言留一偏不見元將車數不知去時幾乘車去也丘明爲傳辭皆易解此獨寡略或誤本文蘇氏云舍九乘車以六乘車遂則以去時十五乘車傳不言者以舍既備偏明去時有車可知從省文也沈氏云晉使未有將兵車者今此特將兵車爲方欲教吳戰陳故與常不

同○與其射御教吳乘車教之戰陳教之叛楚朋是吳常屬楚○戰陳直覲反寘其子狐庸焉使為行人於吳吳始伐楚伐巢伐徐巢徐楚屬國○寘之豉反子重奔命救徐巢○馬陵之會吳入州來子重自鄭奔命因伐鄭而行○子重子反於是乎一歲七奔命蠻夷屬於楚者吳盡取之是以始大通吳於上國上國諸夏○夏戶雅反○○衛定公惡孫林父冬孫林父出奔晉林父孫良夫之子○惡烏路反衛侯如晉晉反戚焉戚林父邑林父出奔戚隨屬晉○戚七狄反○疏戚林至屬晉○正義曰傳言晉反戚焉則戚已屬晉襄二十六年衞孫林父入于戚以叛此不言叛故解之戚是孫氏世所食邑林父出奔之後戚自從隨而屬晉非林父入而將去故不言叛也

經八年春晉侯使韓穿來言汶陽之田歸之于齊齊服事晉故晉來語魯使還二年所取田○語魚據反○○晉欒書帥師侵蔡○公孫嬰齊如莒○宋公使華元來聘○夏宋公使公孫壽來納幣昏聘不使卿今華元將命故特書之宋公無主昏者自命之故稱使也公孫壽蕩意諸之父○【疏】注昏聘至之父○正義曰傳於華元來聘之下云聘共姬也則華元新始告魯欲圖為昏昏禮發首云昏礼下達乃言納采鄭玄云達通也將欲與彼合昏姻必先使媒氏通其言女氏許之乃後使人納其采擇之礼此華元來聘則彼昏礼所謂下達者也士礼使媒諸侯不可求媒於其國自使臣行則亦媒之義昏有六礼下達之後初有納采擇之礼既行納采其日即行問名問女之名將歸卜其吉凶也歸既卜得吉又使使者往告謂之納吉納吉則昏礼定矣復遣納徵徵成也納幣以成昏礼士礼納徵有玄纁束帛儷皮其諸侯謂之納幣以其幣多故指幣言之納幣以後又有請期親迎是之謂六礼也計華元來聘之後當有納采納吉二使二使之後乃次納幣今唯

書納幣者納采納吉其使非卿故不書也釋例曰諸侯昏礼云以士昏礼準之不得唯止於納幣逆女納幣逆女二事皆必使卿行卿行則書之他礼非卿則不書也宋公使華元來聘聘不應使卿故傳但言聘共姬也使公孫壽來納幣納幣應使卿故傳明言得礼也魯昏之昏唯存納幣逆女此其義也是言聘女不應使卿今華元以卿將命故特書之也隱二年公羊傳曰昏礼不稱主人宋公使公孫壽來納幣則其稱主人何辭窮也辭窮者何無母也礼有母則母命之宋公無主昏者宋公自命之故稱宋公使公孫壽來也公孫壽蕩意諸之父者文十六年傳文○晉殺其大夫趙同趙括傳曰原屏咎之徒也明本不以德義自居宜其見討故從告辭而稱名○疏注傳曰至稱名○正義曰傳稱莊姬譖之則是同括無罪大夫無罪見殺例不書名此並書名故解之宣十二年傳曰原屏咎之徒也明本不以德義自居而妄叨高位宜其見討今雖實不作亂從告而稱其名言從告者凡殺大夫必以其實有罪告不肯言其無罪魯史辭其曲直乃立其文故所書或從或否耳○○秋七月天子使召伯來賜公命諸侯即位天子賜以命圭與之合瑞八年乃來緩也天子天王王者之通

稱○通稱○注諸侯至通稱○正義曰天子賜諸侯之命書傳亦無正礼唯文元年天王使毛伯來錫公命僖十一年傳王賜晉惠公命周語王賜晉文公命皆是即位而賜之又賜之以圭擬朝而合端諸侯即位礼必朝王明當即位即賜之命今八年乃來是緩也隱元年宰咺來賵爲其緩書名以譏之此亦緩也而不譏之者彼賵死不及尸弔生不及哀子氏未薨而豫凶事所失者大故特譏之春秋之時賜命礼廢唯文公即位而賜成公八年乃賜桓公死後追賜其餘皆不得賜茍以得之爲榮故不復譏其緩也且賜之以圭者爲朝而合端魯尚不朝天子不宜譏天子賜緩也天子之見經者三十有二稱天王者二十五稱王者八稱天子者一即此事是也三稱並行傳無異說故知天子天王王者之通稱也其不同者史異辭耳公羊傳曰其稱天子何元年春王正月正也其餘皆通矣杜用彼說也賈逵云諸夏稱天王畿內曰王夷狄曰天子王使榮叔歸含且賵以恩深加礼妾母恩同畿內故稱王成公八年乃得賜命與夷狄同故稱天子左氏無此義故杜不從之○

冬十月癸卯杞叔姬卒前五年來歸者女歸適人雖見出弃猶以成人礼書之終爲杞伯所葬故稱杞叔姬○

晉侯使士燮來聘

○叔孫僑如會晉士燮齊人邾人伐郯先謀而稱會盟上之命不同之於列國○衛人來媵古者諸侯取適夫人及左右媵乃有姪娣皆同姓之国國三人凡九女所以廣繼嗣也魯將嫁伯姬於宋故衛來媵之○媵以證反又繩證反適丁歷反姪大結反字林丈一反娣大計反○【疏】注古者至媵之○正義曰莊十九年公羊傳曰媵者何諸侯娶一国則二國往媵之以姪娣從姪者何兄之子也娣者何弟也諸侯一聘九女是諸侯娶適夫人及左右媵各有姪娣也傳曰同姓媵之異姓則否是夫人與媵皆同姓之国也魯衛同姓故來媵之釋例曰古者諸侯之娶適夫人及左右媵各有姪娣皆同姓之國国三人凡九女參骨肉至親所以息陰訟陰訟息所以廣繼嗣也當時雖無其人必待年而送之所以絕望求塞非常也辟稱惷愚不教故遣大夫隨之亦謂之媵臣所以將謙敬之實也夫人薨不更聘必以姪娣媵繼室一與之醮則終身不二所以重婚姻固人倫人倫之義既固上足以奉宗廟下足以繼後世此夫婦之義也○

傳八年春晉侯使韓穿來言汶陽之田歸之

于齊季文子餞之餞送行飲酒○餞錢淺反說文云送去食也字林子翦反毛詩箋云祖而舍軷飲酒於其側曰餞○【疏】注餞送行飲酒○正義曰詩大雅韓奕篇云韓侯出祖出宿于屠顯父餞之清酒百壺是餞爲送行飲酒也○私焉私與之言曰大國制義以爲盟主【疏】大國至盟主○正義曰義者宜也事得其宜謂之爲義汶陽之田宜其歸魯是歸魯爲義歸齊不義大國言制其義事以爲諸侯之盟主是以諸侯懷德畏討無有貳心謂汶陽之田敝邑之舊也而用師於齊使歸諸敝邑用師在鞌之戰今有二命曰歸諸齊信以行義義以成命小國所望而懷也信不可知義無所立四方諸侯其誰不解體言不復肅敬於晉○復扶又反【疏】以信至解體○正義曰言之有信義事乃行是信以行義事必以義命乃成就故義以成命也杖信以行義事以義而命

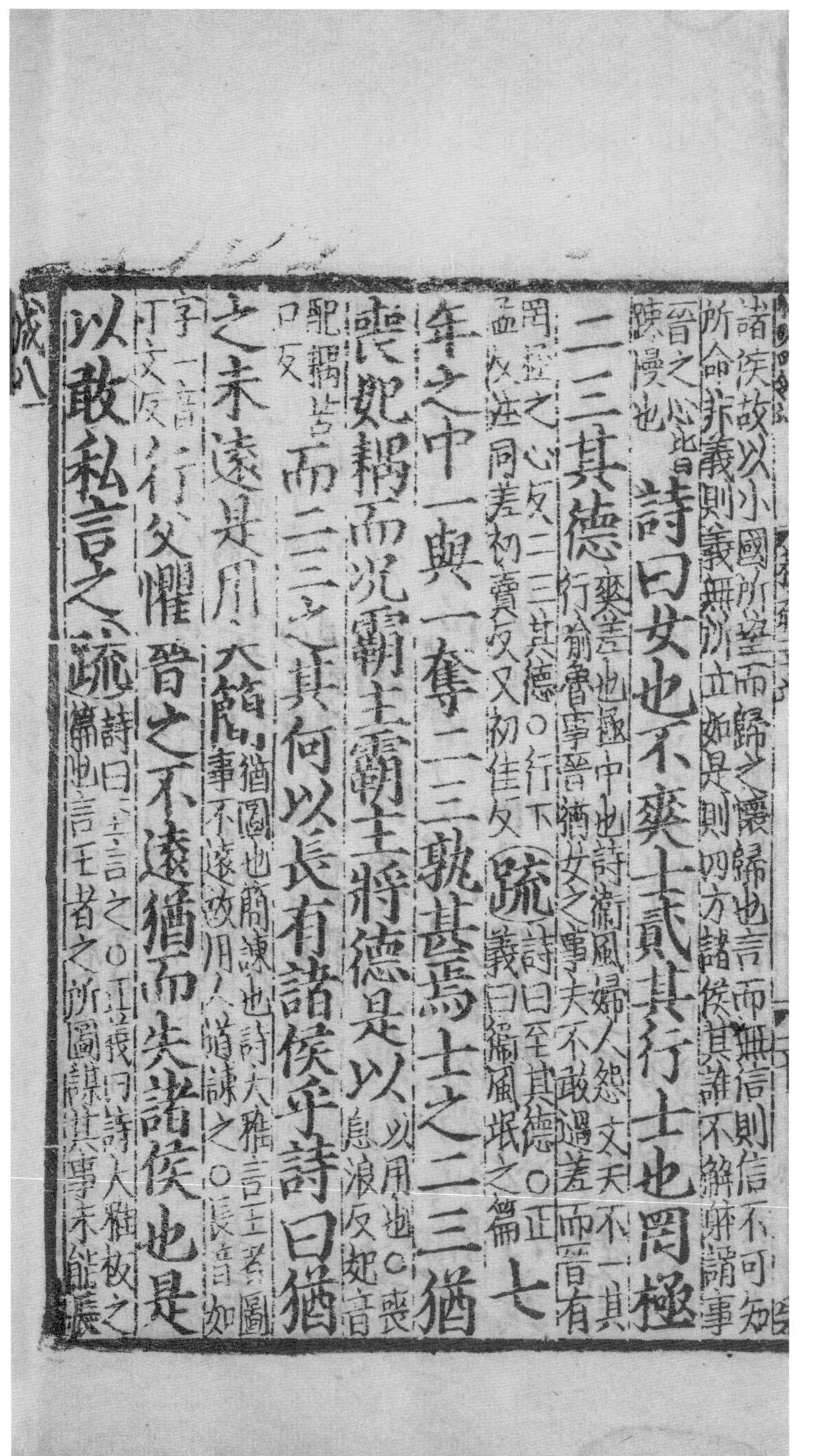

言諸侯故以小國所望而歸之懷歸也言而無信則信不可知所命非義則義無所立如是則四方諸侯其誰不解躰謂事晉之心皆踈慢也詩曰女也不爽士貳其行士也罔極二三其德爽差也極中也詩衛風婦人怨丈夫不一其行喻魯事晉猶女之事夫不敢過差而晉有罔極之心反二三其德○行下孟反差初賣反又初佳反疏詩曰至其德○正義曰衛風氓之篇七年之中一與一奪二三孰甚焉士之二三猶喪妃耦而況霸主霸主將德是以以用也○喪息浪反妃音配耦五口反而二三之其何以長有諸侯乎詩曰猶之未遠是用大簡猶圖也簡諫也詩大雅言王者圖事不遠故用大道諫之○長音如字一音丁丈反行父懼晉之不遠猶而失諸侯也是以敢私言之疏詩曰至言之○正義曰詩大雅板之篇也言王者之所圖謀其事未能長遠

遠我以是故用大道諫王行父今亦懼晉之不能遠圖而○因此以失諸侯是以敢私言之私布此言即是大諫也○

晉欒書侵蔡六年未得志故遂侵楚獲申驪申驪楚大夫○驪力馳反楚師之還也謂六年遇於繞角時【疏】楚師之還也○正義曰還在六年不於彼言者因此今獲申驪追言六年侵沈述欒書得從善之功故於此并言之晉侵沈獲沈子揖初從知范韓也繞角之役欒書從知莊子范文子韓獻子之言不與楚戰自是常從其謀師出有功故傳善之沈國今汝南平輿縣○揖徐音集又於立反輿音餘一音預○君子曰從善如流宜哉宜有功也如流喻速詩曰愷悌君子遐不作人遐遠也作用也詩大雅言文王能遠用善人不語助○愷開在反樂也悌徒禮反易也○【疏】詩曰至作人○正義曰大雅旱麓之篇○求善也夫作人斯有功績矣是行也鄭伯將會晉師會伐蔡之師○夫音扶○門于許東門

大獲焉過許見其無備因攻之○過古禾反○聲伯如莒逆也自為逆婦而書者因聘而逆○為于僞反下文為趙嬰同○宋華元來聘聘共姬也穆姜之女成公姊妹為宋共公夫人聘不嫌使卿故傳發其事而已○共音恭疏注穆姜之女○正義曰明年季文子如宋致女還稱宋士之樂穆姜出謝之知是穆姜所生之女也○夏宋公使公孫壽來納幣禮也納幣應使卿○晉趙莊姬為趙嬰之亡故譖之于晉侯趙嬰亡在五年曰原屏將為亂欒郤為徵欒氏郤氏亦徵其為亂○六月晉討趙同趙括武從姬氏畜于公宮趙武莊姬之子莊姬晉成公女畜養也○疏注趙武至養也○正義曰史記趙世家云趙朔娶晉成公姊為夫人案傳趙衰適妻是文公之女若朔娶成公之姊則亦文公之女父之從母不可以為妻且文公之卒距此四十六年莊姬此時尚少不得為成公姊也賈服先儒皆以為成公之女故杜從之

史記又稱有屠岸賈者有寵於靈公此時爲司寇追論趙盾弑君之事誅趙氏殺趙朔趙同趙括而滅其族案二年傳欒書將下軍則於時朔已死矣同括爲莊姬所譖此年見殺趙朔不得與同括俱死也於時晉君明諸臣彊無容有屠岸賈輙廁其間得如此專恣又說云公孫杵臼取他兒代武死程嬰匿武於山中居十五年因晉侯有疾韓厥乃請立武爲趙氏後與左傳皆違馬遷妄說不可從也○以其田與祁奚韓厥言於晉侯曰成季之勳宣孟之忠成季趙衰宣孟趙盾○祁巨之反字林上尸反衰初危反盾徒本反而無後爲善者其懼矣三代之令王皆數百年保天之祿夫豈無辟王賴前哲以免也言三代亦有邪辟之君但賴其先人以免禍耳○數所主反辟匹亦反注及下同哲陟列反邪似嗟反○

疏夫豈至免也○正義曰此趙同趙括謂天祿之父祖若桀紂之輩雖邪辟亡子孫賴禹湯之功而食天祿○周書曰不敢侮鰥寡所以明德也周書康誥言文王不侮鰥寡而德益

成八

明欲使晉侯之法文王○侮亡甫反繆音穆頌音容乃立武宣而反其田焉○秋

召桓公來賜公命召桓公周卿士○晉侯使申公巫臣

如吳假道于莒與渠丘公立於池上渠丘公莒子朱也池

城池也渠丘邑名莒縣有蘧里○蘧其居反○【疏】注渠丘至蘧里○正義曰十四年莒子朱卒知渠丘公即是朱

也渠丘莒之邑名蓋不當有謚或作別號此宋以邑名為號不知其故何也○曰城已惡莒子

曰辟陋在夷其孰以我為虞虞度也○已猶大也本惡如字或作城

邑惡矣辟待洛反○對曰夫狡焉狡猾之人○狡交卯反猾于八反○思啓封疆

以利社稷者何國蔑有唯然故多大國矣唯

或思或縱也世亦有思開封疆者有縱其暴掠者莒人當唯此為命○疆居良反注同唯然音維本

或作雖後人改也諒音亮【疏】唯然○正義曰俗本唯作雖今定本作唯勇夫重閉況

國乎爲明年莒潰傳○重直龍反又直勇反閒補討反又補結反一音户旦反○冬杞叔姬

卒來歸自杞故書愍其見出來歸故書卒也若更適大夫則不復書卒○復扶又反○

○晉士燮來聘言伐郯也以其事吴故七年郯與吴成

公賂之請緩師文子不可文子士燮曰君命無貳失

信不立禮無加貨事無二成公私不兩成○君後諸

侯是寡君不得事君也欲以與魯絶○後如字徐音胡豆反○燮將

復之季孫懼使宣伯帥師會伐郯○衛人來

媵共姬禮也凡諸侯嫁女同姓媵之異姓則

否必以同姓者參骨肉至親所以息陰訟○**疏**衛人至則否○正義曰膏肓以爲媵不必同姓所以博異

氣今左傳異姓則否十年齊人來媵何以無貶刺之文左氏

爲短鄭箴云禮稱納女於天子云備百姓於國君云備酒漿

不得云百姓是不傳異氣也齊是大國今來媵我得之為榮不得取也○

經九年春王正月杞伯來逆叔姬之喪以歸○公會晉侯齊侯宋公衛侯鄭伯曹伯莒子杞伯同盟于蒲蒲衛地在長垣縣西南○公至自會傳無○二月伯姬歸于宋宋不使卿逆非禮○夏季孫行父如宋致女女嫁三月又使大夫隨加聘問謂之致女所以致成婦禮篤昏姻之好○好呼報反【疏】注女嫁至之好○正義曰桓三年九月夫人姜氏至自齊冬齊侯使其弟年來聘傳曰齊仲年來聘致夫人也此二月伯姬歸于宋夏季孫行父如宋致女二者其間並近三月禮婦入三月廟見始成婦故以三月蓋廟見之後婦礼既成使大夫聘問謂之致女其成婦之禮存謙敬序殷勤於篤昏姻之好也仲年行父俱是致女而彼言聘者在魯而則曰致女在他國而來則但言聘外內之異文也以彼言而實是致女故二注皆言使大夫隨加聘問此也晉人來

成九

滕滕伯姬也。○秋七月丙子，齊侯無野卒。無傳。五同盟。丙子，六月一日。書七月，從赴。【疏】注"五同盟"。○正義曰：無野以宣十年即位，此二年及国佐盟于袁婁，又盟于蜀，五年于蟲牢，七年于馬陵，此年下蒲，皆魯齊俱在，是五同盟也。○晉人執鄭伯。鄭伯既受盟于蒲，又受楚賂，會於鄧，故晉執之。稱人者，晉以無道於民告諸侯，例在十五年。晉欒書帥師伐鄭。

○冬十有一月，葬齊頃公。無傳。○頃音傾。○楚公子嬰齊帥師伐莒。庚申，莒潰。民逃其上曰潰。楚人入鄆。鄆，莒別邑也。楚偏師入鄆，故稱人。○秦人白狄伐晉。○鄭人圍許。城中城。魯邑也，在東海廩丘縣西南。此閏月城，在十一月之後、十二月之前，故傳曰書時。○【疏】注"魯邑"至"書時"。○正義曰：長歷推此年閏十一月，傳"城中城"文在十二月上，而云書時也，即是閏月城十一月之後，即是十二月節，欲冰昏已正而城之，是㝵時也。

傳九年春杞桓公來逆叔姬之喪請之也叔姬已絶於杞魯復強請杞使還喪葬ㄱ復扶又反下同強其丈反杞叔姬卒為杞故也還為杞婦故卒稱杞○為于偽反下注為魯下文為歸汶陽同逆叔姬為我也既弃而復逆其喪明為魯故○逆叔姬絶句為我也本或無為字○為歸汶陽之田故諸侯貳於晉歸田在前年晉人懼會於蒲以尋馬陵之盟馬陵在七年○季文子謂范文子曰德則不競尋盟何為競強也范文子曰勤以撫之寬以待之堅彊以御之明神以要之柔服而伐貳德之次也是行也將始會吳吳人不至為十五年會鍾離傳○御魚呂反要一遥反○二月伯姬歸于宋為致女復命起○楚人以重賂

來鄭。鄭伯會楚公子成于鄧。鄧為晉人執鄭伯傳。○夏，季文子如宋致女，復命，公享之。賦韓奕之五章。韓奕，詩大雅篇名。其五章言蹶父嫁女於韓侯，為女相所居，莫如韓樂。文子喻魯侯有蹶父之德，宋公如韓侯，宋土如韓樂。○蹶，九衛反。為，于偽反。相，息亮反。樂音洛，下同。穆姜出于房，再拜曰：「大夫勤辱，不忘先君以及嗣君，施及未亡人，穆姜，伯姬母。聞文子言宋樂，喜而出謝其行勞。婦人夫死，自稱未亡人。○施，以豉反。先君猶有望也。言先君亦望文子之若此。敢拜大夫之重勤。」又賦綠衣之卒章而入。綠衣，詩邶風也。取其「我思古人，實獲我心」，喻文子言得已意。○重，直勇反，又直用反。綠如字，本又作褖，吐亂反，注同。邶音邶，又作鄁。○晉人來媵，禮也。同姓。○秋，鄭伯如晉，晉人討其貳於楚也，執諸銅鞮。銅鞮，晉別縣，在上黨。○鞮

丁兮反欒書伐鄭鄭人使伯蠲行成晉人殺之非

禮也兵交使在其間可也明殺行人例。蠲古玄反又音圭使在所吏反

楚子重侵陳以救鄭陳與鄭故晉侯觀于軍府見

鍾儀問之曰南冠而縶者誰也南冠楚冠縶拘執。縶竹立反拘九

于反【疏】注南冠楚冠。正義曰應劭漢官儀云法冠一曰柱

以後冠左傳南冠而縶則楚冠也秦滅楚以其冠賜近

臣御史服之即今解豸冠也古有解豸獸觸

不直者故執憲以其用形為冠令觸人也有司對曰

鄭人所獻楚囚也使稅之鄭獻鍾儀在七年稅解也。稅吐活反徐始銳反注

同召而弔之再拜稽首問其族對曰泠人也

泠人樂官。泠力丁反依字作伶【疏】注泠人樂官。正義曰詩簡兮序云

衛之賢者仕於泠官鄭玄云泠官樂

官也泠氏世掌樂官而善焉故後世多號樂官爲泠官呂氏

春秋稱黃帝使泠綸自大夏之西崑崙之陰取竹斷兩節而

吹之以爲黄鍾之宫昭二十一年傳景王鑄無射泠州鳩其之是泠氏世掌樂官也周語云景王鑄鍾成泠人告和魯語云泠簫詠歌及鹿鳴之三此稱泠人以詩稱泠官是泠爲樂官之名也公曰能樂乎對曰先父之職官也敢有二事言不敢學他事使與之琴操南音南音楚聲○操七刀反下同公曰君王何如對曰非小人之所得知也固問之對曰其爲大子也師保奉之以朝于嬰齊而夕于側也嬰齊令尹子重側司馬子反言其尊卿敬老不知其他公語范文子文子曰楚囚君子也言稱先職不背本也樂操土風不忘舊也稱大子抑無私也舍其近事而遠稱少小以示性所自然明至誠○語魚據反背音佩下同舍音捨少詩照反

【疏】注舍其至至誠○正義曰楚王既爲君矣不言爲君時事而遠

稱大子者若言爲君時事嫌爲君隱惡或疑已在君位矯情爲善舍其當時近事遠稱大子少小者未爲君時不須隱蔽以示王性自然言其從小如此以明己之至誠無所私也僖君並刪臣名字則貴於名此道二卿之名不言字是尊晉君也

名其二卿尊君也尊晉君也不背本仁也不忘舊信也無私忠也尊君敏也敏達也○仁以接事信以守之忠以成之敏以行之事雖大必濟言有此四德公能成大事君盍歸之使合晉楚之成公從之重爲之禮使歸求成爲下十二月晉楚結成張本○盍戶臘反○冬十一月楚子重自陳伐莒圍渠丘渠丘城惡衆潰奔莒戊申楚入渠丘月六日莒人囚楚公子平楚人曰勿殺吾歸而俘莒人殺之楚師圍莒

戊九一

莒城亦惡。庚申，莒潰。八月十日。楚遂入鄆，莒無備故也。終巫臣之言。君子曰：恃陋而不備，罪之大者也；備豫不虞，善之大者也。莒恃其陋而不脩城郭，浹辰之間而楚克其三都，無備也夫！浹辰，十二日也。○浹，子協反，徐又音子答反。夫音扶。【疏】注"浹辰十二日也"。○正義曰：浹爲周匝也。從甲至癸爲十日，從子至亥爲十二辰。周禮縣治象，浹日而斂之，謂周甲癸十日。此言浹辰，謂周子亥十二辰，故爲十二日也。

詩曰：雖有絲麻，無弃菅蒯；雖有姬姜，無弃蕉萃。凡百君子，莫不代匱。言備之不可以已也。逸詩也。姬姜，大國之女。蕉萃，陋賤之人。○菅，古顏反。蒯，苦怪反。蕉，在遙反。萃，在醉反。匱，其位反。【疏】"無弃菅蒯"。○正義曰：釋草云：白華，野菅。郭璞曰：菅，茅屬。陸璣毛詩疏曰：菅似茅滑澤，無毛，韌，宜爲索，漚及曝尤善。蒯亦菅連，亦菅之類。喪服疏屨者傳曰：藨蒯之笄也可以爲纆傳明助如營並可代絲麻之之故云無棄也○秦人白狄伐晉諸侯貳故也○鄭人圍許示晉不急君也此秋晉執鄭伯是則公孫申謀之曰我出師以圍許示不畏晉爲將改立君者而紓晉使紓緩也勿亟遣使請晉示欲畏立君○爲將並如字或于僞反非也本或作僞將紓音舒使所吏反注及下同亟紀力反急也或欺冀反數也晉必歸君爲明年晉侯歸鄭伯張本○城中城書時也○十二月楚子使公子辰如晉報鍾儀之使請脩好結成鍾儀奉晉命歸故楚報之○好呼報反

經十年春衞侯之弟黑背帥師侵鄭○夏四月五卜郊不從乃不郊無傳卜常祀不郊皆非禮故書【䟽】注卜常至故書

正義曰曲禮論卜筮云旬之外曰遠某日旬之內曰近某日鄭卜者每旬一卜傳稱啓蟄而郊則周之三月郊之大與此云下卜者當是三月三卜四月又二卜皆不吉乃止也僖三十一年傳云禮不卜常祀不應卜而卜以不吉而不郊皆非禮也○五月公會晉侯齊侯宋公衛侯曹伯伐鄭晉侯太子州蒲也稱爵見其生代父居位失人子之禮○見賢遍反疏注晉侯至之禮○正義曰如傳文知晉侯是大子者漢末有汝南應劭作舊名諱議云昔者周穆王名滿晉厲公名州蒲又有王孫滿是同名不諱則此爲州蒲或兩州蒲誤耳今定本作滿傳無譏文知譏其生代父位失人子之禮者傳稱凡在喪公侯曰子父喪代位尚不稱君生代父位譏之必矣傳言立太子以爲君其其不譏則不須此傳是顯其譏之意○齊人來媵無傳媵伯姬也異姓來媵非禮也○丙午晉侯獳卒六同盟據傳丙午六月七日有日無月○獳乃侯反疏注六同盟○正義曰獳以宣九年即位十七年盟于斷道元年于赤棘二年于蜀五年于蟲牢七年于馬陵九年于蒲皆魯晉俱在是六同盟也○秋七月公如晉○冬十月

傳十年春晉侯使糴茷如楚糴茷晉大夫○糴徒弔反一音杜敖反
又土弔反茷扶廢反一音蒲發反又蒲艾反報大宰子商之使也子商楚公子辰
使在前年○大音泰使所吏反下及注使在同○衛子叔黑背侵鄭晉命
也晉命衛使侵鄭○鄭公子班聞叔申之謀改立君之謀三
月子如立公子繻子如公子班○繻音須夏四月鄭人殺繻
立髡頑子如奔許髡頑鄭成公大子○髡苦門反頑如字徐五班反欒武
子曰鄭人立君我執一人焉何益不如伐鄭
而歸其君以求成焉晉侯有疾五月晉立大
子州蒲以為君而會諸侯伐鄭生立子為君此父不父子不子
經因書晉侯其惡明○州蒲本或作州滿鄭子罕賂以襄鍾子罕穆公子襄鍾鄭襄廟[illegible]

成十

之廟鍾○子然盟于脩澤子駟為質子然子駟皆穆公子滎陽卷縣東有脩武亭○質音致卷音權字林丘權反如淳漢書同音辛巳鄭伯歸鄭伯歸不書鄭不告入

○晉侯夢大厲被髮及地搏膺而踊曰殺余孫不義厲鬼也趙氏之先祖也八年晉侯殺趙同趙括故怒○被皮寄反搏音博踊音勇【疏】注厲鬼至故怒○正義曰鬼怒言殺余孫不義必是枉死者之祖也景公即位以來唯有殺趙同趙括故知是趙氏之先祖趙氏先祖其人非一鬼不自言其名未知誰之鬼世本云公明生趙夙晉語云趙衰趙夙之弟則括之祖父公明是也服虔又以為公明之鬼見為盛厲之鬼皆妖邪之氣未必真是彼人故杜不復指斥余得請於帝矣

壞大門及寢門而入公懼入于室又壞戶公覺召桑田巫桑田巫邑也○壞音怪下同及寢門一本無及字覺古孝反巫言如夢巫云鬼怒如公所夢公曰何如曰不食新矣言公不得及食新麥公疾

病求醫于秦秦伯使醫緩爲之緩醫名爲猶治也○醫於其反未

至公夢疾爲二豎子曰彼良醫也懼傷我焉

逃之其一曰居肓之上膏之下若我何肓鬲也心下爲

膏○懼傷我絕句焉於虔反一讀如字屬上句逃之絕句肓孫音荒說文云心下鬲上也鬲音革

【疏】注肓鬲至爲膏○正義曰此賈逵之言杜依用之古今傳文皆以爲膏肓之下賈服何休諸儒等亦皆以爲膏雖凝者爲脂釋者爲膏其實凝者亦曰膏故內則云小加狼臅膏則此膏謂連心脂膏也劉炫以爲釋首者爲膏連心之脂不得稱膏以爲膏當爲鬲改易傳文而規杜氏非也醫至曰疾不可爲也在肓之上膏

之下攻之不可達之不及藥不至焉不可爲

也達針○攻音工公曰良醫也厚爲之禮而歸之六

月丙午晉侯欲麥周六月今四月麥始熟使甸人獻麥甸人

成十

主爲公田者○甸徒練反饋人爲之召桑田巫示而殺之將食張如廁陷而卒張腹滿也○饋其媿反爲如字張中亮反注同小臣有晨夢負公以登天及日中負晉侯出諸廁遂以爲殉傳言巫以明術見殺小臣以言夢自禍○○鄭伯討立君者戊申殺叔申叔禽叔禽叔申弟○疏注叔禽叔申弟○正義曰此無文也以禽與申俱死當是坐其兄弟知是弟也君子曰忠爲令德非其人猶不可況不令乎言申叔爲忠不得其人還害身疏忠爲至令乎○正義曰言叔申忠誠爲此令德之德施之於鄭伯施非得其善人猶尚不可何況不有令德者乎言令德者往年公孫申曰我出師以圍許爲將改立君者而紓晉使晉必歸君是也○○秋公如晉親弔非禮晉人止公使送葬於是糴茷未反是春晉使糴茷至楚結成晉謂魯二於楚故留公須糴茷還驗其虛實冬

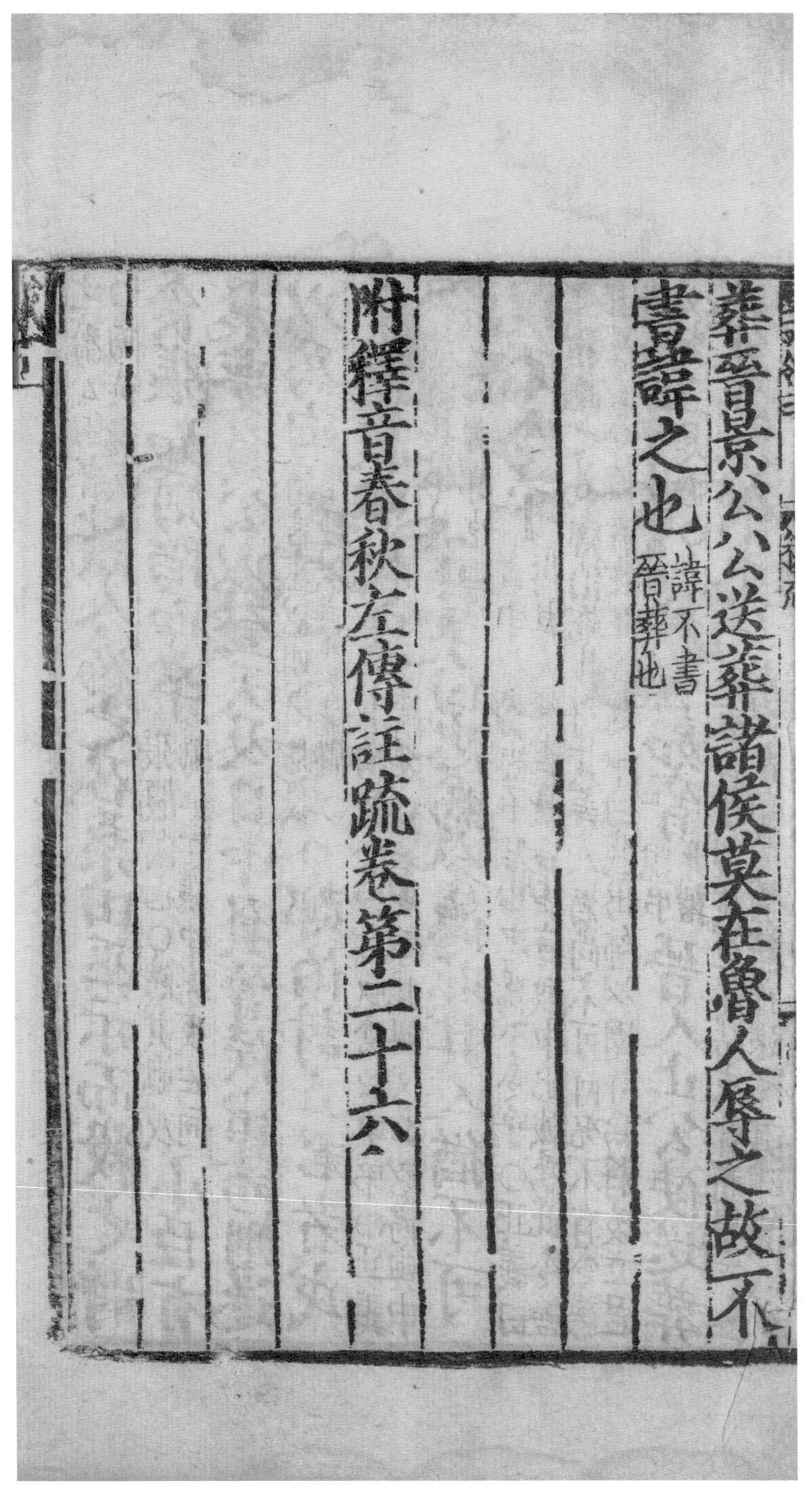

葬晉景公，公送葬，諸侯莫在，魯人辱之，故不書，諱之也。諱不書晉葬也

附釋音春秋左傳註疏卷第二十六